KB161372

요즘 리더를 위한
인사이트

요즘 리더를 위한 인사이트

백종화 지음

INSIGHT

plan b
DESIGN

이 책을 추천하는 이유는 세 가지이다.

하나. 풍부하다. 책의 제목처럼 다양한 인사이트가 넘쳐난다. 회사라는 곳에 몸 담고 있는 사람이라면 조직과 사람에 대해서 이해하는 데 큰 도움을 얻을 수 있을 것이다.

둘. 친절하다. 이 책에 QR코드가 많이 들어 있다. 저자가 정보를 모으고, 공부하면서 느꼈던 인사이트의 원천 소스가 되는 글, 영상 등이 모두 QR코드를 통해 링크해두었다.

셋. 진심하다. 저자는 자신의 경험을 정리하고, 나누는 것에 아낌이 없다. 매주 꾸준하게 자신의 길을 간다. 그가 조직에 대해서 가지고 있는 믿음, 그 안의 사람들이 행복하게 성장하길 바라는 신념이 글 하나하나에 묻어난다.

_최익성(경영학 박사) 조직개발전문가그룹 (주)플랜비그룹 대표이사

과거와 다르게 급변하는 정보화 시대에서 자신의 능력만으로 다양한 생각을 갖고 온전히 성장하는 건 어렵다고 막연하게 생각했는데 백종화 코치님의 글을 통해 리더십이 있는 사람, 성장하는 사람들의 특별함이 어디에서 나오는지에 대한 해답을 얻을 수 있었습니다. 스스로가 잘하는 영역과 잘못하는 영역을 구분하고 잘 못하는 부분에 대해선 외부의 조력자(코치, 멘토 등)를 통해 습득하면 된다는 생각과 함께 모두를 위한 보다 나은 생각으로 전환할 수 있도록 도와주셔서 감사합니다.

_김요한 클루닉스 클라우드 서비스 개발팀 팀장

코치님의 뉴스레터는 저에게 중요한 인풋 중 하나인데요, 다양하고 유용한 리더십에 대한 글도 좋지만 코치님께서 삶에서 실행하시는 여러 팁에서 큰 영향을 받습니다. 구체적이고 솔직했던 만다라트의 영향이 강력했어요. 오타니 쇼헤이의 만다라트를 봤을 때는 위인전 같고 나와 상관없는 이야기라고 생각했었는데, 코치님의 만다라트를 보는 느낌은 조금 달랐습니다. 처음으로 '한번 해볼까?' 하는 생각이 들었어요. 매주 코치님의 메일을 볼 때마다 그 생각이 강해져서 결국 저만의 만다라트를 작성하고 3개월째 주간 리뷰를 실행하고 있습니다. 제가 어떤 사람이 되고 싶은지 스스로 생각한 첫 경험이었어요. 주간 리뷰가 반복되면서 제가 바라는 저의 모습에 조금씩 다가가는 것이 눈에 보입니다. 코치님의 메일이 아니었다면 없었을 모습이겠죠!

_장수경 삼천리 기업문화팀 과장

다른 사람들의 생각을 알게 되면서 내 생각과의 차이를 파악하고 벤치마킹할 포인트에 대한 힌트를 얻을 수 있었습니다. 조직생활에서 레퍼런스가 되어 적용해보기도 하고 실패해보기도 했습니다.

_장헌주 (주)에프엔에스벨류 상무/ CCO

업무상 고민스러운 문제와 마주하게 되었을 때 적절한 질문과 퀄리티 있는 아티클을 통해 나의 생각을 확장하고 정리하는 데 많은 도움을 줍니다(그간 받았던 이메일은 보관하고 있다가 필요할 때마다 검색해보고 있어요). 특히 성장의 관점으로 사람과 조직 내 문제를 바라볼 수 있도록 적절한 질문을 던져주어 갇혀 있던 나의 생각을 전환시켜 줍니다.

_서보람 스타트업 HRer

다양한 글과 참고 레퍼런스 글을 첨부해주신 부분을 읽고 다양한 생각을 하게 되었습니다. 국내 아티클도 있고 또한 현업에 있는 담당자가 쓴 브런치 글이나 원티드 글을 통해 백코치님 경험과 지식 사례 와 글이 같이 모여서 지식의 시너지와 또한 기업에 적용하는 사례가 되었습니다. 지식도 중요하지만 작은 실천이 중요했습니다. '포기하지 않고, 또한 '우리 기업은 어렵고 안 돼'라는 선입견을 버리고 '나부터 시작하자, 욕심을 버리고 작은 것부터 시작하자'라는 생각을 하게 되었습니다. 또한 다양성을 인정하고 글쓰기에 작은 목표가 생겼습니다. 백 코치님은 페이스북 통해 많은 지식을 주고 있습니다. 연습과 실천이 변화를 만든다는 생각으로 생각하고 작은 것부터 하려고 합니다.

_ skyca님 IT기업 인사 총괄 HRBP

뉴스레터를 매주 구독하며 크게 세 가지의 변화가 생겼습니다. 첫째, 적어도 주 1회 이상은 성장 관련해서 공부할 수 있는 시간을 가지게 된 것입니다. 매주 다른 주제를 다루고 있어 새로운 정보도 알게 되고, 트렌드도 읽게 되어 값진 시간을 가지며 배우는 리더가 되었다는 것입니다. 둘째, 리더로서 스스로에게 질문하고 답해 보면서 반성, 성찰하는 시간을 가지게 된 것입니다. 뉴스레터에 마지막 부문에 질문을 던져주는데 잠시나마 저를 돌아볼 수 있는 시간이 되고 있다는 것입니다. 셋째, 조직 내 리더들에게도 공유하고 나눔을 통해서 토론 시간을 가진다는 것입니다. 혼자 아는 것에 머무르지 않고 함께 나눔으로써 성장하는 리더 도반들을 만들어 가고 있다는 것입니다. 좋은 코치를 만나 매주 코칭을 받고 매일 한 걸음씩 나아가며 성장하고 있습니다.

_박신정 CJ텔레닉스(온스타일사업부) 센터장

차례

추천사   004

인트로   012

1장 지식과 기술이 넘쳐나는 세상

01. 지식이 쌓이는 속도   018

02. 나는 성장하고 있을까?   027

03. 내 경험을 공유하며 함께 성장하는 시대   032

2장 리더를 위한 HR Insight

To 리더 1. 어떤 리더로 기억되고 싶은가요? 042

To 리더 2. 나는 어떤 사람인가요? 054

To 리더 3. 내가 가는 길의 목적은 어디인가요? 064

To 리더 4. 리더는 조직에서 가장 큰 영향을 미치는 역할입니다 075

To 리더 5. 어떤 사람으로 기억되고 싶나요? 093

To 리더 6. 리더의 행동 101

To 리더 7. 변화하는 리더십과 조직문화 107

To 리더 8. 리더의 대화 111

To 리더 9. 리더의 피드백 117

To 리더 10. 의사결정권 122

To 리더 11. 마이크로 매니징도 누군가에는 긍정적인 리더십입니다
_다양한 리더십이 필요한 시기입니다 129

To 리더 12. 리더와 조직문화 137

To 리더 13. 성장하는 팀 145

To 리더 14. 정답이 없다는 것을 인정하는 리더십이 필요합니다 152

To 리더 15. 리더가 바라봐야 하는 시간 158

3장 팔로워를 위한 HR Insight

To 팔로워 1. 나의 역할은 무엇인가?　166

To 팔로워 2. 가치 *Value*, 조직문화는 내가 하고 있는 일의 의미와

영향을 이해하는 것에서부터 시작합니다　169

To 팔로워 3. 나에게 핏 *Fit* 한 조직문화를 찾아야 합니다　176

To 팔로워 4. 브랜딩, 나를 어떤 사람으로 기억하고 있을까요?　201

To 팔로워 5. 나의 재능은 무엇인가?　224

To 팔로워 6. 나는 성장하고 있나?　237

To 팔로워 7. 동료의 힘, 어떤 동료들과 함께하고 있나요?　264

4장 CEO를 위한 HR Insight

To CEO 1. CEO 주변에 누가 있나요?   298

To CEO 2. CEO의 새로운 역할   312

To CEO 3. CEO의 실수   348

To CEO 4. 우리 회사의 방향성은 어디를 향하고 있나요?   354

마무리   380

일을 하는 이유가 무엇인가요?

이 질문에 대한 나만의 답을 찾은 지 4년 차입니다. 그리고 독립한 지 만 3년이 되어가고 있네요. 언제부터인가 내가 지금까지 무슨 일을 해왔는지, 내가 어떤 지식과 경험을 갖게 되었는지를 돌아보는 시간을 보냈습니다. 그리고 '누군가의 성장을 돕는 일'이라는 것을 찾게 되었죠. 그래서 지금은 '나와 만나는 사람과 조직의 성장을 돕는 일'을 하고 있습니다.

바로 조직과 구성원들의 변화를 함께하는 것이죠. 꽤 오랜 시간 동안 함께하면서 말입니다. 직원이 아닌 외부인으로서 어떻게 조직 안에 있는 구성원들의 성장에 기여할 수 있을까요? 제가 시간을 사용하는 비즈니스 모델의 차이 때문인 것 같습니다. 제가 검증하고 있는 모델이기도 하고요.

이렇게 저와 함께 성장을 고민하고, 실행하는 기업들의 공통점이 있습니다.

첫째, CEO와 함께 정기적으로 시간을 갖습니다.

조직을 변화시키는 가장 강력한 힘은 CEO에게서 시작합니다. 즉 CEO가 변화하고자 마음먹고 지속해서 실행한다면 그 기업은 변화할 수 있는 가장 강력한 동력을 갖게 되는 것이죠. 그래서 저는 CEO 분들과 2주에 한 번, 한 달에 한 번 정기적으로 시간을 갖습니다. 오로지 '성장'이라는 주제로 말이죠.

둘째, 모든 리더와 함께 정기적으로 시간을 갖습니다.

20~30명 또는 100명이 넘는 리더들과 한 달에 한 번, 또는 격월로 한 번씩 만납니다. 모두 모이는 것이죠. 그리고 그 리더들과 함께 반나절에서 하루의 시간을 투자해서 '하나의 주제'로 강의와 워크숍 토론을 함께 진행합니다. 강의를 하는 이유는 '새로운 지식과 경험을 인풋'해야 '새로운 방식을 고민'할 수 있기 때문이고, 토론을 하는 이유는 '모든 리더분이 자신의 생각을 터놓고 이야기하며 서로를 이해하는 시간'을 갖기 위해서 입니다.

셋째, 리더분들과 원온원(1 ON 1) 시간을 갖습니다.

정기적으로 C레벨과 팀장급 리더분들과 원온원 미팅을 하는 기업도 있고, 수시로 고민이 있을 때 저와 원온원 미팅을 하는 기업도 있습니다. CEO가 아닌, 리더분들과 원온원을 하는 이유는 간단합니다. 함께 고민에 대한 이야기를 나누며 리더분들의 행동 변화를 응원하기 위해서이죠. 어떤 때는 상담과 격려의 시간이 되기도 하고, 어떤 날은 따끔한 피드백의 시간이 되기도 하는 이 시간을 리더분들은 좋아하시더라고요. 리더가 되면서 자신의 고민을 터놓고 이야기할 수 있는 사람이 나타난 것이니까요.

넷째, 팀 리더와 팔로워와 함께 시간을 갖습니다.

리더의 성장을 통해 조직을 변화시키는 것이 제가 가진 방법들입니다. 그런데 리더의 변화를 지켜보는 팔로워는 '갑자기 왜 저래?'라며 거부반응을 보이는 경우가 자주 있죠. 전 직장에서도 그렇게 행동하는 리더를 경험해본 적이 거의 없기 때문입니다. 그래서 팀 단위로 함께 시간을 보내며 '서로를 이해하는 시간'을 갖기도 하고, '같은 목적을 어떻게 해결할 것인가?'에 대해서 논의하기도 합니다. MBTI로 서로를 이해하며 일하는 방법, 팀 비전 찾기, 피드백을 해야 하는 이유, 팀 학습 등의 주제들이 바로 그것입니다.

다섯째, 조직 내 구성원들의 변화를 돕는 사람을 성장시킵니다.

저는 외부인입니다. 조직 안에서 구성원들과 함께할 수 있는 시간이 매우 적은 사람이죠. 그런 제가 조직의 변화를 이끌어 갈 수 있을까요? 솔직히 불가능합니다. 제가 할 수 있는 것은 그저 '다른 관점을 심어주는 것'뿐이거든요. 그래서 저는 조직 안에서 학습과 코칭이 끝나고 나서 일하는 방식의 변화를 도와줄 수 있는 누군가의 성장을 함께 고민합니다. 대부분은 HR과 HRD 또는 조직문화 담당자들이죠.

변화는 쉽게 이루어지지 않습니다. 하지만 지금은 변화하지 않고, 학습하지 않고는 성장할 수 없는 시대입니다. CEO도 학습하고 성장해야 하고, 리더와 팔로워도 학습하고 성장해야 합니다. 그리고 그 성장은 내부에서도 진행되지만 외부에서도 함께할 수 있어야겠죠. 저도 그렇게 함께하는 분들과 성장의 시간을 가지고 있습니다.

지금까지 매일 글쓰기를 한 지 6년 차, 그리고 지금과 같은 패턴으로 뉴스레터를 발행한 지도 벌써 3년 차가 되었습니다. 문득문득 함께해주셨던 모든 분께 감사의 인사를 드리고 싶다는 생각과 함께 내 글을 통해 그분들은 '얼마나 성장하셨을까?' 하는 궁금증이 들기도 하네요. 제 글을 읽고, 저와 함께 시간을 사용하는 모든 분이 성장하며 성공하시길 응원합니다. 많이요!

1장

지식과 기술이
넘쳐나는 세상

지식이 쌓이는
속도

Knowledge Doubling Speed(인류의 지식이 2배가 되는 속도)에 대해 먼저 이야기해보려고 합니다. 미래학자인 벅민스터 풀러 *Buckminster Fuller* 박사의 '지식 배가 곡선'에 따르면 1900년까지 인간의 지식이 100년마다 약 2배씩 증가했지만, 제2차 세계대전이 끝난 이후 1950년경에는 그 시간이 25년으로 줄었다고 합니다. 제2차 세계대전이라는 외부 환경이 생존을 위협받은 인류에게 다양한 실험과 지식의 발견에 집중할 수밖에 없는 큰 변화를 준 것이죠. 그리고 오늘날 지식의 유형에 따라 성장률은 다르지만 평균적으로 13개월마다 지식은 2배로 증가한다고 합니다. IBM은 사물인터넷이 실현되면 인류의 지식은 12시간마다 2배가 된다고도 합니다. 도저히 인간이 따라갈 수 없는 어마어마한 속도죠.

최근 '우리 산업에서 지식이 2배가 되는 속도'라는 주제로 한 스타트업의 리더들과 토론한 적이 있었습니다. 그리고 '우리 산업에서 2년이면 지식이 2배가 된다. 그리고 우리 수준에서는 더 이상 동일한 방식으로 내년에 생존할 수 없다'라는 결론을 내렸죠. 그리고 이 스타트업은 3가지 행동을 반복하기로 했습니다.

첫째, 모든 리더가 정기적으로 외부 사람들을 만나 새로운 지식과 경험을 배운다.
둘째, 우리 회사가 가지고 있지 않은 지식과 경험을 가진 인재를 정기적으로 채용한다.
셋째, 우리 회사의 모든 구성원이 가지고 있는 지식과 경험을 서로 공유하고 학습하는 문화를 만든다.

이 3가지 기준을 요약하면 '지속해서 외부의 지식과 경험을 학습하고, 동료들이 가진 지식과 경험을 공유하며 기존과는 다른 방식으로 일하고, 성장한다'입니다. 이유는 단 하나, 내가 지금까지 알고 있던 지식과 경험으로 현재와 미래의 성공을 예측할 수 없고, 우리 조직이 지금까지 성공해왔던 방법들로 다음 미래 전략을 계획할 수 없기 때문입니다. 그만큼 개인과 조직이 '새로운 지식과 경험의 확장 속도'를 따라갈 수 없다는 의미이죠.

2010년만 해도 지식이 쌓이는 속도는 그리 빠르지 않았습니다. 그래서 기업의 CEO나 리더는 해당 산업에서의 지식을 팔로워보다 먼저 학습하며 정보를 습득할 수 있었죠. 그래서 당시의 리더십은 '리더가 자신이 가진 정보와 경험을 바탕으로 가장 좋은 의사결정을 하는 것'이었습니다. 그리고 자신이 의사결정한 내용을 구성원들에게 전달communication하는 것이 중요했었죠.

하지만 2020년 이후의 시대는 많이 달라졌습니다. 지금은 리더가 모르는 지식과 경험이 많아졌고, 그 과정에서 리더가 모르는 지식들을 팔로워가 알게 되었죠. 1980~1990년대생들은 1970년 이전의 리더들과는 다르게 IT를 잘 다루고, 새로운 지식과 경험을 끊임없이 찾아내고 학습하는 훈련을 해왔거든요. 그래서 지금의 시대는 '리더가 모르는 것이 많은 상황에서 조직을 운영해야 하는 시대'이기도 합니다. 리더가 정답을 알려주지 못하는, 오히려 리더가 팔로워보다 전문 지식이 더 부족한 시대이기도 하죠.

이런 시대에 가장 중요한 역량은 무엇일까요? 저는 리더에게 필요한 역량은 전문성뿐만이 아니라 HR 역량이라고 생각합니다. 내가 모르는 것을 알고 있는 팔로워의 지식과 경험을 끌어내는 역량, 리더 자신을 포함한 구성원 모두가 지식과 경험을 학습하고 공유하며 빠르게 성장할 수 있도록 돕는 역량, 내가 가지고 있지 않은 지식과 경험을 어떤 사람들이 가지고 있는지 찾아내는 역량, 태도와 행동에 영향을 주는 가치관을 파악하는 역량, 그리고 팔로워의 동기부여 요인을 찾아내어 업무에 몰입하도록 돕는 역량 등이 이에 해당하죠.

내 지식을 콘텐츠로 만드는 방법

2018년 7월 1일, 매일 한 개의 글을 쓰는 습관이 시작된 날입니다. 처음 글을 쓰기 전에는 '내가 뭐라고 글을 써도 되나?'라는 생각을 하며 망설이고 있었죠. 그런데 선배님의 한마디가 글쓰기를 도전할 수 있는 힘이 되었죠. "너 수준에서 글을 써. 그러면 네 경험이 필요한 사람들이 그 글을 보게 될 거야." 이 말을 들으며 '잘하는 사람만이 글을 쓸 수 있다면 세상에서 글을 쓸 수 있는 사람은 한 명밖에는 없을 거야'라는 생각을 하게 되었습니다. 그런 마음을 갖게 되자 조금씩 글을 쓸 수 있는 힘이 생기게 되었습니다.

그런데 제가 처음 글을 쓰게 된 이유는 '글이 쓰고 싶어서'가 아니었습니다. 2017년은 번아웃에 빠져 힘들어하고 있을 때였습니다. 인사위원회*HRC*라는 곳에서 인사팀장으로 근무하며 경영진과 차기 경영진 후보들을 찾아 양성하며 그룹의 핵심인재를 키우는 과업을 실행하다가 엔터 BU라는 조직으로 이동했습니다. 그런데 이 과정에서 업무의 주도권과 함께 내가 일을 하는 이유를 잃어버렸고, 게다가 그룹이 위기를 겪으며 성장에서 수익으로 방향성이 전환되는 시간을 겪고 있었죠.

잘할 수 있다는 자신감으로 법인 이동을 요청했는데 그곳에서 내가 가장 힘들어하는 상황들을 마주하게 되니 스스로를 강하게 잡고 있던 가치관을 내려놔야 하는 순간을 반복해서 경험할 수밖에 없었습니다. 또 하나 그룹에서 인재와 관련 가장 중요한 과업을 맡고 있다가 가장 작은 법인으로 이동하다 보니 스스로 그룹에서 내가 '중요한 인재가 아닌가?'라고 평가해버리기도 했었죠.

기존의 내 방식으로는 도저히 어떤 것도 할 수 없는 곳에서 2년이라는 시간을 보내며 제가 얻은 것은 '이전과는 다른 방식으로 일하는 것'이었습니다. 그리고 이 과정에서 새로운 지식과 경험을 끊임없이 학습하고, 내가 가진 경험들을 글이라는 콘텐츠로 만드는 습관을 갖게 되었습니다.

이렇게 시작한 블로그는 회사 안에서 HR 후배들에게 조금씩 소문이 나기 시작했고 구독하는 사람들이 늘어났습니다. 후배가 "선배님 조직문화는 어떻게 해야 해요?"라는 질문을 해올 때면 간단하게 설명을 해준 후 "○월 ○일에 내가 조직문화에 대해서 쓴 글이 있거든. 그거 한번 찾아보면 도움이 될 거야"라고 말해주며 글을 쓰기만 하는 것이 아니라, 주변 사람들이 공유하고 읽도록 스스로를 추천했습니다.

그렇게 1년간 글을 쓰고 보니 어느 날 16년을 다닌 회사를 퇴사하고 블랭크코퍼레이션이라는 스타트업으로 이직해 있었습니다. 또 1년이 지나고 나니 중앙일보가 운영하는 '폴인' 콘텐츠 플랫폼에서 '연재를 해줄 수 있는지?' 문의를 주셨죠.

처음 네이버에 글을 쓰기 시작한 작은 습관은 페이스북과 링크드인, 브런치로 연결되었고 폴인에 23개의 연재와 함께 어패럴 뉴스에는 '백종화의 리더십 이야기'라는 제 칼럼 채널을 얻는 작은 성공들을 경험하게 한 습관이 되었습니다. 이 밖에도 4권의 책을 출간하고 이코노미스트, 원티드, 동아 DBR 등 다양한 채널에 기고하며 '내가 배운 지식과 경험들을 공유'할 수 있게 되었고, 현재는 약 3만 명에 달하는 팔로워와 구독자들께 매일 공유하게 되었습니다.

무능력에 대해서

우리는 자주 무능력한 상황에 놓이게 됩니다.

• 기존과는 다른 과업을 맡았을 때
• 전보다는 높은 수준의 과업을 맡았을 때
• 승진과 승급을 하면서 나에게 기대하는 역할이 커졌을 때

이때는 이전에 내가 알던 지식과 경험으로 내 문제를 해결할 수 없는 상황이죠. 한순간 무능력한 상황에 놓이게 됩니다. 저 또한 이런 무능력의 상황에 빠지게 되었습니다. 그런데 이 무능력한 상황은 일시적입니다. '성장하는 사람들은 무능력한 상황에 놓이게 되면 이 상황을 이겨내기 위해 새로운 학습을 시작'하기 때문입니다. 그리고 이는 곧 다른 지식과 경험을 학습하고, 새로운 방식으로 일을 하는 기회가 되기도 하죠. 저에게는 무능력한 상황을 빠져나오게 도와준 것이 바로 '매일 글쓰기'였습니다.

그런데 진짜 무능력한 사람들이 있습니다. 바로 '노력하지 않는' 사람들입니다. 이전과는 다른 목표에 도전하지도 않고, 새로운 과업을 맡으려고 하지도 않죠. 이유는 간단합니다. 새로운 방식으로 일을 하려고 하지 않고 새로운 지식과 경험을

학습하려고도 하지 않기 때문입니다. '노력하지 않는 사람'이 사람이 진짜 무능력한 사람입니다.

포기하면 변명을 찾고, 도전하면 방법을 찾습니다. "도전하면 성공하나요?" 도전과 학습에 대한 이야기를 나누다 보면 이렇게 정답을 찾는 질문들을 많이 받게 됩니다. 그럼 이렇게 여쭤보죠. "포기하면 성공할까요?"라고요. 우리는 무조건 성공하는 방법을 모릅니다. 그걸 알고 있는 사람이나 조직이 있었다면 이미 우주를 운영하고 있겠죠. 포기하면 성공은 불가능해집니다. 새롭게 시작하는 것이 없기 때문이죠. 하지만 도전하면 성공 가능성이 조금 더 올라갑니다. 새로운 방식을 적용하기 때문이죠.

도전과는 반대인 실패 관점도 한번 볼게요. 100% 성공해야 할 때 도전하지 않는 사람은 실패가 없을 겁니다. 기존 방식으로 일하고 있을 테니까요. 반면 '한번 해보자'라고 생각하는 사람은 실패가 많을 수도 있습니다. 이전과는 다른 방식으로 하고 있으니 어색하고 불편할 테고, 그 과정에서 새로운 지식과 경험을 학습하면서 할 테니까요.

포기는 나를 성장시켜주지 못하지만 도전을 통한 실패는 나에게 경험을 줍니다. 포기를 어렵게 생각하기보다는 '포기는 이전과 같은 방식으로 일하는 것'이라고 생각해보세요. 그럼 우리는 얼마나 많은 성장의 기회를 놓치고 있는지 알게 됩니다. 도전을 어려움이라고 생각하기보다는 '도전은 이전과는 다른 지식과 경험을 학습하고, 새로운 방식 한 가지를 적용하는 것'이라고 생각해보세요. 그럼 단순하게 하나의 변화에 집중할 수 있게 됩니다.

자, 어떤 선택을 더 많이 하시겠습니까? 포기와 도전은 우리가 매일 선택하는 영역입니다. 100% 포기도, 100% 도전도 없겠지만 조금은 더 도전을 허락해보셨으면 좋겠고, 조금은 더 중요한 도전을 시도해보셨으면 좋겠습니다. 3년, 5년 후의 성장할 나를 위해서 말이죠. 글쓰기는 어렵습니다. 하지만 짧게 짧게 매일매일 글을 써보는 훈련을 해보시길 추천합니다. 그럼 1년 후, 3년 후, 5년 후 이전과는 전혀 다른 나를 발견하게 될 거라고 저는 확신합니다.

나는 성장하고
있을까?

성장에 대해서

제가 생각하는 성장에는 3가지 단계와 2개의 브릿지가 있습니다.

첫 번째 단계는 '관점의 확장'입니다.

관점의 확장 중 가장 중요한 것은 바로 가치관이죠. 가치관이 달라지는 순간 우리는 말과 행동, 시간 사용에서 많은 변화를 경험합니다.

예를 들어, '내가 다 안다 Know it all'라는 관점과 '모든 것을 배워야 해 Learn it all'라는 관점은 '내 방식으로 의사결정을 할 것인가?'와 '나와는 다른 의견을 가진 사람들의 방식을 듣고, 더 나은 의사결정을 할 것인가?'로 변화하게 됩니다. '내가 다 알고 있어'라고 생각하는 사람이 자신과 다른 의견을 들으려고 할까요? 자신의 후배나 팀원에게 모르는 것을 물어보려고 할까요? 새로운 지식과 경험을 학습하기 위해서 돈을 내고 시간을 쓰며 공부할까요? 아니면, 동료들이 피드백을 주면 고맙다고 할까요? 아마 주변에 '내가 정답이야. 내가 맞아'라고 생각하는 사람들의 공통적인 특징을 쉽게 찾을 수 있는 이유는 이런 가치관을 가진 사람들이 의외로 많기 때문입니다.

반대로 '모르는 건 배우면 되지'라고 생각하는 사람들은 자신이 모르는 것이 있다는 것을 인정합니다. '내가 실패할 수도 있지', '내가 모르는 것이 있지, 그럼 배우면 돼'라고 생각하며 모르는 것이 있으면 주변에 그것을 잘 아는 사람들을 찾아가서 묻고 학습합니다. 그 사람이 내 후배나 팀원일지라도 말이죠. 이렇게 생각하는 사람들은 정답을 찾기보다는 다름을 찾아서 이해하려고 노력하고, 피드백이나 자신의 의견과 다른 의견을 받게 되면 호기심을 가지고 궁금해하는 행동을 하게 되죠.

또 다른 관점의 확장이 있는데, 이것은 '내가 몰랐던 지식과 경험을 학습'하는 것입니다. 우리 모두에게는 유한한 시간과 공간적인 제약이 있기 때문에 세상의 모든 것을 다 알 수는 없죠. 그래서 몰랐던 지식과 경험을 학습하며 기존과는 다른 의사결정을 할 수 있는 준비를 합니다.

두 번째 단계는 '행동의 변화'입니다.

행동의 변화는 간단합니다. 가치관과 지식/경험의 확장을 통해 기존과는 다르게 말하고, 행동한다는 것이죠. 업무로 연결해 본다면 '일하는 방식의 변화'가 오는 시간이라고 생각하시면 됩니다. 일하는 방식이 변했다는 것은 기존과는 다른 프로세스로 업무를 처리하려고 하거나, 기존에는 사용하시 않았던 스킬이니 방법, 도구 등을 활용해서 업무를 처리하는 것을 의미합니다.

그런데 관점의 확장과 행동의 변화를 연결하는 브릿지가 있습니다. 그것은 바로 '목표와 역할의 변화'이죠. 브릿지는 둘을 연결해주기도 하고, 각각 영향을 주기도 합니다. 또 하나의 예를 들어볼게요. 기존과는 다른 목표를 맡게 되면 우리는 어떻게 행동하나요? 기존과는 다른 방식으로 그 문제를 해결하기 위해 노력하겠죠. 작년에 10이라는 목표를 달성했는데, 올해도 목표가 10이라면 우리는 새로운 지식과 경험을 학습할 이유도 없고, 작년에 일하던 방식을 바꿀 필요도 없게 됩니다. 이전과 같이 일하면 10이라는 목표를 그대로 달성할 수 있기 때문이죠.

그런데 만약 올해의 목표가 20이 되었다면 어떻게 할까요? 작년 방식으로 그대로 일을 한다면 올해 성과는 10밖에는 되지 않습니다. 그래서 이전과는 다른 방식으로 일할 것인지를 찾게 되고, 그 과정에서 새로운 지식과 경험을 학습하게 되는 것이죠. 목표가 커지거나 어려워지거나 복잡해지지 않았다면 우리가 새로운 방식과 지식, 경험을 학습할 필요가 없다는 의미이기도 합니다.

또 팀원이었다가 팀장이 되는 순간, 어떻게 하나요? 아니, 학생이었다가 직장인이 되는 순간, 우리는 어떻게 행동하나요? 기존에는 내가 일을 잘하려고 노력했다면 이제는 리더십을 공부하며 팔로워들이 일을 더 잘할 수 있도록 노력하고, 직장에서 사용하는 다양한 업무 방식과 가치관을 학습하여 학생으로서 공부할 때의 나와 다른 모습으로 일을 하기 시작합니다.

이렇게 '목표와 역할의 변화'는 관점의 확장과 행동의 변화를 연결해주기도 하고, 각각에게 영향을 미치기도 합니다. 그래서 성장에서 빠지지 않아야 하는 것이 '목표와 역할의 변화'를 인지하고, 새로운 목표를 달성하고 역할을 제대로 수행하기 위해 필요한 지식과 경험, 가치관, 일하는 방식의 변화를 찾고 그것을 채우는 시간이 필요한 것이죠.

마지막 세 번째 단계는 바로 '생산성의 변화'입니다.

처음에는 저도 두 번째 단계에서 성장이 마무리된다고 생각했었습니다. 그런데 결과적으로 우리가 성장했다는 이야기는 '내 일의 영향력이 커졌다'라는 것으로 증명해야 한다는 것을 알게 된 것이죠. 그게 아니면 학교에서 공부하고, 시험보는 것과 다를 바가 없으니까요. 그래서 저는 생산성의 변화가 오기 전까지를 '학습, 공부'라고 이야기하고 '생산성과 아웃풋*output*'의 변화가 증명될 때 '성장했다'라고 이야기합니다.

그리고 이때 두 번째 브릿지가 존재하죠. '평가, 피드백, 피드포워드'라는 3가지 단어입니다. 간략하게 한 단어로 말하면 피드백입니다. 바로 기존의 목표, 기존의 나와 현재의 나를 비교하는 결과적 평가와 기존의 내 지식과 경험, 일하는 방식과 지금의 나를 비교하는 과정 피드백이 이에 해당합니다. 그리고 새롭게 '성장을 계획하는 피드포워드'까지 반복하는 것이 성장의 수레를 돌리는 프로세스입니다. 그만해야 할 행동을 찾고, 계속하거나 시작해야 할 행동을 찾는 것이 바로 피드백이죠.

내 경험을 공유하며
함께 성장하는 시대

타인을 성장시키는 커뮤니티 리더는 어떻게 행동할까?

《홀로 성장하는 시대는 끝났다》라는 책을 곱씹다 보니, 커뮤니티와 커뮤니티 리더에 대해 이런저런 생각들을 정리할 수 있게 되었습니다. 어쩌면 지금 내가 하고 있는 역할이 '리더십과 조직문화'에 대한 커뮤니티 리더의 행동을 따라 하고 있는 것은 아닐까? 이런 생각을 하게 되더라고요.

커뮤니티 리더는 자신의 지식과 경험, 노하우를 선의로 공유하고, 함께 학습하는 조직을 만들어 운영하는 전문가입니다. 그들은 크게 5가지의 행동을 하며 자신의 지식과 경험을 공유하고, 다른 이들을 통해 더 다양한 지식으로 확장되도록 돕습니다.

1. 자발적으로 리딩하는 학습 조직을 만든다.

학습하고 싶은 주제를 정하고, 학습하는 커뮤니티를 만들어 퍼실리테이션을 합니다. 그들은 돈을 벌기 위해서도 아니고, 자신의 경력을 쌓기 위해서도 아닙니다. 그저 커뮤니티를 조직해서 함께 공부하는 것이 좋기 때문이죠. 이때 중요한 포인트는 사내에도, 사외에도 만들어야 한다는 것입니다.

2. 나의 지식과 경험, 노하우를 타인에게 공유한다.

커뮤니티 리더는 자신의 지식과 경험, 노하우에 대해 대가를 바라지 않고 공유한다는 특징이 있습니다. 물론 대가를 준다면 거절하지는 않겠지만요. 대가를 받지 않는다면 그만큼 책임감이 낮아진다고 이야기하시는 분들도 계시지만, 제 생각에는 그건 개인의 차이라고 봅니다. 커뮤니티 리더는 지식을 공유하는 것을 업으로 삼는 사람들이 아니거든요. 아마 저를 아는 분들은 이해하실 것 같습니다. 저는 대가를 원하고 지식을 공유하는 것은 지식을 공유하는 사람 관점에서의 영업이라고 생각하지만, 감사 표현으로 대가를 지불하는 것은 공유를 받은 사람의 관점이라고 생각합니다.

3. 부족한 것은 함께 학습하고 토론한다.

커뮤니티 리더가 정답을 알고 있는 경우도 있지만, 저는 함께 학습하는 조직의 리더라고 생각합니다. 이 세상에 완벽한 사람은 없으니까요. 그러다 보니 잘 모르는 것, 새롭게 나타난 이슈 등 자신이 모르고 있는 부분에 대해 쉽게 인정합니다. 그리고 바로 학습을 시작하게 되죠. 저 또한 신입사원이나 대학생에게서도 많은 것을 배우는 순간을 경험해보니, 이 세상에 다양하게 잘난 사람들은 많이 있다는 것을 인정할 수밖에 없더라고요.

4. 그의 문제를 함께 고민하고 해결한다.

커뮤니티 리더에게는 주변에서 많은 조언을 구하곤 합니다. 코칭을 원하기도 하고, 컨설팅이나 멘토링을 기대하기도 하죠. 그때 커뮤니티 리더들은 자신의 일처럼 함께 고민하고, 문제를 드러내고 대안을 찾아가려고 노력합니다.

5. 항상 새로운 것과 자신의 부족함을 채우기 위해 학습하고, 배우려고 노력한다.

커뮤니티 리더는 자신이 알고 있는 현재까지의 지식과 경험, 노하우를 공유해줍니다. 모두 다 말이죠. 받는 사람 입장에서는 놀랄 수밖에는 없습니다. 다 퍼준다고 느껴지거든요. "이거 다 주셔도 되나요?" 어쩌면 개발자분들에게 정말 귀한 오픈소스가 공유되었다고 생각하시면 딱 맞을 것입니다. 그런데 커뮤니티 리더는 그걸 다 줍니다. 왜일까요? 제 생각은 그들은 지금 주는 지식과 경험은 과거라고 생각하고, 지금부터 자신은 학습하고 배우면서 새로운 지식들을 채우면 된다고 말합니다. "다 줘도 모두 이해하는 데 시간이 걸릴 거예요. 그리고 그걸 적용하는 데 더 시간이 걸릴 거고요. 그사이에 나는 다른 걸 또 배우고, 실험하고 있을 거니까 괜찮아요"라고요.

저 또한 지금도 스허*Startup HRer* 스터디 모임과 함께 조직문화 스터디 모임, 코칭 스터디 모임 등의 다양한 커뮤니티를 소식하여 서로의 고민, 지식, 경험을 학습하는 시간을 가지고 있습니다. 그리고 SNS 글쓰기와 함께 뉴스레터를 통해 온라인상에서도 이런 지식 공유의 시간을 함께 가지고 있죠. 내가 할 수 있는 새로운 지식과 경험을 학습하는 시간이기도 하지만, 내가 가지고 있는 지식과 경험을 필요로 하는 다른 사람들에게 공유하는 방법이기도 합니다.

커뮤니티 리더 한 명이 조직을 바꿀 수 있을까요? 저는 가능하다고 생각합니다. 조금씩 자신의 행동들로 인해 함께 학습하는 사람들이 늘어나고, 그로 인해 성장하고 성공하는 케이스가 한 명 한 명 늘어난다면 말이죠. 또한 리더와 경영자가 그런 활동을 방해하지 않고, 함께 참여하거나 또는 그 성과를 인정해 준다면 더욱 그럴 수 있다고 생각합니다.

참, 커뮤니티 리더가 되고 싶다면 개인적으로 꼭 조언하고 싶은 것이 있습니다. 외부 활동에서 자신의 지식과 경험, 노하우를 드러내기 전에 내부 동료들과 함께 학습의 시간을 보내라는 것입니다. 인간적으로 외부 활동만 하는 직원을 내부의 동료들이 어떻게 볼까요? 아무리 능력이 뛰어난 커뮤니티 리더라고 하더라도, 동료들에게 인정받지 못하면 저는 반쪽짜리라고 생각합니다.

성장은 맡겨놓은 것이 아닙니다

성장에 대한 오해가 많습니다. 그중 가장 큰 것은 '성장을 맡겨놓은 것을 찾는 것'이라고 생각하는 것입니다. 꽤 많은 사람이 초·중·고등학생으로 성장하면서 부모님의 영향을 많이 받았습니다. 학습할 장소, 학교 그리고 학습 방법까지 말이죠. 그 과정에서 공부는 내가 아니라 부모님이 하는 것이 되어버리기도 했죠.

조직에서도 동일합니다. "제가 성장할 기회가 없어서요." 이 말은 과거에도, 요즘에도 많이 듣는 말입니다. 그런데 한 가지 여쭤볼게요. "나는 성장하기 위해서 스스로 어떤 노력을 했나요?"

성장했다는 말은 다음의 의미가 있습니다.

- 새로운 지식과 경험을 학습하고
- 일하는 방식의 변화를 통해
- 생산성을 바꿨을 때 할 수 있다.

지식과 경험을 학습하는 것도 내 의지이고, 일하는 방식의 변화를 주는 것도 내 의지에서만 가능합니다. 이 두 가지가 전제되지 않으면 성장은 불가능하죠.

저는 '회사에서 성장의 기회를 준다면 그것은 그 회사가 가진 가장 강력한 복지'라고 생각합니다. 만약 내 동료 중에 '성장에 진심인 사람이 있다면 그것은 최고의 복지가 된다'라고 생각하고요. 이 과정에서 가장 중요한 것은 바로 '나'입니다. 만약 우리 회사에서 성장의 기회가 없다고 생각한다면 그것은 회사와 리더의 문제이기도 하지만, 더 큰 문제는 바로 나에게 있습니다. 성장은 회사 내부에서도 가능하지만, 외부에서도 가능하거든요. 회사 내부에서 성장의 기회가 없다면 지금부터 외부에서라도 성장의 기회를 만들어보세요. 그렇게 될 때 '나 스스로가 나를 믿으며 심리적 안전감'을 가질 수 있게 되거든요.

똑똑하다고 성장하는 것은 아닙니다. 뛰어난 재능을 가진 인재를 찾아 채용하고 1~2년간 다른 곳에서는 그들이 경험하지 못할 중요한 과업, 일하는 방식 그리고 습관을 훈련시키는 경영자 싹 양성 트렉이 있었습니다. 신입 직원들이 정말 빠르게 성장하는 것을 보게 되는 즐거운 시간이죠. 그런데 그들 중에 더 빠르게 성장하는 사람도 있지만, 반대로 성장이 멈춰버리는 사람도 있더라고요. 탁월한 재능을 가지고 있었고, 그에 맞는 문화와 환경이 조성되었고, 지식과 경험을 공유해주는 최고의 코치, 멘토가 있었지만 어느 순간 성장이 멈춘 이들이 보이더라고요. 그리고 그 특징을 하나 발견하게 되었습니다.

바로 '내가 잘할 수 있는 일에만 도전'하는 것이죠.

솔직히 도전이라고 말할 수 없는 도전이죠. 어느 정도 각이 나오는 프로젝트만 하려고 하고, 이미 자신이 해봤던 경험이 있는 비슷한 프로젝트만 하려고 합니다. 반대로 끊임없이 성장하는 사람들은 '새로운 것, 대단히 크고 어려운 것, 복잡한 것'에 도전하고 실패하고 다시 학습하며 또 도전했습니다.

성장한다는 것은 똑똑하다고 되는 것도 아니고, 일을 잘한다는 말도 아닙니다. 그저 내가 되고 싶은 미래의 모습을 위해 과거의 나와 현재의 나를 끊임없이 되돌아보며, 어떤 도전을 할 것인지 정하고 실행하는 것이죠. 그리고 그 도전은 과거의 내가 해보지 못했던 크고 높고 어렵고 새로웠으면 합니다. 그 과정은 힘들지만 시간이 흘러 과거의 나와 비교하면 꽤 달라져 있을 거예요.

성장의 최종 책임은 바로 나에게 있습니다. 성장을 회사와 리더에게 맡겨놓지 말고, 나 스스로를 성장 프로세스로 밀어

넣어야 합니다. 이 책은 CEO와 리더, 그리고 팔로워 모두에게 HR 그리고 성장과 관련한 다양한 관점을 공유하기 위해 제작 되었습니다. 중요한 것은 책을 읽는 것이 아니라 그 안에 담겨 있는 질문에 대해 내 생각을 기록해보고, 기존과는 다른 행동 한 가지를 실행하는 것입니다.

2장

리더를 위한
HR Insight

어떤 리더로
기억되고 싶은가요?

'관점'이라는 단어는 '내가 바라보는 나'를 의미합니다. 그런데 내로남불이라고도 하는 이 모습이 많은 리더에게 보이는 취약점이죠. 하지만 내가 나를 객관적으로 보는 것만큼 세상에 어려운 것도 없습니다.

주말에 한 대표님께 감사 인사를 받았습니다.

"대표님 너무 감사합니다. 매주 월요일에 뉴스레터와 함께 시니어 워크숍 진행 중인데, 다들 반응도 좋고 확실히 회사의 관점에 대해 이해도가 높아졌어요! 한번 초대하고 싶네요. 제 삶은 대표님과의 만남 전과 후가 너무 달라졌어요. 은인이셔요. 감사합니다."

솔직히 제가 해드릴 수 있는 건 이렇게 빼먹지 않고 매주 뉴스레터를 공유해드리는 정도입니다. 실제 실행으로 옮기면서 결과를 만들어내는 분들이 대단하신 거죠. 뉴스레터를 읽고 끝나는 것이 아니라, 리더십과 조직문화를 바꾸는 실행이 될 수 있게 한 가지라도 적용해보면 좋겠다는 생각을 전하고 싶습니다. 이 책도 그런 관점에서 한번 읽어주시면 어떨까요?

리더십의 핵심은 말이 아닌, 행동입니다

영국 총리의 '파티 게이트'가 연일 기사화된 적이 있었습니다. 이유는 코로나 봉쇄령이 한창이던 때, 국민들의 자유를 통제하던 최종 의사결정자인 총리가 참모들과 자신들이 결정한 기준과 원칙을 어기는 행동을 반복해서 했기 때문이죠. 조직의 최고 리더의 의사결정은 많은 사람에게 영향을 끼칩니다. 그런데 그 의사결정은 자신 또한 영향을 받는다는 것을 꼭 기억해야 한다는 것을 잊는 리더들이 많습니다.

더 중요한 것은 총리의 일탈에 참모들 중에 이견을 낸 사람들이 없었다는 것입니다. 파티에 참여한 참모들은 왜 이 파티가 잘못되었다고 생각하지 않았을까요? 그리고 이 파티를 중단시키려고 노력하지 않았을까요? 이들의 말과 행동을 옆에서 본 것은 아니지만 한 가지 유추해볼 수 있는 내용이 있더라고요.

〈더타임스〉의 일요판 〈선데이타임스〉의 2022년 2월 보도에 따르면 존슨 총리는 사퇴 압박이 이어지는 가운데 측근들에게 "나를 총리 관저(다우닝가 10번지)에서 끌어내리려면 탱크 부대를 보내야 할 것"이라고 말했다고 합니다. 즉 측근들의 사퇴 의견에 존슨 영국 총리는 더욱 강경한 어조로 반대 의사를 밝힌 것이죠. 리더가 자신의 실수를 어떻게 바라보는지 볼 수 있는 대목이라고 생각합니다.

세상에 누구든지 실수를 할 수 있습니다. 특히 리더의 경우 자신의 실수를 어떤 관점에서 바라보는지를 보면 그가 성숙한 사람인지, 성숙하지 못한 사람인지를 확인할 수 있습니다. 실수의 원인을 외부에서 찾거나, 실수를 반복하거나, 책임지지 않는다면 그는 리더로서 자격이 없는 사람이라고 생각해야 합니다. 이유는 간단합니다. 이후로 그 리더의 말과 행동을 신뢰하는 팔로워들이 현격하게 줄어들 것이기 때문이죠.

리더의 위치는 말을 많이 하는 사람입니다. 회의, 미팅 등의 공식석상에서 자신의 의사결정을 팔로워들에게 말로 전달하죠. 그래서 리더의 스피치를 중요하게 여기기도 합니다. 하지만 더 중요한 것이 있습니다. 팔로워들은 리더의 말을 신뢰하고 그를 따르지만 리더를 평가하는 기준은 리더의 행동이라는 것이죠.

조직에서 성과를 내는 리더는 다양합니다. 하지만 팔로워들에게 인정받는 리더는 비슷합니다. 말과 행동이 일치하는 인격적 성숙함을 갖춘 리더 말이죠.

 코로나 봉쇄 조치 중 '파티' 영국 총리…
내부 보고서 "리더십 실패"

 '파티 게이트' 英 총리
"날 끌어내려면 탱크부대 보내야 할 것"

생각할 질문

나는 어떤 리더인가요? 나의 말과 행동은 일치하나요? 아니, 일치하려고 노력하나요? 나의 의사결정이 나의 행동도 포함되나요? 아니면 팔로워들에게만 요구하는 의사결정인가요? 어떤 리더로 기억되고 싶은지를 고민한다면 내가 어떻게 행동하고 있는지 생각해보면 됩니다.

내가 생각하는 '진짜 리더'는 어떤 행동을 하나요?

관계심리학 전문가인 한양대 일반대학원 협동과정 박상미 교수는 '진짜 친구'에 대한 기준을 다음과 같이 설명합니다.

·착한가 ·배우는 것을 좋아하는가 ·좋은 사람들을 사귀고 있는가 ·상대의 마음에 공감해주는가 ·타인을 돕는가 ·의리가 있는가 ·오래 사귀어도 변함없이 상대를 존중해주는가(내 말을 잘 경청해주는가) ·선을 잘 지키는가 ·정직한가(겉과 속이 같은가) ·절제를 잘하는가 ·칭찬을 잘하는가(험담을 많이 하는지, 타인의 칭찬을 많이 하는지로 판별)

박 교수는 "공자는 충고를 가리지 않고 자주 하는 친구를 멀리 하라고 말하기도 했다"며 '(충고는) 선을 넘는 것'이라고 부연했습니다. 여기에 박 교수는 1) 축하를 잘하는가, 2) 긍정적 생각을 하는가, 3) 용건과 부탁 없이도 연락하는가, 이 세 가지 기준을 추가했습니다.

이 글을 읽으며 생각난 부분은 그렇다면 '진짜 리더'의 기준은 무엇일까요? 저도 제 생각을 기록해봤습니다. '진짜 리더는 구성원을 성장시키고 성공시키는 리더'라는 관점에서요.

- 말과 행동이 일치하는가? 의사결정의 기준과 원칙이 명확한가?
- 자신과 팔로워를 동일한 기준에서 판단하고 평가하는가?
- 틀렸다가 아닌, 다르다를 인정하고 무엇이 다른지 찾으려고 노력하는가?
- 내가 가진 지식과 경험을 계속 새롭게 채우고, 내 지식과 경험을 팔로워들에게 아낌없이 모두 공유하는가?
- 서로의 차이(지식, 경험, 관점)를 이해하려고 노력하는가?
- 일정 시간을 참고, 기다리는가?
- 과정과 결과를 분리해서 생각하고, 평가하는가?
- 인정과 칭찬을 자주 하는가? 인정과 칭찬의 기준이 리더가 아닌 팔로워 변화인가?
- 피드백을 솔직하게 전달하는가? 피드백의 목적이 리더가 더 뛰어나다는 것을 증명하는 것이 아닌 '팔로워의 성장과 성공'인가?
- 팔로워의 성공을 있는 그대로 노출하고, 브랜딩해주고, 인정하는가?
- 개인의 성장과 성공을 응원하는가?
- 인격적으로 성숙한가?
- 자신의 장점과 단점, 강점과 약점을 객관적으로 이해하려고 하는가?

• 반대 의견을 끝까지 듣고, 자신이 틀렸을 수도 있다는 것을 인정하는가?

• 실수를 사과하는가?

• 리더의 리더와 팔로워에게 동일하게 행동하는가?

• 평가의 기준이 '자신이 아닌, 회사와 팀'을 향하고 있는가?

• 팔로워에게 관심을 갖고 관찰하고, 수시로 대화를 나누는가?

• 현재와 미래를 함께 바라보는가?

• 함께 행동하고, 함께 가는가?

탁월한 리더에 대한 정의는 조직과 사람마다 다릅니다. 그리고 탁월한 리더의 행동인 리더십 또한 조직과 사람마다 다르죠. 리더십에 정답이 없다고 이야기하는 이유는 '모든 조직, 모든 사람이 만족하는 답안지'가 없기 때문입니다. 그래서 저는 리더십을 이야기할 때 '내가 정의한 리더의 역할과 행동을 공유하고, 반복하면서 평가받는 것'이라고 이야기합니다. 탁월한 리더가 되고 싶다면,

첫째, 내가 중요하게 생각하는 리더의 역할을 정의하고

둘째, 행동을 정하고

셋째, 그 행동을 반복하면서

내가 먼저 나의 리더십을 피드백하고, 팔로워들의 피드백을 받아보면 됩니다. 그게 더 나은 리더가 되는 유일한 방법이라고 생각하거든요.

"나이 들수록 친구 없어져"…
진짜 친구 판별법 14가지

생각할 질문

내가 생각하는 진짜 리더는 어떤 역할을 가지고 있나요? 그리고 그 역할은

어떤 행동을 통해 팔로워들에게 영향을 줄 수 있을까요?

내가 있는 조직은 나에게 어떤 곳인가요?

한 사람 한 사람의 구성원들이 자신이 가진 가치관을 이야기하고, 그것을 업무와 일상생활 속에 적용할 수 있는 조직은 얼마나 더 크게 성장할 수 있을까요? 간단하게 말해 '인재 밀도'를 높이는 방법을 '조직의 문화와 비전에 동의하는 자신만의 가치관을 가진 사람들이 많은 조직을 만드는 것'이라고 표현해보고 싶습니다.

다음 인터뷰에서 가장 기억에 남는 문장이 있습니다.

"내가 이 조직에서 계속 성장하고 있는가, 그리고 앞으로 더 성장할 수 있는지가 나에겐 가장 중요하다. 엔씨의 환경은 새로운 시도와 도전들을 존중하고 이에 대한 자유를 충분히 부여한다는 것이 큰 장점이다. 앞으로 무슨 일을 할 수 있을지, 그것이 나를 얼마나 성장시킬지를 기대하게 만든다."

제가 조직을 선택하는 이유를 하나 꼽으라고 한다면 '내가 이 조직에서 성장할 수 있을까?'라는 질문에 대한 답을 찾았을 때가 될 것입니다. 저에게 성공이란 큰 의미를 담고 있지 않습니다. 만약 내가 바라는 성장을 반복, 지속할 수 있다면 성공은 필연적으로 따라올 수밖에는 없거든요. 그 이유는 저에게 성공의 기준이 '돈을 많이 버는가?'가 아니기 때문이죠. 백종화에게 성공이란 '나를 통해 성장하고, 긍정적 영향을 받은 사람과 조직이 많아지고, 그들로부터 그 기여를 인정받는 것'이거든요. 조직문화에서 가장 중요한 것은 이렇게 기준을 정립하는 것입니다. 조직문화에 구성원의 성장과 성공이라는 키워드가 있다면 그 성장과 성공이 어떤 의미를 담고 있는지를 고민하고, 구성원들과 함께 On the same page할 수 있어야 한다는 의미이죠.

　제가 선택하는 성장하는 조직의 문화와 환경을 판단하는 질문은 이렇습니다.

동료 관점

- 나와는 다른 지식과 경험을 가진 탁월한 동료들이 있는가?
- 탁월한 동료들이 서로의 지식과 경험을 공유하는가?
- 더 나은 과정과 결과를 위해 솔직하게 피드백하는 문화가 있는가?
- 상호 간의 의미 있는 관계를 구축하는 문화가 있는가?

(예: 일만 하나? 놀기도 잘하나?)

리더 관점

- 리더의 역할이 구성원의 성장과 성공을 돕는 것인가?
- 자신과 다른 의견, 생각을 가진 팔로워의 이야기를 듣

고, 반영하는가?

- 인격적으로 성숙한 사람이 리더가 되는가?
- 팀과 팔로워가 학습할 수 있도록 돕는가?

조직 관점

- 조직이 지속해서 성장하려고 노력하는가?
- 학습과 관계 형성을 비용으로 생각하는가? 투자라고 생각하는가?
- 조직문화와 리더십을 중요한 가치로 여기고, 조직에서 관리/운영하는가?
- 바른 문화와 기준, 원칙을 통해 CEO와 구성원 모두에게 동일하게 의사결정을 하는가?

첫 번째 다녔던 기업은 처음 입사할 때는 중견 기업이었지만, 높은 학습을 열망하는 동료와 리더들로 인해 빠르게 성장했고 대기업이 되었습니다. 그 과정에서 내 연차에서는 얻을 수 없는 수많은 지식과 경험을 얻었죠. 두 번째 스타트업에서는 탁월한 인재들에게는 그만큼의 자율과 권한이 주어졌고, '종화 님 하고 싶은 대로 하셔도 돼요. 종화 님이 이야기하시는 부분을 이제는 이해할 것 같아요'라는 믿음과 신뢰를 통해 회사와 구성원들의 성장을 위해 '내 생각과 관점'을 나의 리소스가 허락하는 한 도전해볼 수 있는 기회를 얻었습니다. 이 두 곳에서의 경험들이 바탕이 되어 지금 나 스스로 콘텐츠를 만들고, 다양한 조직들과 새로운 경험들을 만들어가고 있습니다. 새로운 성장의 시간을 갖고 있는 것이죠.

 The Originality | Project Manager,
Development Management, 전치원

생각할 질문

나는 어떤 조직에서, 어떤 사람들과 함께하고 있나요? 그리고 나는 나와 함께하는 동료들에게 어떤 사람으로 기억되고 있을까요? '성장'이라는 단어는 누군가가 나에게 주는 기회이기도 하지만, 내가 스스로 내 시간을 투자하고 내 행동의 변화를 이끄는 중에서만 마주할 수 있는 변화입니다.

나는 어떤
사람인가요?

구성원들에게 영향을 끼치는 것이 리더십이라면,
리더의 대화는 리더십의 표현 방법입니다

"어떤 리더가 되고 싶은가요? 아니, 어떤 리더로 기억되고 싶은가요?" 이 질문에 대한 답을 찾기 위해서는 나의 과거를 돌아봐야 합니다. '목표 관점에서 객관적인 평가와 솔직한 피드백을 하는 리더와 핵심인재가 잘할 수 있는 과업과 레벨의 목표를 부여하고 지속해서 A평가를 주는 리더 중 누가 더 어려움을 경험하게 될까요? 그리고 누가 더 탁월한 차세대 리더를 양성할까요?

'A급 인재에게도 피드백을 줘야 한다'라는 글을 ≪요즘 팀장은 이렇게 일합니다≫에 기록한 적이 있습니다. A급 인재도 더 어렵거나 새로운 과업을 수행하면서 피드백을 받으며 성장해야 하기 때문이죠.

만약 핵심인재가 자신이 B평가를 받은 상황을 동의하지 못할 경우에는 리더가 TED*Thought, Emotion, Desire*의 관점에서 피드백을 전달하는 것도 도움이 됩니다.

Thought: 생각을 솔직하게 이야기하기

"지난 3~4년 동안 계속해서 좋은 성과를 만들었고, A평가를 받은 것은 맞지만, 목표를 설정할 때부터 반복해서 이야기힌 부분은 이제 혼자서 잘하는 것보다 더 높은 레벨의 결과와 영향을 줄 수 있도록, 동료들의 결과에도 영향을 줄 수 있도록 방향을 잡았죠? 그런데 중간중간에 피드백을 줬을 때도 개인의 과업은 여전히 잘하고 있지만, ○○님이 자신의 시간, 지식, 경험을 동료들에게 여전히 사용하지 않고 있다고 생각해요."

Emotion: 감정을 솔직하게 이야기하기

"목표를 설정할 때 ○○님도 동료들에게 더 영향을 줄 수 있도록 하는 것에 동의했었는데, 그에 맞는 행동이 연결되지 않았다는 것에 나도 조금은 안타까웠어요. 이제는 개인이 아닌, 더 큰 영향력을 만들어내는 리더가 되기 위해 노력해야 하는 시점이니까요."

Desire: 기대하는 모습을 솔직하게 이야기하기

"내가 ○○님에게 기대하는 모습은 혼자서 일하는 것이 아니라, 다른 후배들과 동료들에게 자신이 가진 지식과 경험을 공유하고, 그들의 성장을 도와주는 리더의 모습이라고 생각해요. 이 관점에서 ○○님의 시간을 동료들에게 조금 더 사용해 주면 좋겠어요. 그렇게 리더로 성장할 수 있게 말이죠. 제 의견에 대해 어떻게 생각하세요?"

이때 리더에게 중요한 것은 '꼰대'가 되지 않는 것입니다. 꼰대는 '상대의 의견을 중요하게 여기지 않고, 자신의 생각과 경험만을 정답이라고 이야기하는 것'이라고 생각합니다. TED 관점에서 중요한 메시지를 전했다고 하더라도 이보다 더 중요한 것은 "and you? ○○님은 이 관점에 대해 어떻게 생각해요?"라고 의견을 물어보는 것입니다. 리더가 보지 못하고 알지 못하는 것이 있을 수도 있다는 것을 인정하고 팀원의 이야기를 묻는 것이죠.

마지막으로 대화의 팁을 하나 더 공유한다면 바로 '대화를 하는 태도'입니다. 메라비언의 법칙에 따르면 소통 과정에서 상대방에게 느끼는 이미지의 55%는 시각적인 태도, 38%는 청각적인 언어에 해당하고, 메시지의 내용은 7%밖에 안 된다는 것입니다. 즉 아무리 좋은 메시지를 전한다고 하더라도 리더의 태도와 목소리에서 느껴지는 감정이 부정적이라면 좋은 이미지를 심어주지 못한다는 것입니다. 그래서 저는 경청의 태도를 중요하게 이야기하죠.

리더가 리더십을 발휘하는 가장 많은 방법은 바로 '대화'입니다. 그런데 아무리 좋은 메시지, 선한 목적을 가지고 있다고 하더라도 말하는 태도가 부정적이라면 그 목적이 오해를 받을 수밖에 없기 때문입니다. 리더십은 영향을 끼치는 것이고, 그 영향을 받아 행동하는 것은 구성원이거든요. 리더십은 리더의 행동입니다. 그리고 그 행동의 대부분은 대화에서부터 나오죠. 이 관점에서 저는 리더십에서 '태도는 시작이다'라고 이야기하고 싶습니다.

평가 결과가 불만인 팀원과의
대화가 어렵다면?!

생각할 질문

나는 어떤 행동을 반복하고 있나요? 나를 잘 아는 동료 3명에서 내가 자주
반복하는 말과 행동이 무엇인지 한번 물어볼까요?

One Team은 '강점과 약점이 공존'하기도 하지만 서로의 '강점과 강점이 드러나는 곳'이기도 합니다

어떤 팀이 가장 멋진 팀일까? 솔직히 상황과 구성원에 따라 모두 다르다고 생각했었습니다. 현재 팀이 처한 상황과 팀에 소속되어 있는 구성원들이 같은 목적을 달성하는 것이 중요하니까요. 그러다 문득 '백지에 팀을 그린다면 어떤 팀을 만들어야 할까?'라는 생각이 들었습니다.

〈싱어게인 2〉라는 프로그램에서 73호라고 불리는 가수는 큰 무대에서 자주 긴장합니다. 첫 번째 경연에서도 준비하는 시간에 기타를 치는 손을 떨기도 하고, 무대 위에서 즐기는 모습을 보여주지 못하죠. 그런데 동료인 70호는 전혀 떨지 않는 가수입니다. 그리고 이 강점을 73호에게 전하기 위해 준비하는 과정에서 긴장을 풀 수 있는 여유로운 모습과 자신감을 심어주는 행동을 반복합니다. 강점을 가진 동료가 약점을 가진 동료를 케어하는 것이죠.

그런데 심사 결과를 듣다 보니 새롭게 알게 된 부분이 있었습니다. 너무 다른 두 사람이 노래하는 과정에서는 누군가에게 맞추고 양보하는 것이 아니라, 서로가 가진 고유한 강점과 특징을 내뿜었다는 것이죠. 그 심사평을 듣고 나서 이 노래를 10번 정도 듣게 되었습니다. 그리고 제가 느낀 것은 이 곡을 한 명 한 명 따로 들어봐도 좋겠다는 것이었습니다. '서로가 가진 강점을 같은 일에 투입할 수 있다면, 누군가가 양보하는 것이 아니라 서로가 가진 다른 강점을 인정하고 공유한다면 어떤 팀이 될까?'에 대해 생각해보게 되었습니다.

사람들마다 자신이 기대하고, 원하는 조직문화가 있습니다. 저는 '자신이 가진 지식과 경험을 공유하는 조직이고, 스스로 성장하기 위해서 전문적인 영역뿐만이 아니라 함께 일하는 다른 동료들의 전문성에 대해서도 관심 갖는 조직'입니다. 스스로 일을 찾아서 실행하고, 자신의 과정과 결과를 공유하면서 동료들 또한 성장하고 성공하도록 돕는 조직이죠. 만약 제가 조직을 구성하게 된다면 이런 조직을 만들어갈 것이라고 생각합니다.

많은 사람이 현재 우리의 모습(상황과 사람)에 맞는 조직문화를 만들려고 합니다. "저희 회사 상황에 맞는 가장 좋은 조직문화는 무엇일까요?"라는 질문으로 말이죠. 그런데 이렇게 한번 생각해보면 어떨까요? "우리의 현실을 반영하는 것이 아니라, 우리가 가장 이상적으로 생각하는 조직문화는 무엇일까?"라는 질문을 통해서 조직문화를 만들어가는 것 말입니다. 조직문화는 현재 우리의 모습에서 시작하는 것이 아니라, 우리 회사의 특징을 담은 가장 이상적인 모습에서 시작합니다.

[싱어게인 2] 이것도 능력 70호 X 73호
깐부 '일곱 색깔 무지개'

일의 의미와 영향은 내가 좋아하는 일보다 잘하는 일에 맞춰집니다

내가 하고 있는 일은 어떤 의미를 가지고 있을까요? 구글의 아리스토텔레스 프로젝트의 결과, 최고의 퍼포먼스를 만들어 가는 팀의 공통적인 특징 5가지 중 가장 베이스가 되는 2가지 는 '일의 영향'과 '일의 의미'입니다. 내가 하고 있는 일이 동료, 팀, 회사 그리고 고객과 사회에 어떤 영향을 주는지 이해하고 있는 구성원이 많을수록 높은 퍼포먼스를 낸다는 것입니다. 그 리고 내가 하고 있는 일의 가치를 이해하고 있는 구성원이 많 아야 한다는 것이죠.

건실한 기업의 리더들은 자신들의 회사가 하는 일이 '사회 에 끼치는 영향'이 일에 몰입하게 하는 가장 큰 이유라고 이야기합니다. 그리고 어떤 기업의 구성원들은 자신들이 그저 돈을 버는 일을 하고 있다고 이야기합니다. 과연 어떤 기업이 일에 몰입하고, 구성원들이 스스로 성장하기 위해 노력하고, 상품과 서비스 그리고 고객을 위해 조직을 지속적으로 성장시킬까요?

　Blankcorp에서 근무할 때 제 명함과 사무실 모니터에 하얀색 펜으로 'blanker의 성장을 돕는 coach'라고 적어두었습니다. 조금은 낯간지러운 표현이지만, 나 스스로 내 일이 누구에게 어떤 영향을 주는지 의미를 부여하지 않으면 내가 내 일에 집중하지 못한다고 생각했기 때문입니다. 이제는 누군가의 성장을 돕는 사람이라고 이야기하지 않아도 됩니다. 명함에 Growing People's라고 적혀 있으니까요.

〈놀면 뭐하니〉 프로그램에서는 많은 음원을 생산해냅니다. 굿즈를 생산해서 판매하기도 하죠. 인기가 높으면 높을수록 매출은 올라갈 수밖에는 없는 비즈니스 모델이지만, 공영 방송사에서 일하는 사람들에게 매출과 시청률을 끌어 올려야 하는 가치를 부여하는 방법 중 하나로 '기부'라는 방법으로 적용했습니다(2021년 17억 원 기부).

국내 최고의 어린이 재단인 월드비전은 자신들의 애뉴얼 리포트annual report에 기부액(매출)과 비용뿐만이 아니라, 우리가 얼마나 많은 아이를 지원하고, 그들의 삶을 변화시켜주기 위해 노력하고 있는지를 보여줄 수 있는 수치를 넣고 직원들과 소통하고 있습니다. 기부액만을 목표로 하는 것이 아니라, 직원들의 노력과 결과가 얼마나 많은 아이에게 영향을 주고 있는지를 공유하는 것이죠. 만약 2021년 300만 명의 아이들을 후원했는데, 우리의 일과 결과가 2022년 500만 명의 아이들에게 행복을 줄 수 있다면 그 가치를 믿고 따르는 직원들은 어떻게 일을 할까요?

"우리는 잡일을 하고 있어요"라며 자신들의 과업을 표현하던 팀이 있었습니다. 그런데 옆에 있던 다른 팀에서 "너네 일이 어떻게 잡일이야? 너네 팀이 없으면 그 일을 누가 해야 하는데?"라고 역으로 물어봤죠. "우리가 없으면 이 일들은 너희들이 해야지." 바로 자신들의 일을 총무팀이라고 생각했던 팀과 그 옆에 있던 인사팀과의 토론이었습니다.

그렇게 시작된 토론은 '총무팀은 직원들이 회사의 목표를 달성하기 위해 업무에 몰입할 수 있도록 도와주는 서포트 팀'이라고 결론 내리게 되었죠. 총무팀의 고객은 '동료 직원'이 되었고, 그들이 잡일이라고 표현했던 하찮은 일들은 '동료들이 업무에 몰입할 수 있도록 환경을 구축하는 가치 있는 일'이 되었습니다.

자, 같은 총무팀이지만 자신의 일을 잡일이라고 생각하는 직원과 동료를 서포트하는 일이라고 생각하는 직원들 중 누가 더 일을 열심히 할까요? 누가 더 그 일을 살하기 위해 학습하고, 공부할까요? 이렇게 총무팀은 서포트팀이라는 이름으로 부서를 바꾸게 되었고, 이후 동료들에게 끊임없이 새로운 과업을 물으며 일을 벌이기 시작했습니다. 가치 있는 일을 하기 위해서 말이죠.

 '놀면 뭐하니?' 지난해 방송 수익금 17억 11개 단체에 기부

 '저는 ooo을 성장시키는 coach 입니다'

생각할 질문

'내 일의 고객은 누구인가요?' '내가 일을 잘하면 내 고객에게 어떤 긍정적 영향을 주게 되나요?' 반대로 '내가 일을 잘하지 못하면 내 고객은 어떤 부정적 영향을 받게 되나요?' 마지막으로 '내가 하고 있는 일들이 어떤 의미와 영향을 갖고 있나요?'

내가 가는 길의 목적은
어디인가요?

플로렌스 채드윅은 최초의 기록을 많이 가지고 있던 선수였습니다. 1950년 8월 8일, 도버 해협을 프랑스에서 영국 방향으로 가로지르는 32km를 13시간 20분 만에 헤엄쳐 건넜습니다. 1951년에는 더 어렵다고 하는 영국에서 프랑스 방향으로 16시간 22분 만에 횡단했습니다. 그리고 1952년 7월 4일 미국으로 건너가 캘리포니아의 카탈리나 섬에서 본토 롱비치까지 35km를 횡단하는 도전을 시작했습니다. 16시간이나 걸리는 긴 도전이었지만, 이미 비슷한 도전을 성공한 경험이 있었기에 사람들은 그녀의 성공을 확신하고 있었습니다. 하지만 채드윅은 포기했습니다. 겨우 800m 거리만 남겨두고 말이죠. 그녀에게 이유를 물어보니 뜻밖의 대답을 했습니다. "짙은 안개 때문에 목적지를 알 수 없어 포기하게 되었다." 안개로 인해 목표가 보이지 않게 되자 목표를 완수하겠다는 동기를 잃어버린 것입니다.

그리고 두 달 후 또다시 도전했을 때에도 짙은 안개가 있었지만, 끝까지 완주할 수 있었고 남자선수가 가지고 있던 기록을 2시간이나 단축했습니다. 그리고 그녀는 이런 말을 남겼습니다. "이번에는 내가 목표 지점을 마음속으로 보고 있었기 때문에 끝까지 헤엄칠 수 있었습니다."

2021년 미국의 쿼드 시티스 마라톤 대회에서 대학 육상부 코치인 타일러 팬스가 쟁쟁한 케냐의 마라톤 선수들을 이기고 깜짝 우승을 했습니다. 그가 우승을 할 수 있었던 이유는 다른 곳에 있었습니다. 케냐의 루크 키벳과 엘리자 사올로 선수는 대회 시작부터 1, 2등으로 앞서서 경기를 진행하고 있었습니다. 그런데 자전거를 타고 코스를 안내하던 안내자가 방향 전환 지점에서 전환하지 않고 직진을 해버렸고, 앞서던 두 선수는 안내자를 따라 엉뚱한 코스로 완주했던 것이죠. 결승선을 통과했지만 두 선수에게 내려진 주최 측의 결과는 코스 위반으로 인한 '실격' 처리였습니다. 주최 측에서는 "해당 사거리에는 마라톤 코스 방향 표시가 분명하게 되어 있다. 대회 참가자들은 레이스 전에 코스를 숙지해야 할 의무가 있고, 두 엘리트 마라토너는 전날 코스 설명회에도 참석했다. 자원

봉사자 때문에 길을 잃었다는 것은 핑계가 되지 않는다"라고 말했습니다.

메이저리그 최고의 선수인 LA 다저스의 에이스 커쇼는 "실패에서 많이 배웠다"라고 이야기합니다. 그는 "운동선수라면 실패를 피할 수 없다. 실패를 통해 많이 배웠다. 물론 실패를 권장하지는 않는다. 이길 수 있으면 그냥 이기는 게 좋지만 실패를 극복했을 때 꽤 특별한 기분이 들었다. 그게 바로 우리가 뛰는 이유다"라고 이야기했죠.

실제 최고의 투수에게 주는 사이영상을 3번이나 수상했던 그는 유독 플레이오프에만 올라가면 작은 선수가 되곤 했습니다. 14시즌 통상 185승 84패, 방어율 2.49의 선수가 플레이오프에서는 13승 12패 4.19로 주춤했었거든요. 하지만 마지막 순간에는 그 실패를 극복하는 시간을 가졌습니다. 2020 월드시리즈에서 2승, 2.31이라는 성적을 냈고, LA 다저스도 우승을 차지했으니까요.

우리는 나에게 주어진 일을 열심히 합니다. 그런데 어느 순간 '내가 왜 이 일을 하고 있지?' '너무 힘든데, 언제까지 해야 할까?'라는 생각이 나를 덮치기도 하죠. 어쩌면 성공보다 더 많은 실패가 일을 통해서 나에게 전달되는 시기도 있습니다. 최선을 다했지만 결과가 엉망일 때도 있고, 내가 아닌 함께 일하는 동료나 리더의 실수와 실패가 나에게까지 연결되기도 하죠.

이때 '푯대'라는 단어를 한번 생각해보면 어떨까요? 나는 내가 가야 할 푯대를 알고 있을까요? 또 리더는 함께하는 팀원들을 내 목적에 맞게 안내하고 있을까요? 팀원들 삶의 목적에 맞게 안내하고 있을까요?

[역사 속의 인물] 여성 첫 도버해협 왕복, 플로렌스 채드윅

플로렌스 채드윅이라는 유명한 수영선수를 아십니까?

코스안내자 따르다 길잃은 케냐 마라토너들…실격에 '망연자실'

커쇼의 고백 "실패에서 더 많이 배웠다"

생각할 질문

어떤 사람으로 기억되고 싶나요?(내가 죽었을 때 내 비석에 어떤 글이 새겨져 있으면 인생 잘 살았다고 생각할 수 있을까요?)

마지막 순간 자녀에게 자랑하고 싶은 나의 업적은 무엇인가요?

언제 삶이 가장 행복한가요?

언제 일이 가장 즐거운가요?

내 이름 앞에 어떤 호를 달고 싶은가요?

내가 하고 있는 일의 목적은 무엇인가요?

나의 고객은 누구인가요? 고객이 나에게 기대하는 것은 무엇인가요?(내부고객, 외부고객, 미래고객)

올해 무엇을 이루고 싶나요?(또는 3년 후, 5년 후, 10년 후)

후회하지 않으려면 어떤 선택을 해야 할까요?

다시 시작할 수 있다면 무엇을 하고 싶은가요?

조직에서의 권력이 부패하지 않기 위해서는?

권력은 사람의 마음뿐 아니라 몸에도 영향을 미친다. 흔히들 더 높은 지위에 올라가면 스트레스가 심해져 건강이 나빠질 것이라고 생각한다. 연구 결과는 반대였다. (…) 더 높은 지위에 오를수록 사망률이 낮아졌다. 높은 직급 탓에 상당한 압박감을 받더라도 스스로 상황을 이끌 수 있는 지배력이 있다고 느끼면 괜찮았다. (…) 부패하는 사람들이 더 많은 권력을 원하고 권력을 더 잘 얻는다. 좋은 사람도 권력을 손에 넣으면 부패하기 쉽다(한겨레, '권력을 잡으면 인간은 어떻게 변하는가, 2022-02-11).

권력을 가진 리더가 부패하는 것은 조직에서도 많이 보이는 현상입니다. 그런데 꼭 리더만 부패하는 것은 아닙니다. 리더가 아니더라도 오랜 시간 변하지 않는 타성으로 일을 했던 구성원, 그 어떤 통제나 피드백도 받지 않는 구성원 또한 자신의 역할에서 부패해버리거든요. 오랜 시간 피드백이 없는 권력을 가진 사람들이 어떻게 부패하게 되는지를 직장생활을 오래한 사람일수록 많은 경험을 가지고 있을 거라고 생각합니다.

그런데 간단하게 이러한 부패를 방어할 수 있는 방법도 있습니다. 그것은 구성원의 행동을 피드백하는 문화와 시스템을 구축하는 것이죠. 조직에서 활용할 수 있는 가장 강력한 피드백의 한 방법으로 'CEO 피드백'을 제안하고 싶습니다. 조직에서 그 누구보다 CEO가 진심으로 피드백을 주고받으면서 성장하고 개선하는 모습을 보여준다면 조직의 그 누가 피드백을 거부할 수 있을까요?

과연 CEO 중에서 피드백을 받는 분이 있을까요? 네, 있습니다. 제가 아는 많은 CEO가 피드백을 받으며 자신의 리더십과 행동, 의사소통 방법과 과오를 되돌아보고 행동과 마인드

셋을 바로잡고는 합니다. 다양한 방법으로 피드백을 받고 있기도 하죠. 특히 스타트업에서 CEO 피드백이 많이 발견되는데, T사의 대표님은 "직원들이 내 옆에 와서 잠시 시간 좀 내달라고 하면 혼나는 시간이에요"라고 이야기합니다. 또, B사의 대표님과는 2년이라는 시간 동안 매월 한 번씩 피드백 세션을 가지며 처음 경험하는 CEO로서의 성장을 지원했던 경험이 있습니다.

원온원 코칭 *Coaching*

외부 코치와 함께 정기적으로 미팅을 하며 자신의 리더십을 돌아보고 개선하는 시간을 갖는 방법입니다. 저 또한 현재 10여 명의 CEO와 코칭 세션을 정기적·비정기적으로 가지며 CEO의 리더십 성장을 돕고 있습니다. 이때 내부의 정보를 얻을 수 있으면 더 좋은 효과를 보기도 합니다. 내부의 리더나 직원들의 니즈와 불만, 피드백을 코치가 객관적인 관점에서 수렴하고 그 내용을 바탕으로 CEO와 코칭 세션을 지속하는 것이죠. 가장 객관적인 방법 중 하나인 'CEO에게 두려움이 없는 코치'와의 코칭 세션을 반복하는 방법도 좋은 도구가 됩니다.

멘토링 *Mentoring*

가장 많은 CEO가 사용하는 방법입니다. 장점은 비즈니스적인 관점에서의 지식과 경험을 빠르게 학습할 수 있다는 것이고, 약점은 리더십 부분에서는 부족함이 있다는 것이죠. 멘토링이 리더십 부분에서 부족한 이유는 멘토 중에서 리더십이 탁월한 분은 많지만, 나에게 맞는 리더십을 함께 고민해줄 수 있는 멘토는 많이 없기 때문입니다. 즉 멘토링 자체가 멘토의 지식과 경험을 공유해주는 학습 방식이기 때문입니다.

상향식 피드백

팀장 이상의 리더들에게 가장 많이 사용되는 리더십 상향 평가는 팀원이 팀장을, 팀장이 임원의 리더십을 피드백하는 방법입니다. 구글의 리더십 질문 11가지가 가장 유명한 도구 중 하나인데, 회사가 가지고 있는 조직문화와 인재상에 맞는 리더의 역할을 정하고(목표), 그 역할을 바르게 수행하고 있는지 리더의 직속 팔로워들에게 피드백을 받는 것이죠. 이를 통해 리더는 자신의 상위 리더와 피드백 세션을 가지며 나의 리더십 중 잘하고 있는 부분과 개선이 필요한 부분을 함께 이야기 나누며 조금씩 더 나은 리더가 되기 위해 행동의 개선을 이끌어가는 것입니다.

그런데 가장 중요한 것은 CEO 또한 이러한 상향식 리더 피드백을 받아야 한다는 것이죠. 제가 추천하고 싶은 것은 팀장 이상의 리더들이 CEO의 리더십을 피드백하고, 외부 코치가 그 자료를 바탕으로 CEO와 피드백 세션을 갖는 것입니다.

참여도 조사 *Engagement survey*

몰입도 진단이라는 이름으로 활용되고 있는 설문입니다. 구성원들이 업무에 몰입할 수 있는 환경을 분석하고, 업무 환경/리더십/조직문화 등으로 구분하여 의견을 물어봅니다. 경향성을 판단하는 도구이자, 현재 우리 조직에서 가장 우선적으로 해결해야 하는 이슈를 찾아내는 역할을 맡고 있기도 합니다. 중요한 것은 다음 3가지입니다.

- 최대한 많은 직원이 참여하도록 하는 것
- 솔직하게 의견을 제시하는 것
- 결과를 공유하고, 반드시 1~2가지의 실행을 하면서 의견이 반영되고 있다는 것을 보여주는 것

이 과정을 반복하면서 구성원들은 조금씩 더 자신들의 의견을 제기하고, 업무에 몰입할 수 있는 환경을 만들어가게 되는 것이죠.

구글은 다양한 관점에서 리더십을 피드백하고, 그 피드백을 바탕으로 리더의 성장을 돕습니다. 이때 기준은 리더의 행동이

팔로워들에게 영향을 끼친다는 전제이죠. 그래서 11가지의 질문을 통해 각 리더들의 팔로워에게 자신의 리더에 대해 서술하도록 하죠. 이때 리더의 등수가 매겨지지는 않습니다. 단지 한 명의 리더가 가지고 있는 반복되는 행동들과 그 행동들이 팔로워들에게 어떤 영향을 주는지 찾는 것이죠.

11가지의 질문에 모든 팔로워로부터 긍정적인 피드백을 받는 사람은 없습니다. 그리고 한 명의 팔로워에게 11가지 질문에 대해 모두 잘한다고 피드백을 받는 리더도 없죠. 단지 리더의 평소 행동들이 팔로워에게 어떤 영향을 주는지, 인지하고 그 행동에 대해서 stop(그만할 행동), start(지금부터 새롭게 시작할 행동), continue(잘하고 있어서 계속해야 할 행동)를 찾고, 결심하는 것뿐입니다. 리더의 성장을 위해서 말이죠.

[구글의 리더십 평가 11가지 질문]

1) 성과에 도움이 되는 피드백을 주는가?

2) 디테일한 사항까지 통제하려 하는가?

3) 부하직원을 인격체로 대우하는가?

4) 자신과 다른 의견을 존중하는가?

5) 팀이 우선적 목표에 집중하도록 돕는가?

6) 자신의 상사나 멘토로부터 얻은 정보를 종종 공유하는가?

7) 지난 6개월 사이에 커리어 발전에 관해 의미 있는 대화를 나눴

는가?

8) 팀의 명확한 목표를 알고 공유하는가?

9) 부하직원들을 컨트롤할 수 있는 전문성을 갖고 있는가?

10) 다른 동료들에게 내 상사를 추천할 수 있는가?

11) 상사로서 전반적인 퍼포먼스에 대해 만족하는가?

 권력을 잡으면 인간은
어떻게 변하는가

 다면 평가,
나무가 아닌 숲을 보라

 코칭 리더십_ CEO는 누구에게
피드백을 받아야 할까요?

 "임금님에게 벌거벗었다고 말하라"
넷플릭스 인재들이 일하는 방법

 [후쿠다 보고서] 삼성의 운명을 바꾼
14장의 보고서

리더는 조직에서 가장 큰 영향을 미치는 역할입니다

삶에서 가장 중요한 것은 친구이고,
비즈니스에서 가장 중요한 것은 사람입니다.

세계적인 경영 사상가이자 필립 코틀러, 톰 피터스, 헨리 민츠버그와 함께 '경영 사상가 명예의 전당'에 이름을 올린 찰스 핸디. 과학기술과 경제 발전이 우리의 삶에 어떤 영향을 미치는지 오랫동안 연구했고 《삶이 던지는 질문은 언제나 같다》를 쓰고 나서 진행했던 인터뷰 글에서 읽은 몇 문장을 가져와 봅니다.

"인생은 배움의 여정입니다. 코너를 돌면 뭐가 있을지 전혀 알 수 없지만, 무슨 일이 있더라도 반드시 배움이라는 보상이 따르지요."

"우여곡절, 예측불허의 반전, 실수, 놀랍고 짜릿한 성공…
이 모든 게 포진되어 있다는 점에서 우리의 인생 같았습니다.
같은 사건에도 나와 당신은 완전히 다르게 반응하죠. 그 차이
를 헤아리는 게 배움입니다. 그 다름을 충돌 없이 표현하는 상
태가 지성이지요."

"아내는 신중했고 적정한 선을 지켰습니다. 저를 비판했지
만 동시에 '당신이 하는 일은 아주 중요한 일이에요'라고 일깨
웠어요."

"당신이 맞닥뜨린 행복과 불행에 대해 허심탄회하게 얘기
하는 상대에게, 당신도 합당한 '관심'과 '염려'를 돌려주세요.
(…) 상대가 원할 때, 그들의 삶에 나를 몰입시킬 수 있어야
합니다."

"당신을 돕기 위한 구체적인 행동을 하는 사람이 진짜 친구
예요. 그들을 한 달에 한 번이라도 정기적으로 만나 의견을 구
하세요. 연구에 따르면 사람들은 자기가 정말 성공하길 바라는
사람의 조언만 받아들입니다."

"사람은 자원이 아닙니다. 일하는 인간은 욕구와 자율성을
지닌 독특한 주체예요. 사물은 관리되어야 하지만, 사람은 격
려와 용기로 움직입니다. 사람을 물건 취급하면, 사람은 물건
처럼 행동하게 되죠. 단어가 중요해요. 많은 인사 담당자가 자

신을 인적 자원의 관리자*HR*라고 여기는데, 하루빨리 관리자에서 조력자로 인식을 전환하기 바랍니다. 리더십은 적절한 사람을 뽑아 잘 해낼 수 있는 조건과 이해할 만한 기준을 제시하고, 성취한 경우 보상하는 행위예요."

"인간은 늦더라도 자기가 진정 원하던 일을 찾아가게 돼 있어요. 아리스토텔레스의 말이 맞습니다. '타인을 위해 당신이 가장 잘하는 것에 최선을 다하라!' 즐겁게 할 수 있는 것 중 작게라도 타인을 도울 바를 생각해보세요. 잘 들어주는 것이든, 책을 쓰는 것이든, 춤을 추는 것이는 상관없어요."

"경영 사상가로서 내가 얻은 가장 큰 깨달음은 '친구가 정말 중요하다'는 거예요. 강한 힘이 느껴지는 전성기 시절이나, 지금의 저처럼 움직일 수 없는 마지막 때나. 당신을 찾아오는 친구에게 아낌없이 애정을 표현하세요. 비즈니스도 마찬가지예요. 사람을 우선하면, 이익은 자연히 따라옵니다. 이익을 먼저 챙기면 주변 사람들부터 떠날 거예요."

좋은 친구는 어떤 사람일까요? 이 질문에 대한 답을 구하기 전에 먼저 우리들이 언제 친구를 찾는지 돌아보면 좋을 것 같습니다.

- 함께하고 싶은 일이 생겼을 때

- 삶에서 나 혼자 이겨내기 어려운 장애물을 만났을 때
- 기쁠 일이 있을 때, 슬픈 일이 생겼을 때, 행복할 때, 외로울 때
- 조언을 구하고 싶을 때
- 그냥

친구란 이런 존재가 아닐까요? 그저 '함께'해줬으면 하는 사람이죠. 그리고 나보다 나를 더 객관적으로 알고 있는 사람이고요.

인터뷰 글을 읽으며 '리더십 코치'라는 직업병이 도졌습니다. '리더가 만약 비즈니스에서 친구의 역할을 해줄 수 있다면, 만약 그런 리더가 있다면 직장생활이 정말 행복하지 않을까?' "코치와 계약을 맺지 말고, 친구가 되어라"고 이야기했던 한 코치님의 말씀이 기억납니다. 언제든지 연락해서 나의 고민을 다른 관점에서 대화를 나눌 수 있는 사람이 있음이 얼마나 행복한지를 경험해보셨으면 좋겠습니다.

[김지수의 인터스텔라]
"삶에서 가장 중요한 건 친구"
英 최고 지성, 찰스 핸디의 마지막 충언

나르시스트 리더는 나쁜 문화를 만들고, 인격적으로 성숙한 리더는 좋은 문화를 만듭니다

기업 혁신과 조직 행동 분야의 세계적 석학 중 한 명인 스탠퍼드대학 경영대학원 교수인 찰스 오라일리가 이끄는 연구팀은 지나친 자기애를 나타내 나르시시스트적으로 평가받는 CEO와 리더들이 어떻게 조직문화에 악영향을 끼치는지에 대해 연구했습니다. 그 결과 나르시스트 리더의 특징을 몇 가지 설명해줍니다.

• 나르시시스트 리더들은 어떤 행동을 하거나 의사결정을 내릴 때 협력과 윤리성을 중요시하지 않을 가능성이 큰 것으로 나타났다. 그들은 덜 협력적이고 덜 윤리적인 조직문화를 선호하고 있고 실제로 그런 조직을 이끌고 있었다.

• 나르시시스트 리더들은 팀워크보다는 개인의 성과를 더 강조하고, 윤리 규정 준수를 보장하는 조직 내 안전장치를 간과하거나 무시한다.

• 이들은 심지어 전문성보다는 자신에 대한 충성도를 바탕으로 부하 직원들을 승진시키는 등 회사 정책 역시 덜 협력적이고 덜 윤리적인 방식으로 유도한다.

• 자기 자신뿐만 아니라 개인 직원들까지도 부정적인 조직문화에 동참시키고, 또 그 일부가 되도록 만드는 것이다.

• 나르시시즘은 개인의 성격이기 때문에 바꾸기 어렵다. 따라서 이미 나르시시스트 리더가 장악하고 있는 조직의 문화 역시 바꾸기 어려울 수도 있다.

• 바람직한 조직문화를 만들기 위해 우리가 할 수 있는 일은 나르시시즘을 가진 사람을 애초에 고용하지 않거나 적어도 리더로 선발하지 않는 것이다. 나르시시스트 리더가 이끄는 조직에서는 그들이 이미 자기 입맛에 맞게 만들어 놓은 장치들과 조직의 정치적 분위기 때문에 이를 적용하기가 쉽지 않을 것이다.

• 악순환의 고리를 끊지 않는다면 나르시시스트 리더가 남긴 유산, 즉 나쁜 조직문화는 나르시시스트 리더의 임기보다도 더 오래 지속될 수 있다. 그렇게 된다면 그 고통은 온전히 조직에 남아 있는 사람들의 몫이 될 것이다.

나르시시스트는 '완벽주의자+이기주의자'라는 관점에서 해석할 수 있습니다. 그런데 문제는 조직이 아닌, 자신을 위한다는 것이죠. 조직에서 리더의 역할은 자신이 주인공이 되는 것이 아니라, 구성원들이 주인공이 될 수 있도록 판을 깔아주고 환경을 만들어주는 것입니다. 이 판은 조직적 판이 될 수도 있지만, 구성원 개인만을 위한 판이 되기도 하죠. 그리고 구성원 개인의 판이 되기 위해서는 '조직의 목표와 비전, 개인의 과업과 비전이 얼라인'되어 있어야 하고요.

리더가 가장 중요하게 여겨야 하는 것은 우리 조직은 구성원들끼리 치킨 게임을 하는 것이 아닙니다. 특히, 치킨 게임의 승자가 리더 혼자가 된다면 그것은 조직을 무너뜨리고 많은 구성원에게 미래를 빼앗는 일이 되거든요. 조직은 함께 협력하며 각자의 비전에 맞게 성장하는 조직이어야 합니다.

그래서 인격적으로 성숙한 리더를 세우고 그들이 바람직한 조직문화를 만들 수 있도록 해야 합니다. 성숙한 인격을 갖춘 리더가 전문성을 갖추고 있다면 가장 좋습니다. 하지만 전문성을 갖춘 리더가 인격적 성숙함을 갖지 못한다면 성과는 낼 수 있지만, 구성원을 위한 리더십을 발휘하지는 못하게 되거든요. 그래서 리더를 발탁할 때는 다음 10가지 요소에 대해서 생각해볼 수 있어야 합니다.

- 말과 행동이 일치하는 리더
- 자신보다 구성원을, 자신의 팀보다 회사를, 회사보다 고객을, 고객보다 사회를 위하는 의사결정을 하는 리더
- 감사함과 미안함을 함께 표현하는 리더
- 자신보다 구성원의 성공을 더 앞세우는 리더
- 모르는 것을 모른다고 인정하고, 실수와 실패를 솔직하게 드러내는 리더
- 조직과 구성원의 성장을 위해 인정과 칭찬과 함께 피드백을 전하는 리더
- 자신과 다른 의견, 반대 의견을 끝까지 듣고 판단하는 리더
- 어려움과 고난을 경험했거나 인지할 수 있는 리더
- 타인의 마음에 공감할 수 있는 리더
- 자신보다 어리거나 직급이 낮은 구성원에게 묻고, 배우려고 하는 리더

완벽한 인간은 없습니다. 그리고 리더만의 이슈이기보다는

팔로워의 태도에 대해서도 많은 생각을 해야겠죠. 하지만 언제나 변하지 않는 것은 팔로워보다 리더의 영향력이 더 크다는 것입니다. 그래서 리더가 먼저해야 한다고 이야기하고 싶네요.

[DBR] 조직문화 파괴하는
'나르시시스트 리더' 퇴출시켜라

생각할 질문

나르시스트 리더가 되지 않기 위해서 내가 지금 노력해야 할 행동과 생각은

무엇일까요?

우리만의 조직문화를 정의해야 합니다.
그리고 피드백하면서 계속 만들어가야죠

리더십과 마찬가지로 조직문화에도 정답은 없습니다. 단지 우리가 정의하는 조직문화의 기준, 목적을 이루기 위해 환경과 사람, 고객과 비즈니스에 맞게 의사결정을 하고 실행하고 피드백하는 과정을 찾아가야죠. 조직문화를 고민하는 많은 사람에게 이 짧은 인터뷰 기사가 많은 도움이 되실 것 같아서 제 의견보다는 기억에 남는 구글코리아의 피플팀 민혜경 리더의 인터뷰 내용을 기반으로 제 생각을 공유해봅니다.

구글이 정의하는 기업문화는 '일을 잘하게 만드는 모든 것'입니다. 그래서 구글은 실패보다 혁신을 중요하게 생각하는 문화를 만들기 위해 노력하고 있다고 생각합니다. 구글에서 아리스토텔레스 프로젝트를 통해 심리적 안전감이라는 조직문화를 찾아낸 것 또한 실수를 통해 배우고 진화하는 조직은 실수를 없애기 위해 일사분란하게 움직이는 조직보다 빠르게 혁신할 수 있다고 믿는 고유한 문화 때문이었을 겁니다.
그런데 글에서는 '구글이 무한 자율을 보장하는 것은 아니며 구글의 매니저들은 개인의 결정에 어떤 리스크가 따르는지를 지속적으로 코칭한다'라고 말합니다. 이 말은 구글은 실패를 조장하는 것이 아니라, 실패를 피드백하고 그 과정에서 배울 수 있는 '똑똑한 실패' 시스템을 만들고 있다는 의미였죠. 이를 위해서는 구성원들이 스스로 생각하고, 문제를 발견하고 대안을 찾는 것이 필요합니다. 리더 혼자서 문제를 찾게 되면 1인분이 될 수밖에는 없지만, 구성원 모두가 함께 참여할 수 있다면 5인분, 10인분이 될 수도 있으니까요. 그렇게 문제를 다각도에서 생각해볼 수 있는 토론 기회를 충분히 제공하고, 토론이 이뤄지다 보면 건강한 방식이라고 모두가 동의하는 문화로 대부분 수렴된다고 합니다. 구글의 리더에게 요구하는 중요한 역량이 바로 토론을 통해서 조직의 문제를 발견하고 함께 대안을 찾도록 만드는 것인 거죠.

기사에서는 구글코리아가 인사 제도를 만들어가는 과정으로 5 STEP을 공유합니다.

[구글코리아 인사제도 5 STEP]

1) 리더들이 기업문화에 대해 적극적으로 이야기하기 시작

2) 직원 전체 교육을 위한 비디오 트레이닝 제작

3) 일상 생활 속 변화를 위한 그룹 트레이닝 진행

4) 인사 제도와 업무 방식 등에 해당 문화를 포용적 적용

5) 직원들이 해당 문화를 체득화하고 일상에서 이야기하기 시작

최근 우리나라에서는 절대평가 제도를 많이 도입하고 있습니다. 이때 가장 많은 질문 중 하나가 "리더가 구성원들에게 C를 주지 않고, S와 A만 주면 어떻게 해야 하나요?"입니다. 저는 이런 질문을 받을 때마다 "그렇게 평가하는 리더를 발탁하신 이유는 무엇일까요?"라고 되묻는 편입니다. 리더가 가지고 있는 가장 강력한 권한 중 한 가지는 바로 평가입니다. 즉 누가 우리 팀의 성과에 가장 큰 기여를 했는가를 찾아내는 것이죠. 특히 절대평가를 한다는 의미는 '개개인이 팀에 어떤 기여를 했는지에 대한 평가와 함께 개인이 이전보다 얼마나 성장했는지에 대한 피드백'을 함께 전한다는 의미입니다. 이때 구글의 평가 제도를 한번 지켜볼 필요가 있는 것 같습니다.

구글의 평가를 보면 몇 가지로 요약할 수 있습니다.

[구글의 평가 제도]

1) 평가에 대한 신뢰: 구글은 일하는 시간이 아닌 구성원의 결과물로 그 사람을 평가한다.

2) 6개월마다 매니저는 5개의 등급*Needs improvement-Consistently meet expectation-Exceeds expectations-Strongly exceeds expectations-Superb*으로 구성원을 절대평가한다.

3) 모든 평가에는 사유를 기록한다.

4) 정기적인 원온원을 통해 자신의 목표 진행 상황을 공유하며

평가가 예측 가능하도록 한다(구성원 스스로가 자신이 잘하고 있는 부분과 개선해야 할 부분을 인지).

5) 평가가 시작되는 6개월마다 매니저와 직원은 목표와 계획을 합의한다.

6) 같은 라인의 매니저들끼리 모여서 '보정 회의'를 진행한다(칼리브레이션이라고 하는 제도로 각 팀원들에게 어떤 평가를 줬는지를 매니저끼리 리뷰하고, 매니저가 구성원에게 준 평가와 사유가 합리적인지를 검토, 이견이 있으면 토론을 진행한다. 이 과정은 매니저의 기준에 따라 누구는 깐깐하게, 누구는 좋게 평가하는 것을 회사 기준으로 객관성·공정성·일관성을 보완할 수 있도록 하는 장치입니다. 또 리너들이 자신의 기준을 객관성 있게 보정하는 학습의 시간이 되기도 하죠).

이 과정에서 가장 중요한 핵심은 아마 원온원이 될 것입니다. 구글에서도 'Feedback is a gift'라고 얘기하는데, 시간을 들여서 피드백을 한다는 것은 상대방의 성장과 성공을 위한 것이라는 의미이죠. 이때 중요한 것은 개선 사항만을 공유하는 것이 아니라, 잘하고 있는 부분에 대해서도 인정과 칭찬을 한다는 것입니다. 이런 과정들이 반복되면서 조직은 서로의 성장을 돕는 조직이 되었습니다. 우리의 성장을 위해 두려움 없이 자신의 불안감, 모르는 것, 실패하고 있는 과업 등을 공유할 수 있는 공동체적 문화를 만들어갈 수 있게 된 것이죠.

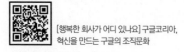
[행복한 회사가 어디 있나요] 구글코리아,
혁신을 만드는 구글의 조직문화

생각할 질문

내가 만들어가고 싶은 문화는 무엇인가요?

조직에서 가장 중요한 것은 직원들의 퇴사를
방어하는 것이 아니라, 핵심 인재들에게
기억에 남는 경험을 남기는 것입니다

2021년 사람인에서 373개 회사를 대상으로 조사한 결과,
2021년 상반기 퇴사율은 15.7%로 전년 상반기 대비 1.8% 증

가했습니다. 그 이유는 'MZ세대 중심 조직으로 이직·퇴사를 비교적 쉽게 하는 편이어서'가 41.3%(복수 응답) 가장 높았습니다. 또한 500개 기업 대상으로 '1년 이내 조기 퇴사자' 현황을 조사한 결과, 응답 기업의 49.2%가 'MZ세대의 1년 이내 조기 퇴사자 비율이 높다'고 답했고, 그 이유로 '개인의 만족이 훨씬 중요한 세대여서(60.2%, 복수 응답)'라고 조사되었습니다.

넷플릭스에는 부고 메일이라는 제도가 있습니다. 이는 퇴사자 발생 시 퇴직 전 2주라는 시간 동안 '퇴사자, 직속 리더 그리고 HR 담당자'가 모여 퇴사자의 메일을 직원들에게 공지하는 부검 메일을 준비합니다. 이때 5가지 주제에 대해 대화를 나누면서 조직문화를 진단하고, 회사가 무엇을 바꿀지를 피드백하며 리더십과 조직문화를 지속적으로 관리하죠. 이를 통해서 얻을 수 있는 메시지는 3가지가 있습니다.

1) 회사가 퇴사하는 직원들의 말에도 귀 기울이고, 존중한다는 메시지를 전한다.
2) 실제 부검 메일을 통해 다양한 회사의 변화 기대한다.
3) 직원들이 뒷이야기가 아닌, 공식적인 회사의 소통을 통한 소문을 방지할 수 있다.

이제는 직원의 퇴사를 방어하기보다는 퇴사할 때 좋은 추억을 간직하게 해주는 것이 필요한 시대입니다. 하지만 퇴사하는 모든 직원을 관리할 필요는 없다고 생각합니다. 다만 조직에서 중요하게 여긴 핵심 인재들은 퇴사 이후까지 특별히 관리하면서 언제든지 재입사할 수 있는 통로를 만들어둡니다. 그리고 그 외 인재들은 퇴사라는 경험이 좋은 기억으로 남을 수 있도록 해주며, 회사를 떠나서도 회사의 성장과 성공을 응원하는 관계로 남으면 되겠죠.

한 경영자는 퇴사하는 A급 직원에게 배신감을 느낀다는 팀장들에게 "마음은 이해되지만 최대한 퇴사를 응원하며 잘 대해주는 것이 좋겠다"라는 입장을 밝혔고, 퇴사하는 구성원을 일대일로 만나 이야기를 듣고 퇴사를 축하해줬습니다. 그리고 이직하는 회사에 대해 자신이 가진 정보를 전달해주고, 이직한 회사에서 성장할 수 있는 방법까지도 제안했죠. 퇴직 후 한 달에 한 번씩은 티타임을 가지며 근황을 물어보기도 하더라고요. 경영자에게 그 직원은 회사에 꼭 있었으면 하는 핵심 인재였지만, 그의 이직을 방어하려고 하기보다 그의 인생에서 멋진 경험을 할 수 있도록 도와주는 것이 자신의 과업이라고 생각한 것입니다. 언제든지 돌아올 수 있는 자리를 준비해두는 것도 포함해서 말이죠.

[넷플릭스의 퇴직 면담]

• 왜 떠나는지: 다른 직원들이 이해할 수 있는 이유가 있어야 한다.

• 회사에서 배운 것: 새로 배운 것, 경험한 것

• 회사에 아쉬운 점: '넷플릭스가 이랬다면 떠나지 않았을 것'을 전제로 쓴다.

• 앞으로의 계획: 어느 직장에서 어떤 업무를 할지

• 넷플릭스의 메시지: 직원을 떠나보내는 넷플릭스의 입장

[백코치가 제안하는 퇴직 면담]

• 우리 회사에는 입사하게 된 계기는 무엇이었나요?

• 입사할 때 회사에서 경험하고 싶은 것은 무엇이었나요? 지금까지 회사에서는 어떤 경험을 할 수 있었나요?

• 우리가 인재를 성장시키고, 성공시키는 더 좋은 회사가 되기 위해 어떤 부분을 더 노력해야 할까요?

• 그리고 지금까지 팀원이 회사와 팀에 기여한 성과와 긍정적 영향이 무엇이었는지 감사 표현과 함께 전달하는 것이죠.

마지막으로 리더가 퇴사하는 직원에게 해줄 수 있는 표현은 다음 3가지입니다.

"우리 회사에서의 경험이 팀원의 성장과 성공에 도움이 될 수 있었으면 한다."

"퇴사 이후 더 성장하고 성공해서 만나자."

"언제든지 도움이 필요하면 연락해라. 2~3개월에 한 번씩은 커피나 밥 먹으면서 서로의 경험을 공유하는 시간을 가져보는 것은 어떨까?"

이렇게 제안하는 것이죠.

 퇴사자를 대하는 자세,
퇴사경험 관리로의 변화

 [김민경의 경영 전략]
떠나는 직원과 아름답게 이별하는 법

생각할 질문

우리 회사는 떠나는 동료를 어떻게 대하고 있나요? 나는 떠나는 동료에게

어떤 추억을 주고 있나요?

어떤 사람으로
기억되고 싶나요?

"아빠, 아빠는 아빠잖아. 그러니까 해야지."

딸의 음악 학원을 픽업하기 위해, 일주일에 두 번씩 딸과 배드민턴을 치기 위해, 그리고 딸의 수학 오답 문제들을 함께 풀기 위해 시간을 사용하는 제게 딸이 만들어준 제 브랜딩입니다. 그렇게 '아빠'라는 말은 제게 '코치', '대표'가 아닌, 다른 행동을 요구하더라고요. 우리는 살아가면서 다양한 브랜딩을 하기도 하고, 당하기도 합니다. 직장에서, 가정에서, 친구들 사이에서 말이죠.

직장에서는 팀장, 임원 또는 CEO이기에 멋있게 마이크를 잡고, 회의를 진행하고, 피드백과 평가를 하고 커리어 상담을 해주고, 협상이나 마케팅 관련 주요 자료들을 보며 시간을 보내다가 집에 와서는 라면을 끓이고, 빨래를 하고, 화장실 청소를 하는 이유는 간단합니다. 바로 각자의 위치에서 나에게 기대하는 '역할'이 다르기 때문이죠. 만약 집에서도 회사에서처럼 행동한다면 나라는 존재는 가족 모두에게 인정받지 못하는 존재가 되어버릴 겁니다. 가정에서는 일을 잘하는 CEO가 아닌, 딸과 함께 시간을 사용하고 가족들을 위해 자신의 시간과 에너지를 투자하는 아빠가 필요하기 때문이죠. 그래서 우리는 내가 현재 위치한 이곳에서 나에게 기대하는 역할을 찾아 매일, 매 순간 나의 행동과 생각들을 갈아 끼워야 합니다.

브랜딩은 '목표', '행동' 그리고 '습관'으로 만들어갈 수 있습니다

"어떤 사람으로 기억되고 싶나요?"

이 질문에 대한 답을 찾아보신 적이 있으신가요? 기업에 있을 때는 '어떤 신입사원이었는지? 또는 어떤 동료로 기억되고 싶은지?'에 대해서, CEO나 팀장 등의 리더를 경험하고 있을 때는 팀원들에게 '어떤 리더로 기억되고 싶은지?'에 대해서, 또 부모일 때는 '어떤 아빠, 엄마로 기억되고 싶은지?'에 대해서 나만의 답을 찾고 있나요?

저는 '나와 만나는 모든 사람의 성장을 돕는 코치'로 기억되고 싶고, '딸 하은이에게 삶의 가치관과 행동을 본받고 싶은 존경하는 롤 모델로서의 아빠'로 기억되고 싶은 목표가 있습니다.

또 하나의 질문은 "우리 팀은 어떤 팀으로 기억되고 싶나요?"입니다. 삼성전자는 2022년 12월 인사팀을 피플*PEOPLE*팀으로 바꿨다고 합니다. 저 또한 오랜 시간 인사팀에서 근무하다 스타트업으로 이직한 이후 '피플'팀에서 근무했었죠. 이름을 바꾸는 이유는 간단합니다. 팀의 목적이 바뀌었기 때문이죠.

회계부서의 역할은 무엇인가요?

한 회사의 회계부서 리더와 대화를 나눌 때였습니다. 팀원과 갈등이 있었던 리더는 그 고민을 저와 이야기하기 시작했습니다. 그때 한 가지 질문을 던졌죠. "매니저님은 회계부서의 역할을 무엇이라고 생각하세요?" 그리고 이렇게 말씀해주셨습니다. "저는 서비스하는 팀이라고 생각해요. 회계부서는 고객을 만나 우리 회사의 제품과 서비스를 소개하는 매출을 일으키는 부서가 아니라, 그 역할을 하는 영업팀과 마케팅팀, 제품과 서비스를 만들어내는 개발팀 등 다른 팀들이 회사의 목표를 달성하는 과업에 집중하도록 돕는 역할이라고 생각해요."

그리고 또 다른 질문을 드렸습니다. "팀원은 어떻게 생각할까요?" 이 질문에 대한 제 대답은 "컨트롤 타워이겠네요"였습니다. 회사의 비용을 통제하는 역할이 팀원이 생각하는 회계의 과업이자 목적이었죠. 그리고 이 팀의 갈등을 해소하는 방법은 '팀의 고객과 목적을 얼라인시키는 것'이 되었습니다.

조직문화의 목적은 무엇인가요?

한 기업은 경영진이 주도적으로 조직문화를 진행하려고 합니다. 그런데 조직문화 팀과 경영진이 생각하는 조직문화의 관점이 조금 달랐죠. 경영진은 '구성원들에게 어떻게 재미를 줄 수 있을까?'가 목표였다면 조직문화팀은 '회사의 비전에 어떻게 얼라인시킬까?'가 되었습니다. 각자 다른 관점을 가지고 있기 때문에 활동도 달랐습니다. 경영진은 조직문화 활동을 이벤트로 여겼고, 때때로 이벤트에 집중하고 그 이벤트 속에서 경영진이 드러나길 원했고, 조직문화팀은 한 명씩 이탈하기 시작했습니다. 자신이 가진 가치관과 달랐기 때문이죠.

총무팀은 '서비스'하는 부서입니다

자신의 과업을 잡일이라고 부르던 총무팀도 변화를 가져오게 되었습니다. 직원들이 비용을 사용하지 못하도록 통제하고,

직원들이 불편하게 여기는 일들을 총무 팀원들도 불편하게 여기기만 했는데, 어느 날 자신들의 과업에 대해 토론을 하다 '우리는 직원들이 각자의 과업에 몰입할 수 있도록 환경을 만드는 서비스팀'이라는 정의를 내리게 되었습니다. 그리고 이때부터 직원들에게 더 자주 '무엇을 해결해주면 일에 더 몰입할 수 있을까?'라는 질문을 던지기 시작했습니다. 이뿐만이 아니라 회사를 브랜딩하는 홍보팀, 여성이 자신을 더 아름답게 여기도록 돕는 화장품 MD팀 모두가 그렇게 자신의 과업을 재정의하고, 일하는 방식을 바꿔가기 시작했습니다.

자, 그럼 이 역할을 수행하기 위해 나는 어떤 습관을 가지고 있나요?

다시 변화로 돌아가보겠습니다. 변화에 가장 큰 영향을 주는 것은 '목적'입니다. 그럼 그 목적을 이루는 것은 무엇일까요? 바로 행동이죠. 그리고 행동을 변화시키는 가장 좋은 방법은 '매일의 습관'입니다. 매일의 습관이 갖춰진 사람만이 신수정 부사장이 인터뷰에서 언급한 어느 빵집 사장님의 말씀인 '빵을 굽는 것이 부끄러운 일이 아니라 남과 다르게 빵을 굽지 못하는 것이 부끄러운 일이다'라는 말의 의미를 알게 되기 때문이죠.

내가 시간을 100시간 투자했다면 100시간만큼의 결과가 나오게 되고, 내가 남과 다른 행동을 반복했을 때 남과는 다른 결과를 낼 수 있죠. 그리고 내가 기존과는 다른 행동을 할 때 기존과는 다른 결과가 나오게 된다는 것이 진리입니다.

마지막으로 이제 고민해야 할 부분은 '나의 행동들이 주변에 어떤 영향을 주고 있나요?'입니다. 삶의 과정에서 내 습관을 자주 들여다볼 필요가 있습니다. 제게는 크게 3가지의 습관이 있습니다. 글쓰기, 뉴스레터 그리고 CCM입니다.

글쓰기는 2018년 7월 1일부터 매일 1개 이상의 글을 쓰려고 노력했습니다. 이 글들이 4~5개가 모이면 외부에 연재할 수 있는 장편의 글이 되고, 이 연재글이 30~40개 모이면 한 권의 책이 되었고요.

투자를 받고 기업을 운영하다 망했던 한 스타트업 CEO가 있었습니다. 어느 날 얼굴도 모르던 CEO는 저와 통화가 연결되었고, 감사의 인사를 하시더라고요. 회사가 망했을 때 많은 직원을 내보낼 수밖에 없었고, 아직 투자금이 일부 남아서 회사를 폐업하지 못하고 있을 때 제 페이스북의 글을 남아 있는 몇몇의 직원과 보면서 매일 토론하는 시간을 가졌다고 합니다. 그렇게 아무런 일도 하지 않는 시간을 보내고 나니 어느 순간 회사가 망하기 전보다 더 커져 있었고, 그 역할 중에 구성원들과 토론하던 제 페이스북의 글들이 있었다고 하셨습니다. 저도 모르게 제 글이 필요했던 분에게 영향을 끼친 시간이었습니다.

결론적으로 브랜딩은 선택이고, 결과는 성과입니다

"어떤 모습으로 기억되고 싶은가?" 이 질문에 정답은 없습니다. 그저 내가 되고 싶은 모습으로 정할 수도 있고, 내가 가장 잘하는 모습으로 정할 수도 있습니다. 또 회사나 내 리더가 정해주거나 팀원들이 나에게 기대하는 모습으로 정할 수도 있죠. 하지만 모든 과정은 다 힘이 들 겁니다. 이유는 '성과'와 연결되어야만 오래 지속할 수 있는 에너지를 얻기 때문이죠. 그 성과는 '매출이나 이익'이 될 수도 있고, '행복과 동기부여' 또는 '개인의 성장'이 될 수도 있습니다. 중요한 것은 그 방향성을 찾는 것이죠.

우리의 삶의 시작은 다릅니다. 가정 환경도 다르고, 머리의 뛰어남도 다르죠. 하지만 미래는 내가 어떻게 행동하느냐에 따라 달라집니다. 단지, 다른 사람과의 비교가 아닌 나의 과거와 현재, 그리고 미래와의 비교일 뿐이고요. 성장은 다른 사람과의 비교가 아닙니다. 성장은 어제의 나와의 비교이고, 작년의 나와의 비교입니다. 그리고 성공은 그런 성장이 모여 내가 이루고자 하는 목표에 얼마나 가까이 도달했는지로 판단할 수 있죠.

 행동으로 보여주는
나의 브랜딩

 [박주연의 메타뷰] 신수정 KT 부사장
"기억력 탓 시작한 기록, 꾸준히 쓰니
영향력 생겨"

 [인물탐구] "면접비 2배 쏩니다"…
'소통왕' LS그룹 막내아들의 '형님 리더십'

생각할 질문

어떤 사람으로 기억되고 싶나요?

우리 팀은 어떤 팀으로 기억되고 싶나요?

이 역할을 수행하기 위해, 나는 어떤 습관을 가지고 있나요?

나의 행동들이 주변에 어떤 영향을 주고 있나요?

리더의
행동

조직에서 가장 큰 영향을 행사하는 사람은 누가 뭐라 해도 리더입니다. 이 글을 읽는 분이 조직의 리더라면 '나는 어떤 행동을 반복하고 있을까?', '그 행동은 조직과 구성원들에게 어떤 영향을 주고 있을까?'를 고민해보셨으면 좋겠습니다. 만약 팔로워라면 '나와 함께하고 있는 리더는 어떤 사람인가?'에 대해 생각해보면 좋겠습니다. 리더의 브랜딩이 곧 리더의 행동이자 리더십이기 때문입니다.

다른 의견을 듣는 것은 나의 부족함을
인정하는 것이 아니라, 팀과 조직에게

망해가던 소니를 다시 최고의 기업으로 만든 히라이 전 CEO는 리더의 필수불가결한 자질로 '이견異見을 구하는 리더'의 모습을 제안합니다. 그럼 이견을 구하는 리더의 모습을 어떠해야 할까요? 히라이 CEO의 행동을 보면 몇 가지를 찾아볼 수 있습니다.

- 자신의 경력을 바탕으로 부족한 직무 경험을 인정하고, 어느 조직의 리더가 되더라도 모르는 것은 모른다고 인정하고 현장의 소리에 귀를 기울였다
- 이견을 듣기 위해 서로 충돌하는 다양한 의견이 자유롭게 분출될 수 있는 환경을 조성하는 일부터 시작한다.
- '의견을 낸 당신의 책임이 아니라 결단을 내린 내 책임이다' 라는 점을 분명히 해야 풍부한 이견이 나올 수 있고, 괴롭더라도 현명한 결단을 내릴 수 있다.

(동아일보, '소니를 부활시킨 CEO가 강조하는 리더의 자질', 2022-04-02)

《레드팀을 만들어라》를 쓴 브라이스 호프먼은 '리더에게 쓴소리를 하는 사람들'이라는 주제에 대해 몇 가지 인터뷰를 남긴 적이 있습니다. 그중 3가지가 가장 기억에 남더라고요.

Q1) 레드팀에 대해서 간략하게 설명해주세요.

쉽게 말하자면 '쓴소리를 하는 사람들'이라고 생각하면 됩니다. 객관적인 시각으로 기업의 전략과 계획 등을 분석하고 대다수가 동의하는 사안에 반대 의견을 내는 역할을 하지요. 그어떤 것도 당연하게 생각하지 않는다는 점이 핵심입니다. '이 프로젝트는 당연히 성공할 거야', '이 선택이 당연히 옳아'와 같은 생각을 하지 않고 끊임없이 비판합니다.

회사 구성원 대다수가 미처 생각하지 못한 요소를 찾아내고 더 나은 결정을 할 수 있도록 돕는 것이 목표입니다. 알파벳 등 글로벌 기업 상당수가 레드팀을 보유하고 있습니다. 기업에서만 활용할 수 있는 전략은 아닙니다. 원래는 미국 군대에서 쓰는 방법이었어요. 현재는 일본 국부펀드도 도입했고요. 사기업, 비영리단체, 투자기관, 군대 등 기존 의사결정 방식을 개선하려는 조직이라면 모두 활용할 수 있습니다.

Q2) 글로벌 시장에서 두각을 나타내는 기업 중에는 레드팀이 없는 곳도 많을 것이라고 생각됩니다. 이런 기업에도 레드팀을 도입하는 것이 도움이 될까요?

물론입니다. 아무리 똑똑하고 호흡이 잘 맞는 인력으로 이뤄진 집단이라도 항상 합리적인 결정만을 하는 것은 아닙니다. 사람이기에 실수는 언제든 할 수 있고 실제로 자주 합니다. 경영학, 경제학, 심리학 등 여러 학문에서의 연구 결과가 이를 보여주지요. 객관적인 데이터보다 감정에 의존해 결정을 내리기도 하고, 최악의 시나리오가 현실이 될 가능성을 과소평가하기도 하지요. 결과가 좋으면 과정도 옳았다고 생각하는 경우도 많고, 특정 사안에 대해 깊이 생각하지 않은 채 주변 사람들과 비슷한 의견을 내는 사례도 쉽게 찾아볼 수 있습니다. 레드팀은 이 같은 실수를 하는 것을 막아줍니다. 레드팀이 없는 기업이라면 지금 잘하고 있어도 언젠가는 문제에 직면할 확률이 높아요.

세상이 빠르게 변한다는 점도 레드팀이 필요한 이유입니다. 대기업이 꽉 잡고 있던 시장에 스타트업이 혜성처럼 등장해 판도를 바꿔 놓거나 잘나가던 기업이 변화를 따라가지 못해 위기를 맞이한 사례는 많습니다. 레드팀은 편견, 선입견과 싸우는 조직인 만큼 기업이 새로운 환경에 적응하고 변화를 주도하는 존재가 되는 데 도움이 될 것입니다. 도태되지 않으려면 필수적으로 갖춰야 한다고 생각합니다.

Q3) 한국 기업은 수직적인 문화가 강합니다. 상사에게 쓴소리를 하기 쉽지 않은 분위기예요. 임원이나 CEO에게는 더욱 어렵지요. 한국 기업에 레드팀을 도입하는 것이 가능하다고 보십니까?

쉽지는 않지만 리더가 의지만 있다면 얼마든지 가능하다고 봅니다. 앞에 말했듯 레드팀 전략을 처음 고안해낸 곳은 미국 육군입니다. 위계질서가 굉장히 강한 조직이지요. 그럼에도 그들은 레드팀을 효과적으로 활용하고 있습니다. 한국만큼 기업 문화가 경직된 일본 기업 중에도 레드팀을 갖춘 곳이 상당수입니다. 한국 기업에서도 충분히 쓸 수 있는 전략입니다. 실제로 최근 한국 대기업으로부터 레드팀을 도입하고 싶으니 도와달라는 의뢰를 받아 프로젝트를 진행한 적이 있어요.

아이러니하게도 문화가 수직적이고 경직된 기업일수록 레드팀이 필요합니다. 이 같은 기업은 의사결성 구조가 폐쇄적이고 비효율적일 확률이 높기 때문이지요. 반대 의견을 제시하는 사람들의 익명성을 보장해주고 불이익 없이 목소리를 낼 수 있도록 시스템을 구축하면 충분히 할 수 있습니다. 처음에는 반대하거나 거부감을 느끼는 사람들도 성과를 내기 시작한다면 설득될 것입니다.

리더가 그 조직에서 가장 많은 지식과 경험을 갖춘 구성원일 수 있습니다. 하지만 지금의 시대는 과거의 방법과 경험이 정답을 알려주는 시대는 아닙니다. 너무 빠른 변화, 너무 다양한 고객의 니즈, 새로운 경쟁사의 전략 그리고 기술과 환경의 변화가 우리에게 끼치는 영향이 너무 큰 시대이죠. 지금 시대를 살아가는 우리에게 필요한 것은 정답을 알려주는 슈퍼맨이 아니라, 모든 구성원의 생각과 관점을 모아 우리에게 가장 적합한 의사결정을 할 수 있는 현자입니다. 리더십이 이렇게 변화하고 있거든요. 나는 어떤 행동을 반복하고 있나요? 나와 다른 의견 또는 내 의견에 반대되는 의견을 듣고 있나요? 이견을 받아들이는 것을 넘어 이견을 찾아다니는 리더십이 필요한 지금입니다.

 '레드팀을 만들어라' 저자 브라이스 호프만Bryce Hoffman 레드팀싱킹 회장 | 롱런 원하면…쓴소리하는 사람 곁에 두라

 [동아광장/박상준] 소니를 부활시킨 CEO가 강조하는 리더의 자질

생각할 질문

나는 어떤 행동을 반복해서 하고 있나요? 그 행동은 어떤 영향을 끼치고 있을까요?

변화하는 리더십과
조직문화

조직문화와 리더십을 많이 이야기하지만, 정해진 결론이나 코스가 있는 것은 아닙니다. 과거에 탁월한 리더도, 성과 내는 좋은 문화를 가진 회사도 지금은 아닐 수도 있다는 의미이죠. 변화에 대해 한번 생각해보는 시간이 되었으면 좋겠습니다. 그리고 그 과정에서 조금이라도 성장하는 나를 발견하는 시간이 되었으면 좋겠다는 마음뿐입니다.

자신의 실패를 인정하는 것이 변화의 시작입니다

어느 날 링크드인을 통해 손정의 회장의 실패 사례 PT를 공

유받게 되었습니다. 멋지다고 생각하는 부분이 몇 가지 생각나
더라고요.

"실패를 있는 그대로 인정한다." 2022년 2분기 비전펀드는
3조 엔이 조금 넘는 적자를 봤다고 합니다. 그리고 손정의 회
장은 자신의 과거 자신이 성공했던 자만했던 모습을 부끄럽다
며 반성한다고 하시더라고요. 경영진이 많은 사람 앞에서 이런
태도를 보이는 것이 참 어렵다는 것을 알고 있기에 이번 인터
뷰를 보면서 참 많은 생각을 하게 되었습니다. 이 과정에서 단
지 실패했다가 아닌, "실태가 나쁘다는 것을 정직하게 정면으
로 설명해야 합니다. 오늘은 실태가 좋지 않다는 것을 솔직하
고 정직하게 보고합니다"라고 이야기합니다. 그리고 적자가 난
가장 큰 이유 두 가지를 공유하였습니다.

1) 세계적인 주가 하락(그중에서도 비전펀드가 투자한 기업들이 나스닥 22%
보다 더 큰 31% 하락했다고 고백)
2) 엔화 약세

회사가 중요하게 관리하는 지표인 NAV*Net Asset Value*, 시가 순자
산과 LTV*loan to value*, 보유주식의 가치 대비 순부채를 공유하며
유일하게 좋았던 대목은 LTV가 개선됐다는 말과 함께 "자산이

줄어든 것보다, 부채를 더 많이 줄여서 LTV가 개선된 겁니다. 이것이 우리의 실태를 솔직하게 드러낸 상황입니다."

우리가 피드백을 할 때 가장 중요한 것은 작은 성공의 이유도 통제 가능한 영역과 불가능한 영역으로 구분하는 것이고, 실패의 이유도 솔직하게 노출하는 것입니다. 피드백의 목적이 '평가가 아니라 목표에 더 다가갈 수 있도록 성장하고자 하는 미래 관점의 행동 변화에 있기 때문'이죠.

피드백이 '잘했어? 잘못했어?'라는 평가가 되지 말아야 하는 이유이기도 합니다. 나의 실패에 대한 피드백을 솔직하게 인정하는 모습은 상대방에게 어떤 영향을 끼치게 될까요? 능력이 없다고 생각하는 사람도 있겠지만, 저는 피드백을 어떻게 하느냐에 따라 다르다고 생각합니다. 자신의 성공과 실패를 노출하는 사람, 특히 자신의 성공과 실패에서 자신의 의사결정과 일하는 방식을 솔직하게 공유하는 사람, 그 과정에서 내가 통제할 수 있었던 것과 통제하지 못했던 예기치 않은 성공과 실패 요인을 구분해낼 수 있는 사람이라면 저는 지금의 성공과 실패보다 미래의 성공이 더 커질 거라고 생각합니다.

세상에 모든 것을 완벽하게 할 수 있는 사람은 없습니다. 매번 성공하는 사람도 없죠. 성공과 실패를 대할 때 그 이유가 무엇인지 찾아내는 사람, 그것을 솔직하게 공유할 수 있는 용기가 있는 사람이라면 다음에는 더 크게 성장해 있을 거라고 생각하거든요.

[쫌아는 기자들]
"기고만장 부끄럽다" 30조 원 적자 낸
손정의 1시간 20분 회견 전문

생각할 질문

나는 실패를 공유할 수 있는 용기가 있나요? 그리고 그 실패를 통해 기존에 내가 해오던 일하는 방식의 변화를 학습하고 있나요?

리더의
대화

리더는 주변 동료들에게 영향을 끼치는 사람을 의미합니다. 그중에서 더 많은 영향력을 주는 사람들을 우리는 리더라고 부릅니다. 그런 리더는 어떻게 영향력을 전할까요? 간단합니다. '말'과 '행동'입니다.

조직과 구성원을 성장과 성공으로 이끄는
리더는 다양한 관점을 가지고 있습니다

메시지보다 메신저에 초점을 맞춰야 합니다. 오브제*objet*는 '메인이 아닌 메인을 돋보이도록 도와주는 도구'를 의미합니다.

예를 들어, 연극에서 배우들이 들고 나오는 칼과 방패 등 다양한 소도구를 오브제라고 하죠. 저는 리더들과 코칭 대화를 학습할 때면 이런 오브제에 조금 더 집중하는 편입니다. 이유는 메시지를 변화시키는 것에는 시간이 필요하지만, 오브제를 변화시키는 것은 더 쉽고 빠르기 때문이죠.

첫 번째 오브제로 '메라비언의 법칙'을 소개합니다.

대화하는 상대방에게 호감을 느끼게 하는 요인 중에 행동에 속하는 목소리 톤, 표정, 자세와 눈빛 등이 93%이고, 내용은 7%밖에 되지 않는다는 커뮤니케이션 이론입니다.

리더가 구성원과 대화를 하는 이유는 무엇 때문일까요? 이유는 간단합니다. 목표를 이루는 것이죠. 그런데 이 목표를 이루기 위해서 리더가 직접 할 수 있는 것은 그리 많지 않습니다. 리더보다 구성원들이 직접 실행해야 하는 것들이 많죠. 그래서 구성원에게 조금 더 긍정적인 영향력을 행사할 수 있는 리더가 더 큰 리더가 되는 것입니다. 이때 우리가 고려해야 하는 것은 바로 '리더의 태도'입니다.

리더가 가지는 대화의 핵심은 팀원의 '관점이 확장되고, 주도적인 행동으로의 변화'입니다. 관점의 확장이 중요한 이유는 무엇일까요? 그것은 바로 '다른 행동'을 하기 위해서입니다. 우리가 행동한다는 것은 기존에 내가 가지고 있는 관점에서 이게 맞겠다는 생각입니다. 그럼, 관점이 확장되면 어떤 일이 벌어질까요? 기존과는 다른 행동을 할 수 있게 된다는 의미이죠.

재미있는 것은 내 앞에 있는 사람의 관점을 확장하는 다양한 방법 중 하나가 바로 '경청'이라는 것입니다. 만약 누군가가 나의 말을 집중해서 들어준다고 생각해보세요. 그럼 어떤 느낌이 드시나요? 저는 내 의견을 중요하게 여겨주는 사람이라는 생각이 들더라고요. 이때부터 서로의 생각과 의견을 조금 더 솔직하게 주고받을 수 있는 심리적 안선감이 형성되기 시작합니다.

피드백은 구성원의 성장과 성공을 돕는 리더의 행동입니다. 피드백은 리더만 사용하는 것은 아닙니다. 하지만 리더가 피드백을 제대로 이해하고 사용하지 못한다면 그것은 리더의 역량에서 가장 큰 부분이 부족하다는 이야기입니다. 이유는 단 하나 "역사상 성공하는 단 하나의 방법은 피드백이다"라는 이야기를 남긴 피터 드러커의 말에서 찾을 수 있습니다. 피드백은 '미래 목표를 달성하기 위해 현재 시점에서 과거의 행동을 돌아보는 것'을 의미합니다. 이때 업무에 대한 피드백이 될 수도 있고, 이 업무 피드백 내용을 대화로 전달하는 피드백 대화가 있고요. '맞아, 틀려'라는 평가를 하는 것이 아니라, 팀원의 일하는 방식을 보며 잘하고 있는 방식과 목표를 달성하기 위해서 변화가 필요한 방식을 찾는 것이 피드백이라는 이야기이죠. 그래서 리더가 제대로 피드백을 했다면 '구성원의 일하는 방식에 변화'가 있어야 합니다. 일하는 방식에 변화가 있었다면 피드백을 잘한 거죠.

피드백을 전하는 리더는 '정답이 없다'라는 관점을 가져야 합니다. 솔직히 리더가 가져야 하는 가장 중요한 관점은 바로 '내 생각이 정답이 아니라는 것'입니다. 솔직하게 피드백을 주는 리더가 성장하고자 하는 구성원에게 가장 큰 동기부여가 되는 것은 많은 사람이 증명합니다. 하지만 솔직한 리더가 피드백을 줄 때 자신의 생각과 경험이 맞다고 생각하는 순간, 그 리더는 구성원의 관점을 잊어버리고 말거든요. '내 말대로 해', '왜 이렇게 했지?'라며 타박하는 리더가 되고, 구성원의 다른 의견과 자신이 피드백한 내용과는 다른 행동을 하는 것을 용납하지 않게 되니까요. '내가 정답이다'라고 생각하는 리더의 솔직한 피드백은 반대로 구성원의 생각과 다름을 존중하지 않는 행동이 되고, 이로 인해 구성원은 스스로 생각하고, 자신의 생각을 확장하는 성장의 기회를 잃어버리고 맙니다. 솔직한 리더의 솔직한 피드백에는 '내가 정답이 아니다'라는 마음이 있어야 합니다.

다른 경험과 성공 경험을 한 리더가 필요합니다. 우리나라에는 '공채'라는 독특한 문화가 있습니다. 저도 공채라는 문화에서 이득을 많이 봤습니다. 그런데 이 공채라는 문화는 강력한 조직문화와 로열티라는 강점과 함께 큰 단점도 가지고 있더라고요. 그것은 바로 '외부의 다른 경험과 문화를 배척한다'는 것입니다. 이는 외부 경력을 가진 사람들이 동료가 아닌, '자신들의 성공을 방해하는 공동의 적'으로 삼아버리는 문화입니다.

조직은 하나의 경험으로만 성공할 수 없습니다. 조직이 성공하기 위해서는 다양한 관점과 경험들이 모여야 하고, 이를 통해 구성원들이 다양한 관점을 갖게 되는 성상의 시간을 가져야 합니다. 그래서 제가 제안하는 것은 내부에서 성장한 리더와 외부에서 영입한 리더의 비율입니다. 직관적으로 대기업은 3:7로 공채가 높은 비중을 차지하지만, 일정 수준으로 성장한 스타트업의 경우는 반대로 7:3으로 '외부에서 영입한 리더가 더 많아야 한다'라고요.

 대화를 지배하는 건
내용이 아닌 말투다

 [임주영의 경영 전략] 좋은 리더가 되고
싶다면 '잘 듣는' 연습을 하라

 [Biz Times] 뒷담화 겁나서 쓴소리
안 한다? 부하직원 망치는 무책임한 보스

 LG에 230억 착한 독설가 등장…
'도련님 야구' 비아냥은 이제 역사 속으로

 김현수는 고민했고
변신했고 훈련했다

생각할 질문

나는 어떤 말과 행동으로 주변 사람들에게 영향을 주고 있나요? 그 영향력이

긍정적 일 때 나와 함께 일하는 구성원들은 성장하고 성공할 수 있습니다.

리더의
피드백

어떻게 리더가 될까요? 아마 지금 리더의 자리에 있는 분은 '반복해서 성공'했던 경험이 있기 때문에 리더로 발탁되었을지도 모릅니다. 그런데 반복된 성공이 가져오는 가장 큰 약점은 바로 '내 방식이 정답이야'라고 생각하며 '실패와 실수를 인정하지 않는 행동'을 보인다는 것이죠.

리더의 책임, 리더의 성장

리더십의 정의가 많이 바뀌고 있습니다. 과거에는 CEO, 임원, 팀장 등 직책을 가진 사람들을 리더라고 불렀습니다. 그런데 요즘에는 영향을 주는 모든 사람을 리더라고 부르기 시작했죠. 그런 리더십은 내가 하는 반복된 행동들이 내 주변 사람들에게 어떤 영향을 주느냐에 달려 있습니다. 내가 되고 싶은 모습? 내 이상? 내가 가진 지식과 경험보다 더 중요한 것은 내가 어떤 행동을 반복하고 있는지를 돌아보고, 물어보고, 지속해야 할 행동과 그만해야 할 행동, 새롭게 해야 하는 행동을 찾아서 반복하는 것입니다.

그럼, 리더의 행동 중에서 가장 어려운 것은 무엇일까요? 개인적으로 자신의 의사결정이 잘못되었다는 것을 사람들에게 솔직하게 공유하는 것이라고 생각합니다. 그 관점에서 2명의 CEO가 했었던 행동들을 공유해보려고 합니다.

사례 1) 스트라이프 CEO 패트릭 콜리슨*Patrick Collison*

최근 스트라이프*Stripe*의 CEO인 패트릭 콜리슨은 직원의 14%를 감축한다는 메일을 전 직원에게 공유했습니다. 그리고 그 안에 담긴 내용을 보면 '외부 환경의 변화'와 함께 '해고되는 직원들에게 회사가 지원할 수 있는 최선의 활동', '리더와의 원온원 미팅', 그리고 'CEO 및 경영진이 외부 시장 환경을 어떻게 잘못 판단했는지에 대한 실패 공유 및 사과'와 '이후 성장 계획'을 공유합니다. 회사의 전 직원에게 보내는 사과와 피드백, 해고를 당하는 직원들에게 회사가 제공할 수 있는 최선의 존중의 표현을 전하는 메시지였죠.

사례 2) 에어비앤비 공동창업자이자 CEO, 커뮤니티 대표 브라이언 체스키 *Brian Chesky*

브라이언 체스키가 2020년 5월 코로나로 인해 직원들을 해고하던 메일을 기억하는 사람들이 꽤 많이 있습니다. 그런데 그전에 하나가 더 있었습니다. 그것은 바로 에어비엔비의 매출을 올려주는 호스트들에게 자신의 실수를 공유했던 메일입니다. 전 세계적으로 코로나가 확산될 때, CEO는 하나의 의사결정을 했습니다. 그것은 바로 여행객들이 여행을 취소할 때 받는 수수료를 무료로 하는 것이었죠. 이것은 회사의 매출과 호스트의 매출에 큰 영향을 끼치게 되는 결정이었습니다. 취소되더라도 일부의 수수료를 받을 수 있는 기회를 날려버리는 것이었으니까요. 이 의사결정의 목적은 하나, 바로 '고객의 안전'이었습니다. 여행객의 안전이라는 키워드는 에어비앤비에게 가장 중요한 문화이자 가치였기 때문에 CEO는 손해를 감수하는 의사결정을 내린 것이었습니다.

그런데 하나의 실수가 있었다는 것을 나중에야 깨달았습니다. 바로 회사뿐만이 아니라 호스트에게도 금전적인 피해가 컸다는 것이고, 이 의사결정에 대해 사전에 호스트와 의견을 조율하지 못했다는 것이었죠. CEO는 어떻게 했을까요? 아래 첨부한 장문의 〈호스트분들께 보내는 편지〉를 전체 호스트에게 공유합니다. 그리고 그 안에는 '자신의 실수와 사과'가 담겨 있고, '의사결정의 목적'과 함께 '이후 호스트에게 어떤 지원을 하게 될지에 대한 사후 조치' 내용이 있습니다. 그리고 이후 의사결정에서의 방향성을 또다시 공유하죠.

성공도 중요하지만, 태도는 더 중요합니다. 두 명의 CEO가 했던 것은 '자신의 실수와 실패를 공유'하는 것에 그치지 않고, 자신의 '잘못된 의사결정 기준과 피드백', 그리고 '향후 어떻게 변화할지에 대한 피드포워드'가 담겨 있습니다. CEO뿐만이 아닙니다. 우리는 일을 하면서 수많은 실수와 실패를 마주합니다. 모든 것에서 성공하는 사람은 없으니까요.

성공과 실패를 마주할 때 중요한 것은 태도입니다. 그리고 태도에서 중요한 것은 성공의 원인을 동료와 구성원들에게서 찾는 리더, 실패의 원인을 자신에게서부터 찾는 리더의 행동이죠. 실패의 진짜 원인을 찾지 못하면 우리는 개선할 수 없습니다. 잘못된 원인을 피드백해봤자 근본적인 원인은 그대로 있을 테니까 말이죠.

여러분은 어떤 리더와 함께하고 싶나요? "함께하고 싶은 리더인가, 함께하고 싶지 않은 리더인가?" 이 질문에 대해 나만의 답을 찾아가 보셨으면 좋겠습니다. 그리고 검증하는 방법으로 리더가 반복하는 행동이 무엇인지, 그 행동이 나에게 어떤 영향을 주는지를 검증해보셨으면 좋겠습니다.

마지막으로 "지속해서 성장하는 리더인가?"라는 질문에 나와 함께하는 리더를 보며 답을 해보셨으면 좋겠습니다. 이제는 리더를 선택할 수 있는 시기가 되고 있습니다. 함께해본 적은 없지만, 어떤 리더인지에 대해서 수많은 정보가 공유되고 있기 때문이죠. 어떤 리더로 기억되고 싶으신가요? 이 질문의 답을 찾을 수 있다면, 어쩌면 미래 나와 함께할 수 있는 동료가 정해지지 않을까요?

 CEO Patrick Collison's email to Stripe employees

 호스트분들께 보내는 편지 _에어앤비

 리더, 책임 그리고 성장

생각할 질문

어떤 리더와 함께 하고 싶나요?

그리고 나는 어떤 영향을 주는 리더가 되고 싶나요?

의사
결정권

성장과 성공을 얼라인하는 방법

직장생활을 할 때 언제 가장 많이 성장할까요? 처음 직장생활을 했던 기업은 빠르게 성장하던 곳이었습니다. 저 또한 회사에서 그 성장의 시간을 보내면서 수많은 기회를 얻게 되었습니다. 입사 2년 차에 제가 담당하는 매장들의 전체 매출은 200억 원이 조금 넘었고, 4년 차에 인재개발 팀장, 9년 차에 부회장 비서실장, 14년 차에 법인 5개를 총괄하는 인사실장을 경험하게 되었거든요.

과거 회사가 핵심인재를 양성하던 방법은 간단합니다.

- 가능성 있는 인재를 선발한다.
- 가능성 있는 인재에게 상상하지 못할 높은 레벨의 과업, 직책, 결과물을 요구한다.
- 그 인재의 과업이 성공할 수 있도록 회사가 인재와 시스템으로 지원한다.
- 피드백을 통해 과정에서 성장 또는 결과의 성공이 있으면 더 기회를 주고, 없다면 다른 사람에게 기회를 준다.

그리고 이 과정에서 기회를 잡은 핵심인재들은 자신만의 방법으로 조직의 목표를 설정하고, 문제를 정의하고, 그 문제를 해결하는 주도권을 갖게 되었죠. 그런데 많은 조직이 이런 과정에서 한 가지 실수를 해버렸습니다. 그것은 바로 '의사결정권'을 빼앗고, 직책과 과업만 부여하는 것입니다. 핵심인재가 자신만의 방법을 찾아서 시도하도록 하는 것이 아니라, 상위 리더의 방법으로만 결과를 만들어내도록 한 것이죠.

그럼 '의사결정권'을 갖는 사람은 무엇을 갖춰야 할까요?

얼라인

의사결정권의 가장 강력한 힘은 바로 오너십을 갖게 한다는 것입니다. 직원에게 '내 회사처럼 일하라'는 말은 불가능하지만, 직원에게 내 일이라고 생각하고 일하게 할 수 있는 방법이 바로 '자신이 하고 있는 일에 의사결정권을 부여하는 것'이죠. 이때 한 가지 중요한 것은 '내 의사결정의 방향이 내 상위 조직의 목표와 얼라인되어야 한다'는 것입니다. 즉 내가 하고 싶은 일을 하는 것이 아니라, 내가 하고 싶은 일이 내가 속한 팀이나 회사의 목표에 기여하는 일이어야 한다는 것이죠. 그래서 의사결정을 할 때 '이렇게 결정하면 어떤 결과물이 나올까$_{output}$? 이 결과는 팀과 회사의 어떤 목표에 기여하게 될까$_{outcome}$?'라는 두 가지 질문을 스스로 해보고 동료들에게 설명할 수 있어야 합니다.

심리적 안전감

심리적 안전감의 정의는 '업무와 관련해서 어떤 의견을 이야기해도 보복당하지 않을 거라는 마음'입니다. 우리가 조직에서 일할 때 리더에게 많은 챌린지를 하는 이유는 '리더의 의사결정에 대한 다른 의견'이 있기 때문입니다. 그렇다면 구성원 개개인이 의사결정권을 가지고 있다면 어떻게 될까요? 내 마음대로 의사결정을 하는 것이 아니라, 조직의 목표와 얼라인되어 있는 더 좋은 의견이나 아이디어가 나왔을 때 내 생각과 다른 동료들의 다양한 챌린지를 듣고, 내 결정을 수정할 수도 있어야 한다는 의미입니다. 조직에서의 의사결정은 '내가 하고 싶은 일을 하는 것이 아니라, 우리 조직의 목표나 비전 또는 고객의 니즈를 충족시키는 것'이어야 하기 때문이죠.

피드백

이때 필요한 것이 바로 피드백입니다. 의사결정을 한다는 이야기는 하나의 가설을 검증하기 위해 플래닝을 하고, 실행하게 되었다는 것입니다. 즉 계획과 실행을 연결하는 것이 바로 의사결정이죠. 그렇다면 이제 결과가 나오겠죠? 피드백은 내가 생각한 목표와 예상하는 결과, 그리고 실행 후 어떤 차이가 있는지를 비교하는 것입니다. 이 과정에서 의사결정이 잘되었는지, 아니면 개선해야 할 부분이 있는지를 찾는 것이죠.

마지막으로는 솔직하게 그 피드백 결과를 공유하며 자신의 성공적인 의사결정 또는 실패한 의사결정을 확산하는 것이 필요합니다. 이때 피드백 결과의 공유 목적은 '동료의 경험을 성장시키는 학습'이 되겠죠.

그럼, 자신의 역량보다 더 큰 '의사결정권'을 가진 사람을 도울 수 있는 방법은 무엇일까요? 의사결정권을 가졌다고 모든 것을 당사자에게 책임지도록 하는 것은 개인적으로 방임이라고 생각합니다. 의사결정권을 가진 팀원에게는 그의 성장과 성공을 돕는 팀장이 있습니다. 그리고 의사결정권을 가진 팀장에게는 그의 성장과 성공을 돕는 임원이나 CEO가 있어야 한다는 의미입니다. 그리고 HR, HRD, Culture, 전략, 회계/재무 등의 부서들을 통해 내게 필요한 지원을 받을 수 있는 구조가 만들어져야 합니다. 통제가 아닌, 지원하는 구조 말이죠.

- 티칭: 새로운 지식과 경험을 학습할 수 있는 사람과 시스템
- 멘토: 이슈에 대해 자신의 경험과 의견을 실시간, 솔직하게 소통할 수 있는 사람
- 코칭: 성과뿐만이 아니라 리더십과 외부 관점에서 생각할 수 있도록 도와주는 사람
- 시스템
  - 자율적인 의사결정 이외에 조직의 리스크를 관리하기 위해 반드시 관리해야 하는 지표가 있어야 합니다.
  - 목표 설정, 의사결정, 실행, 피드백을 검증 또는 노출할 수 있는 고정된 비즈니스 스케줄이 있어야 합니다(원온원, 연간/분기/월 피드백 세션 등).

핵심인재는 의사결정권을 원합니다.

대퇴사 시대, 대이직 시대, 조용한 퇴사*quiet quitting* 등 다양한 시대적 특징이 공유되는 요즘, 핵심인재에 대한 재정의를 하는 조직들이 많아지고 있습니다. 과거 기업에서는 '주어진 목

표를 달성하는 사람'이 일을 잘하는 인재였다면, 요즘 기업에서는 하나의 인재상이 아닌, 다양한 인재상을 조직별로 요청하기 시작했죠. 하지만 핵심인재를 빠르게 양성하는 방법은 '자신의 레벨보다 더 높은 목표와 그에 맞는 의사결정권을 부여하는 것'입니다. 역량도, 경험도 부족한 개인에게 어떻게 의사결정권을 부여할 수 있을까요? 그 과정에서 개인의 성장을 조직의 성공으로 연결시키는 방법은 무엇이 있을까요?

핵심인재를 관리해야 하는 이유는 간단합니다. 그래야 그들의 리텐션이 조금이라도 늘어나고, 외부의 핵심인재들이 우리 조직으로 오려고 할 테니까요. 만약 이 구조를 만들어내지 못하면 우리는 '조용한 퇴사'를 원하는 동료들로만 구성된 조직에서 일을 하거나, 그런 회사를 만들어가고 있게 될지도 모릅니다.

 스티브 잡스가 사랑한
의사결정 구조: DRI

 "5년 차 8300만 원은 받아야죠"…
토스가 찾는 PO, 누구나 넌

 [Monday HBR/닉 토먼] 우수한
영업 인력의 이탈을 막으려면

생각할 질문

어떻게 개개인에게 의사결정권을 부여할 수 있을까요? 그리고 그 안에서 의사결정권을 원하지 않는 조용한 퇴사를 하는 구성원들은 어떻게 조치해야 그들이 주는 부정적 영향력을 줄이게 될까요?

지금은 생존을 위해 개인도, 조직도 정답 없는 성장 게임을 해야 하는 시간이 되었습니다.

마이크로 매니징도 누군가에는 긍정적인 리더십입니다
_다양한 리더십이 필요한 시기입니다

어떤 리더가 탁월한 리더인가?

정말 정답이 없는 시대를 살고 있는 요즘입니다. 다양한 환경, 발전하는 기술과 업종이 있고, 이 시대를 살아가는 다양한 가치관들이 있기 때문이죠. 그럼, 이런 시대를 살아가는 우리에게 필요한 리더십은 무엇일까요? 개인적으로는 '다양성을 존중하는 리더'라고 생각합니다. 그 다양성의 핵심은 '정답은 없다'라는 마음이고요. 그럼 정답이 없을 때 우리는 어떻게 행동할까요?

• 내가 알고 있는 지식과 내 성공 경험이 정답이 아니라고

생각한다.

- 나와는 다른 의견과 생각, 경험에 긍정적 호기심을 가지고 학습한다.
- 반대 의견을 내는 팀원과 솔직하게 토론하며 더 나은 답을 찾아간다.
- 실패와 실수를 인정하고, 모르는 것을 모른다고 이야기하며 다양한 사람들에게 물어본다.
- 다양한 생각들이 확장되도록 수평적 대화를 선호한다.

마이크로 매니저를 판별하는 질문은 크게 두 가지입니다.

행동을 파악하는 질문

"그 일을 완료하는 데 있어 당신의 역할을 무엇이었는가?"

"업무를 직원들에게 어떤 절차로 할당했는가?"

"프로젝트를 진행하면서 직원들과 어떻게 소통했는가? 어떤 포인트에서 상호작용을 했는가?"

"프로젝트 진행 과정에서 발생하는 문제를 어떻게 발견했는가?"

"그 프로젝트는 성공했는가?"

"직원들에게 어떤 피드백을 했는가?"

그 행동의 구체적인 세부 내용을 검증하는 질문

"직원들의 일을 평가하고 피드백을 줄 때 사용하는 당신만의 기준이 있는가?"

"얼마나 자주 피드백했는가?"

"누군가의 프로젝트에 문제가 생겼는데, 당신이 그걸 잘 대처한 경험이 있다면 말해달라."

"어떤 유형의 직원들이 관리하기가 어려웠는가?"

"어떤 유형의 직원들과 잘 맞지 않았는가?"

그런데 마이크로 매니징은 무조건 잘못된 리더십이라고 판단하면 안 됩니다. 마이크로 매니징이 무조건 잘못된 리더십이라고 말할 수는 없는 이유는 마이크로 매니징이 필요한 팔로워도 있기 때문이죠. 이를 잘 보여주는 리더십을 상황별 리더십이라고 합니다.

그럼, 어떤 팔로워에게 마이크로 매니징이 필요할까요? 저는 하고자 하는 의지는 있으나 역량이 부족하거나, 하고자 하는 의지와 역량 모두가 없는 팔로워에게는 마이크로 매니징을 적절하게 사용할 것을 권장합니다.

신입사원

마이크로 매니징이 필요한 인원이 바로 신입사원입니다. 일을 하고자 하는 열정은 많지만, 일하는 방식과 지식 그리고 경험이 부족해서 좌충우돌할 수 있는 인원이죠. 그래서 이들에게는 구체적인 방법과 과거 사례, 템플릿을 공유하며 자주 과업 검토와 피드백을 주는 것이 필요합니다.

경력사원

경력이 있다는 것은 이미 지식과 경험을 갖추고 있는 것이죠. 그런데 마이크로 매니징이 필요한 이유는 무엇일까요? 그것은 일하는 방식과 문화에 있습니다. 조직마다 일하는 방식은 정말 많이 다릅니다. 그러다 보니 아무리 뛰어난 지식과 경험을 가지고 있어도 적응에 실패하는 경우가 있죠. 그래서 경력사원에게는 한시적으로 일하는 방식과 조직문화에 대한 이해를 위한 마이크로 매니징이 필요합니다. 그리고 이때 경력사원이 가진 지식과 경험을 파악하며 우리 조직에 기여할 수 있는 내용을 찾는 활동도 해주시면 좋습니다.

재배치된 직원

재배치된 직원의 경우는 크게 두 가지 사례가 있습니다. 같은 직무에서 부서만 재배치되었거나, 다른 직무로 재배치된 경우이죠. 전자의 경우에는 경력사원처럼, 후자의 경우는 신입사원처럼 특정 기간 마이크로 매니징을 통해 온보딩을 해보면 적응을 돕고, 성과를 내는 데 더 좋은 결과를 얻을 수 있습니다.

C Player

C Player에 대한 정의는 다양할 수 있습니다. 정의에 따라 '누가, 왜 C Player가 되느냐'가 결정되고, 그에 따라 리더십도 달라지겠죠. C Player를 관리해야 하는 이유는 간단합니다. 그가 성과를 내지 못하기 때문이 아니라, 다른 동료들에게 부정적 영향을 끼치기 때문이죠. C Player는 단순하게 일을 못하는 사람이 아닙니다. 일을 못하면 배우면서 스킬과 지식을 쌓으면 시간이 오래 걸릴 수는 있지만 성과는 조금씩 성장하거든요. C Player를 결정하는 가장 큰 태도가 있는데, 그것은 '잘 하려고 노력하지 않는 행동'입니다. 이 행동을 우리는 '타성'이라고 부릅니다. 기존의 방식대로만 하려고 하고, 새로운 방식과 새로운 도전을 하지 않는다는 것이죠.

한 번은 20년이 넘은 차/부장급 직원들이 영수증 정리와 같은 기본적인 과업을 하고 있는 경우를 본 적이 있습니다. '그게 왜?'라고 물어보실 수도 있지만, 대리/과장급 직원들이 더 난이도 있는 전략서를 작성하는 반면, 선배들은 가장 기본적인 업무만을 맡아서 하려고 하는 부분에서 문제가 있었던 사례입니다. 선배들의 연봉이 2배 이상 높았거든요.

C Player에게는 각각의 레벨에 맞는 과업을 부여하고, 그 과업을 마이크로 매니징을 할 수 있어야 합니다. 직급이나 경력, 연봉이 높다면 그 과업의 레벨 또한 올라가는 것이고, 반대의 경우도 있겠죠. 이를 통해 '내 레벨에서 회사와 동료들이 나에게 기대하는 역할과 역량'을 명확하게 인지하는 것이 필요합니다.

마이크로 매니징은 필요할 때, 필요한 사람에게만 사용해야 하는 리더십입니다

많은 사람이 마이크로 매니징이 나쁘다고 하는 이유는 무엇일까요? 이 질문의 답은 '마이크로 매니징이 언제 실패할까요?'라는 질문으로 대체할 수 있습니다. 그럼, 마이크로 매니징은 언제 실패할까요?

- 이미 일에 대한 의지와 열정, 그리고 역량을 갖추고 있는 팔로워에게 마이크로 매니징을 할 때
- 실패해도 큰일이 벌어지지 않는 사소한 과업에서조차 리더가 다 체크하고 검사하는 마이크로 매니징을 할 때
- 급격한 성장이 필요한 시점에서 하나하나 따져가면서 마이크로 매니징을 할 때

• 조직이 전혀 실행해보지 않았던 새로운 방식으로 도전해야 하는데 리더의 생각과 경험, 알고 있는 영역 안에서만 의사결정을 하려고 할 때

아마 더 많은 상황이 있겠지만, 가장 중요한 것은 바로 '구성원 스스로가 성장해야 할 때와 기존과는 다른 방식으로 일을 해야 할 때'이지 않을까 합니다.

마이크로 매니징을 하게 되면 리더 관점에서는 '내가 예상하는 결과물'이 나오게 됩니다. 예측 가능성이 올라가고 이로 인해 성공했다고 생각할 수 있습니다. 하지만 이런 상황이 반복되면 어떻게 될까요? 팔로워와 조직은 리더의 지식과 경험을 넘어서지 못하고 그 안에 주저앉아 버리게 됩니다. 리더가 성장하는 만큼만 성장하는 것이죠. 하지만 내가 알고 있는 방식으로만 실행하는 리더의 성장 속도는 매우 느리고, 그 크기는 한계가 있을 수밖에는 없습니다. 그래서 마이크로 매니징의 결과가 '가능한 목표 달성과 성장의 멈춤'이 되는 것이죠. 그래서 마이크로 매니징은 잘못된 리더십이 아닌 필요할 때, 필요한 만큼만 사용하는 리더십이라고 말할 수 있습니다.

리더십에 정답은 없습니다. 그리고 언제나 성공할 수 없는 경험이자 노하우이기도 하죠. 그래서 지금 우리에게 필요한 것

은 바로 '객관적으로 나와 타인, 그리고 외부 환경을 파악하는 눈'이라고 생각합니다.

 [인뷰처컨설팅 & 유정식] 사사건건 간섭하는 관리자를 뽑지 않으려면

 코칭 리더십 _ 마이크로 매니징이 성공하려면

 [CEO 심리학] 리더는 지시하지 말고 질문하라…질문은 사람을 행동하게 만든다

 문제 직원에겐 훌륭한 리더가, 훌륭한 직원에겐 문제 리더가 필요

생각할 질문

반대로 내가 마이크로 매니징을 통해 성장했거나 성공했던 경험은 언제였나요? 이때 나는 어떤 상황이었나요? 이 부분에 대해 생각해본다면 마이크로 매니징이 필요한 시점을 찾아볼 수도 있습니다.

리더와
조직문화

모든 조직에는 자신들만의 조직문화가 있습니다

성공한 11개 기업의 대표적인 조직문화를 컬처 디자인 컨버
스로 깔끔하게 요약해준 기사를 읽었습니다. 그런데 재미있는
것은 정말 모든 기업이 다르다는 것이죠. 개인적인 관점에서
조금 더 가까운 관점으로 구분해보니 다음 4가지로 정리되었
습니다.

1) 함께 중심: 이케아, 에어비엔비, 자포스, 사우스웨스트
2) 성과 중심: 넷플릭스, 허브스팟
3) 성장 문화: 아틀라시안, 픽사

4) 기타 문화: 스포티파이의 애자일, 파타고니아의 지구 보호의 사명감, 슬랙의 일과 삶의 조화

재미있는 것은 이런 '조직문화도 흘러간다'는 것입니다. 한 기업은 성장과 학습, 피드백 문화가 강력하게 자리 잡고 있었고 이를 바탕으로 정말 빠르게 성장했습니다. 대기업이 되었거든요. 그런데 어느 순간부터 조직은 구성원들이 가지고 있는 권한을 리더에게 줄 수밖에는 없었습니다. 경영진에서 팀장과 조직장에게 위임과 학습이 아닌, 지시와 요구만 하기 시작했거든요. 이유는 간단했습니다. 경영진이 그 위의 경영자에게 질책받지 않기 위해서였죠.

많은 팔로워가 자신의 과업에서 스스로 의사결정을 하고, 성공 사례뿐만이 아니라 실수와 실패를 공유하며 빠르게 성장하던 조직이 리더의 성공 경험이 반복되면서 더 이상 다른 도전이 아닌, 리더의 성공 경험 안에서의 반복된 의사결정만을 원하기 시작했거든요. 이런 기업의 특징은 3가지가 있습니다.

1) '중간 ACE 리더가 없이, 경영진과 시니어 그리고 신입으로만 구성된 모래시계형 구조'를 갖는다(뛰어난 젊은 인재들은 리더들을 보며 성장의 한계를 느끼고 빠른 시간에 이직하게 되고, 주어진 일만 반복해서 수행하는 일반 인재들만 남게 됩니다).

2) 외부 경력으로 입사한 직원들 중에 회사의 주요 리더가 되는 경우는 손에 꼽는다(외부 인재는 현재 리더의 역할을 수행하는 사람들에게는 경쟁자로 인식되어 버립니다. 그러다 보니 경력직으로 성공하는 리더는 없고, 내부 공채 인원들로 리더 카르텔이 형성됩니다).

3) 잘하는 것만 공유되고, 실수와 실패는 공유되지 않는다 (그래서 역설적으로 리더들은 자신들이 조직을 잘 운영하고 있다고 생각한다).

조직문화가 무서운 점은 바로 'CEO, 임원과 팀장 그리고 조직의 모든 구성원이 같은 관점과 행농, 의사결성을 한다'는 것입니다. 반대로 조직문화를 무너뜨리는 가장 쉬운 방법은 다음 3가지입니다.

1) CEO와 임원의 말과 의사결정이 행동과 다르게 하는 것
2) CEO의 관점과 팔로워의 관점이 서로 다른 곳을 바라보는 것
3) 성과 또는 성장, 둘 중에 하나의 관점만 중요하게 여기는 것

그래서 저는 가장 강력한 조직문화는 다음 3가지의 특징을 가지고 있어야 한다고 이야기합니다.

1) CEO~신입사원 모두가 동등하게 행동하고, 의사결정하는 문화(특히, 리더와 조직문화는 동일해야 합니다.)

2) CEO~신입사원 모두가 서로의 성장을 위해 피드백을 솔직하게 주고받을 수 있는 문화(피드백은 평가가 아닌, 서로의 지식과 경험 속에서의 관점이라는 인식이 필요합니다.)

3) CEO~신입사원 모두가 학습하고, 조직의 목표와 서로의 성공을 위해 자신의 지식과 경험을 공유하는 문화(학습은 잘하는 사람이 가르치는 것이 아니라, 서로 다른 지식과 경험을 공유하면서 다양한 관점을 함께 소유하는 것입니다.)

그 안에서 가장 중요한 것은 리더의 행동과 역할이 되겠죠.

 [그로우엔베터] 참고하기 좋은 '조직문화' 사례 BEST 11

 [위기의 HDC그룹] 정몽규, 건설업 너무 몰랐나…뼈아픈 경영실책

생각할 질문

나는 어떤 조직문화 속에서 살아가고 있나요? 그리고 나와 함께 일하는 리더와 내가 속한 조직문화는 나에게 긍정적 영향을 주고 있을까요?

리더십이 변화합니다

요즘에는 리더십을 다양한 관점에서 바라보곤 합니다. 그 중 3가지 외부 관점이 있습니다.

1) 회사와 내 상위 리더가 리더인 나에게 기대하는 역할은 무엇인가(내가 어떤 결과를 만들어주면 좋겠나)?

2) 나와 함께 일하는 팔로워들이 나에게 기대하는 역할은 무엇인가(내가 각각의 다른 팔로워에게 어떤 영향을 주면 좋겠나)?

3) 회사와 조직이 처한 상황과 맥락 속에서 나에게 기대하는 역할은 무엇인가(내/외부 환경이 수시로 변화하는 상황과 맥락 속에서 나에게 혁신, 안정, 확장, 이익, 매출 등 어떤 역할을 기대하나)?

그런데 가장 중요한 것은 외부가 아닌, 리더의 내부 관점이죠. 즉 '리더인 내가 어떤 리더가 되고 싶은지, 내가 중요하게 여기는 가치관은 무엇인지, 내가 절대 양보하지 못하는 의사결정은 무엇인지' 등이 이에 해당됩니다. 리더가 자신의 내부 관점을 이해하기 위해서 가장 중요한 것은 '나를 잘 이해하는 성찰의 시간, 외부 피드백을 받는 시간 등이 필요하다'는 것이죠.

저는 행동할 때도, 의사결정을 할 때도 심지어 협업하는 동료나 파트너를 선택할 때도 '성장과 학습'이라는 가치관을 중요하게 여기고 그 관점에서 행동하고 시간을 사용하는 사람들을 선택하거든요. 반대로 성장과 학습을 멀리하는 사람들은 저 또한 멀리하는 편이기도 합니다. 이 관점에서 저는 조직을 선택할 때도 'CEO와 회사, 구성원들이 성장과 학습에 어떤 가치를 두고 있는지?'를 중요하게 여깁니다. 그래서 회사를 선택할 때도 이 관점으로 선택했고, 회사를 이직할 때도 이유는 단 하나 '성장과 학습'이 더 이상 중요한 가치관이 아닌 기업이기 때문이라는 판단이 섰을 때입니다.

스타트업과 협업할 때도 이 기준은 동일하게 적용됩니다. 그래서 6개월 이상의 장기 프로젝트를 선정할 때 기준은 3가지가 있습니다.

1) CEO도 모든 학습 시간에 참여한다.
2) 구성원들이 행동으로 옮길 수 있도록 개인과 조직이 의지를 가지고 있어야 한다.
3) 코치가 아닌, 내부에서 구성원들의 행동 변화를 팔로업하는 담당자가 있어야 하고, 그가 1년 안에 스스로 할 수 있도록 성장해야 한다.

리더는 외로운 직책입니다. 모든 것을 혼자 해야 할 것 같고, 내가 실패하면 조직도 실패할 것 같다는 압박을 받는 자리이거든요. 하지만 리더는 혼자가 아니죠. 그래서 함께하는 동료들이 있고, 그 동료들의 경험들도 함께할 수 있어야 합니다.

- 믿어주는 리더만큼 믿어주는 동료가 있어야 합니다.
- 자신이 맡은 과업을 책임지는 리더만큼 자신의 과업을 책임지는 동료가 있어야 합니다.
- 리더와 팔로워는 서로의 성공을 지원하는 관계여야 합니다.

그때 리더는 부정적 시선을 이겨낼 수 있는 힘을 갖게 되거든요. 믿어주는 동료, 책임감을 가진 동료, 그리고 나의 성공을 도와주는 동료가 있기 때문이죠.

"부정적 시선마저 이겨내는 힘"…
손흥민 득점왕 지켜본 EPL
동료의 '통찰력'

케인과 쿨루세브스키,
손흥민 EPL 득점왕 옹립한 '일등 동료'

[중앙 콘텐츠] '이게 무슨 일이야!'…
우아한형제들이 '일'에 관심이 많은 이유

지친 경창들에게 웃음꽃을
피게 해준 꼬마 요정

생각할 질문

1. 리더이신가요? 나는 지금 어떤 구성원들과 함께하고 있나요?

2. 팔로워이신가요? 나는 나의 리더에게 어떤 긍정적 영향을 주고 있나요?

성장하는
팀

성장하는 팀에는 몇 가지 특징이 있습니다. 그 특징들은 성공을 위한 에너지를 주죠.

누군가가 기록을 남기면
그 기록은 다음 세대의 목표가 된다

1968년 미국 육상선수권 대회에 출전한 짐 하인즈(미국)는 100m 달리기에서 모두가 깰 수 없다고 생각했던 마의 10초 벽을 깨고 9.99초로 우승을 차지했습니다. 세상 모든 사람이 깰 수 없다고 생각했던 목표가 이뤄진 시기였죠. 그리고 우리가 익숙하게 알고 있는 이름의 선수들이 9.99초를 넘어 더 빠른 결과들을 만들어내기 시작했습니다. 1991년 칼루이스의 9.86초, 1996년 도노번 베일리의 9.84초, 1999년 모리스 그린의 9.79초 그리고 2009년 우사인 볼트의 9.58초까지 말이죠.

롤 모델, 또는 목표라고 부르는 것이 있습니다. 이들은 그누구와는 다른 목표를 가지고 있는 사람들입니다. 그리고 그들이 새로운 지경을 만들어냈을 때 우리는 잡을 수 없었던 목표가 '도전하고 노력하면 닿을 수 있는 목표'가 됩니다. 박찬호, 박세리, 차범근, 박지성이 그런 사람들입니다.

2022년 월드컵에서도 다양한 새로운 성과들이 만들어지고 있는 것 같습니다. 한 대회에서 2골 이상의 멀티골을 2경기 이상 만들어낸 선수가 생겼고, 한 경기에서 한 명의 선수가 2골을 만들어냈고, 손흥민 선수는 우리나라 선수 중에 월드컵에서 가장 많은 공격 포인트를 만들어냈습니다. 추가 시간 투입 후최단 시간 만에 골을 만들어낸 황희찬 선수도 있고요.

우리는 조직에서 히스토리와 기록을 남기는 것을 터부시해왔습니다. '그 정도는 당연한 거 아냐?'라는 관점에서 말이죠. 하지만 의미 있는 숫자와 기록을 만들어내고, 구성원들에게 공유해야 하는 이유는 간단합니다. 결과를 만들어낸 과정을 새롭게조명할 수 있기 때문이죠. 이제 16강을 넘어 더 높은 곳으로 갈

선수들의 월드컵이 끝나고 나면 우리가 해야 할 것은 바로 '과정을 복기하는 것'입니다. 결과를 만들어낸 과정에서 우리가 지속해야 할 것과 그만해야 할 것, 그리고 새롭게 시작해야 할 것을 찾아서 다음 세대가 이어갈 수 있도록 돕는 것이죠.

모두가 주인공이 될 필요는 없다

월드컵에 출전하면 그라운드 잔디를 한 번도 밟지 못한 선수들이 있습니다. 경기에서 결승골을 넣었던 황희찬 선수도 포르투갈 전이 처음으로 잔디를 밟은 경기였고요. 하지만 자신의 순서가 왔을 때를 위해 준비하고, 자신의 역할을 명확하게 한 선수와 그렇지 못한 선수는 다른 결과를 만들어냅니다. 손흥민 선수가 공을 잡고 70m가 넘는 거리를 드리블하고 있을 때, 중앙에서 황희찬 선수가 그 누구보다도 빠르게 달려가는 모습을 보게 되었습니다. 손흥민 선수를 믿고 달린 것이고, 중간에 교체 투입된 그의 역할은 다른 누구보다도 빠르게 움직여야 하는 것이었죠. 그리고 그 믿음과 역할 수행이 최고의 결과를 만들어냈습니다. "흥민이 형이 '오늘 네가 하나 해줘야 한다, 할 수 있다'라는 이야기를 해줬다. 또 교체로 들어갈 때 많은 동료들도 '할 수 있다'라는 말을 해줬다"며 자신에 대한 믿음을 주는 동료들이 있었기 때문에 가능했던 결과였다고 생각합니다.

이강인 선수는 과정에서 기회를 받지 못했지만, 자신에게 주어진 기회를 팀을 위해 집중하며 다음으로 기회를 이어가고 있기도 하고요. 황희찬 선수뿐만이 아니라, 기사에서는 선수들의 체력과 건강을 책임지는 조리사분들에 대한 소개도 있습니다. 주인공이 되지 못하고, 스포트라이트를 받지 못할 수도 있지만, 같은 목표를 향해 나아가는 하나의 팀으로 말이죠.

그들에게는 스포트라이트가 아닌, 경험이 남게 되고 관계와 추억이 남게 됩니다. 그리고 그 경험, 관계 그리고 추억들은 다음의 성장과 기회를 제공하죠. '어떤 사람으로 기억되었느냐?'에 따라 '다음에도 내가 함께하고 싶은 사람이 될 수도 있고, 함께하지 않고 싶은 사람이 되기도 하기 때문'입니다.

팀이 성장하기 위해 필요한 것들

팀이 성장하고 성공하기 위해서 다양한 이론과 방법들이 존재합니다. 그중에서 저는 3가지를 공유하고 싶습니다.

공동의 목적
프로라고 불리는 스포츠팀에서 가장 탁월한 선수는 개인의 역량이 뛰어난 선수가 아닙니다. 모든 조직에서 가장 뛰어난 선수는 '조직의 목표를 달성하는 데 가장 큰 기여를 한 선수'이죠. 야구에서도 홈런보다 더 중요하게 볼 수 있는 지표가 바로 타점으로 승리 기여도인 이유이고, 축구에서 골을 많이 넣은 선수보다 박지성, 손흥민과 같은 선수들을 더 칭찬하고 중요하게 여기는 이유도 여기에 있습니다. 개인의 목적보다 공동의 목적을 가지고, 함께 일하는 구성원이 조직에서 최고로 평가받을 수 있는 구조가 되어야 하죠.

서로에 대한 이해

서로에 대한 이해는 '언제 결혼할 거야?' '주말에 뭐했어?'라는 개인적인 관심을 가지라는 의미가 아닙니다. 우리가 일을 할 때 업무와 관련해서 알아야 할 부분들을 서로 이해하고, 알고 있어야 한다는 의미입니다. '전 직장에서 경험했던 프로젝트나 과업은? 자신이 잘할 수 있는 스킬과 업무 영역은? 성격적 특징과 몰입되는 상황은? 반대로 몰입이 되지 않는 상황은? 관심을 가지고 있는 비전과 미션은? 하고 싶은 일과 잘할 수 있는 일은?' 등 옆에 있는 동료에 대해 알고 있어야 한다는 의미이죠.

아는 만큼 상대의 업무를 신뢰할 수 있고, 그의 지식과 경험을 물어보며 팀 관점에서 더 높은 목표와 퍼포먼스에 도전할 수 있게 되기 때문입니다. 서로의 실력과 성격을 모르는데 업무적으로 신뢰할 수는 없으니까요.

피드백

마지막은 피드백입니다. 함께 일을 하고, 되돌아보는 것이죠. 그리고 그 과정에서 잘했던 부분과 아쉬웠던 부분을 구분하고 다음에 더 잘할 수 있는 방법들을 함께 고민하는 것입니다. 이처럼 피드백의 목적은 '평가가 아닌, 성장'입니다. 평가는 결과에 대해서 '잘했어, 못했어'만 판단하면 되지만, 피드백은 그 과정을 들여다보며 stop, start, continue를 찾아내는 것입니다. 그리고 이후 성장을 위해 학습하면서 일하는 방식에서 변화를 주는 것입니다.

혼자서 성과를 만들어내나요?
팀으로 성과를 만들어내나요?

탁월한 한 명은 큰 성과를 만들어냅니다. 그리고 그 주변에 수많은 인재가 더 성장할 수 있도록 돕죠. 반대로, 혼자서만 탁월한 성과를 만들어내려고 하는 인재는 언젠가 주변에 아무도 없다는 것을 느끼게 됩니다. 우리가 스포츠팀에서 리더십과 문화 그리고 팀워크를 공부하는 이유는 여기에 있습니다.

스포츠팀처럼 우리의 조직은 혼자서 일할 수 없습니다. 아니, 혼자서 성공하는 조직을 만들어낼 수는 있지만, 그 한 명이 사라지면 그 조직은 무너져내리게 되죠. 어떤 팀을 만들어내고 싶은가요?

 16강 진출로 기록도 풍성…
한국 축구 도약

 [A-STAR] 3차전 첫 투입→기적의 결승
골…'눈물' 황희찬의 각본 없는 드라마

 손흥민은 있었고 호날두는 없었다…
승부를 가른 '주장의 품격'

 'MZ세대 별쌍 이쌀어낸
대한민국 대표팀…이유가 뭘까

생각할 질문

어떤 팀을 만들고 싶나요?

아니, 어떤 팀에서 일할 때 가장 동기부여가 되나요?

정답이 없다는 것을
인정하는 리더십이 필요합니다

실패는 학습으로, 학습은 성장으로 연결됩니다

정답이라고 생각하는 순간 성장이 멈추게 됩니다. 수많은 사람을 만나는 요즘, 한 가지 명확해지는 부분이 있습니다. 과거와 현재 성공한 사람들에게서 찾을 수 있는 공통점은 없지만, 현재 성공한 사람들 중에 미래에도 성공할 것 같은 사람들의 공통점이죠. 저는 그것을 하나의 가치관에서 찾고자 합니다. '정답이 없다', 바로 이 생각이죠. 우리는 수많은 리더와 전문가를 만납니다. 비즈니스에서도 만나고, 일상 생활 속에서도 만나죠. 그런데 대화를 하는 과정에서 어느 순간 '이 사람과 더 깊은 대화를 나누고 싶다'라는 생각이 들기도 하지만, '이 사람과는 더 이상 대화를 못하겠다'라는 생각도 하게 됩니다. 저는 그 기준을 '내 생각을 고집하는 정답러'와 '더 좋은 아이디어를 고민하는 더베러_The better_'라고 생각합니다.

정답러와 더베러의 차이는 목적에 있습니다

정답러의 목적은 '내가 다른 사람들보다 뛰어나다는 것을 증명하는 것'입니다. 그래서 자신의 생각을 관철시키는 것을 중요하게 여기죠. 리더가 정답러일 때 구성원들이 자신과 다른 의견, 제안을 낼 경우 어떤 행동을 할까요? 가장 흔한 반응은 '자신과 다른 의견과 생각을 잘못된 것이라고 질책하는 것'입니다. 이 과정에서 구성원들은 존중받지 못하고, 자신의 역량을 사용하지 못하게 되죠.

반대로 더베러의 목적은 '공동의 목표를 달성하는 것'입니다. 더베러의 리더들이 무조건적으로 구성원의 의견을 들어주는 것은 아닙니다. 하지만 자신의 생각이나 경험과 다르더라도 구성원의 의견이 팀과 조직의 목표를 달성하는 데 더 맞다고 생각이 들면, 자신의 생각을 접을 수 있을 뿐이죠.

리더가 자신이 모르는 것을 인정할 수 있어야 합니다

많은 사람이 리더는 모든 것을 알아야 하고, 모든 분야에서 구성원들보다 뛰어나야 한다고 생각합니다. 만약 최고가 리더가 된다면 리더와 구성원의 관계는 어떤 모습일까요? 그것은 팀이 아니라, 경쟁 관계가 될 뿐입니다. 리더와 구성원이 경쟁을 하는 사이인데, 리더가 구성원을 성장시키고, 성공을 도와줄 필요가 있을까요?

리더가 조직에 있는 이유는 다양합니다. 그중에서 저는 '공동의 목적을 달성하는 것'과 '구성원의 성장과 성공을 돕는 것'이 가장 중요하다고 이야기하죠.

리더는 가장 뛰어난 사람이 아닙니다. 리더는 팀과 조직이 가지고 있는 공동의 목적을 달성하는 데 가장 탁월한 역량을 가진 사람이고, 함께하는 구성원들을 성장시키고 그들의 성공을 돕는 사람입니다. 전문성이 있다면 더 잘할 수 있겠죠. 하지만 전문성이 전부는 아니라는 의미입니다. 나이와 경력, 성별과 출신이 리더와 비례하지 않는다고 생각하시면 좋을 것 같습니다. 그래서 리더가 가져야 하는 가장 중요한 관점은 '내가 최고가 아니다' '내가 정답이 아니다'입니다. 내가 모르는 것이 있고, 내 경험이 정답이 아닐 수 있다는 생각과 나보다 구성원들이 더 잘할 수 있다는 신뢰와 믿음으로 세워져야 합니다.

실패를 인정해주는 문화가 필요합니다

이 시대를 살아가는 새로운 리더십을 위해서 필요한 것이 바로 '실패를 인정하는 문화'입니다. 우리는 대기업이 실패하게 되면 어떤 반응을 보이나요? 내부에서도 총질이 시작되고, 고객들도 강력하게 반응합니다. 아니, 고객이라기보다는 언론과 일부 강성 고객들의 반응일 수 있겠죠. 반대로 스타트업이 실패하게 되면 어떤 모습을 보이나요? '그럴 수 있지'라는 반응을 보이지 않나요? '아직 성장하는 중이니까, 이제 시작한 기업이니까'라며 실패를 학습하고 성장할 수 있는 기회를 주는 사회의 모습을 자주 보게 됩니다.

큰 기업은 당연히 조금 더 안정성을 가지고 있어야 합니다. 하지만 그 큰 조직에서도 고객의 접점에서 일하는 사람들은 스타트업 크기의 작은 조직일 뿐입니다. 그 작은 조직에서 다양한 도전을 하기 위해서는 실패를 인정하는 내부와 외부의 문화가 필요하다고 생각합니다. 그래야 리더가 안전감을 가지고 도전하고, 실패를 드러내고 피드백을 통해 학습할 수 있게 되거든요.

피드백과 실패를 학습하는 문화가 필요합니다

무조건적으로 실패를 조장하자는 의미가 아닙니다. 하지만 실패하지 않는 성공이 없듯이, 실패는 우리가 비즈니스를 하는 과정에서 필수조건일 수밖에는 없습니다. 실패하지 않는 것이 아니라, 실패를 빠르게 인정하고 피드백과 학습을 통해 성장하는 것이 필요한 것이죠. 한 기업은 성공 사례뿐만 아니라, 더 높은 레벨로 실패 사례를 정리하고 전 조직에 공유합니다. 이유는 성공 사례보다 실패 사례를 통해서 더 큰 학습을 할 수 있기 때문이죠. 저 또한 그런 기업들에서 배우며 성장했습니다. 그래서 강연을 하든, 코칭을 하든 실패를 자주 접할 때에도 '좌절하거나 두려워하기보다 다음에는 ○○○으로 수정하면 더 나아지겠다'라고 생각할 수 있게 되었습니다. 그리고 그 생각이 피드백을 두려워하지 않고, 실패를 노출하는 것을 조금은 편하게 생각할 수 있게 되었거든요.

세상에 완벽한 것은 없습니다. 우리는 완벽함을 마주하지 못하게 된다는 의미입니다. 지금 사용하고 있는 제품과 서비스 모두가 그렇고, 내가 알고 있는 지식과 나의 경험 또한 완벽하지 않는 과정 중에 일부분일 뿐이죠. 우리가 해야 하는 것은 완벽함이 아닌, 지속적으로 성장할 수 있도록 끊임없이 피드백하고 공유하는 습관을 갖는 것뿐이라고 생각합니다.

 "NYT에 쓴 그때 그 칼럼, 제가 틀렸습니다" 대표 필진 8명 반성문

 폴 크루그먼 "인플레이션에 대해 나는 틀렸다"…뉴욕타임스에 반성 기고

<u>생각할 질문</u>

최근 어떤 피드백을 했었나요?

그 피드백을 통해 나의 생각과 행동 중 무엇이 달라졌나요?

리더가 바라봐야 하는 시간

우리는 수많은 리더를 경험하며 함께 생활합니다. 대통령과 국회의원, 시장과 도지사뿐만 아니라 직장에서 CEO와 팀 매니저 등 다양한 리더들이 있죠. 가정에도 있고, 학교에도 있습니다. 선생님과 부모님, 형제들이 나에게 영향을 끼치는 리더들입니다. 그런데 제가 경험했던 다양한 리더들은 모두 다른 시간을 바라보고 있었다는 것을 알게 되었습니다.

자신이 리더로 있는 시간안에 성공을 경험하고 싶은 리더도 있었고, 자신이 아닌 더 먼 미래의 모습을 그리고 있었던 리더도 있었습니다. 이 글을 읽어보며 내가 함께 일하고 있는 리더가 바라보는 시간을 한번 생각해봤으면 좋겠습니다. 그리고 내가 바라보는 시간도 한번 돌아보면 조금은 고민의 깊이가 깊어지는 시간이 되지 않을까 하는 생각이 드네요.

리더가 바라보는 단기적인 목표와
장기적인 비전의 차이

사이먼 시넥*Simon Sinek* (저서 인피니트 게임, 경영저술가)은 "이기는 게임의 목표는 1등, 최고, 숫자이지만 넷플릭스 드라마 〈오징어게임〉 의 세트장처럼 시야가 좁은 유한게임 세상에선 1등도 꼴등도 불안에 떤다. 성과는 찰나에 불과하고, 플레이어가 탈진할 때까지 경기는 살벌하게 계속되기 때문이다. 무한게임의 플레이어가 될 것인가? 유한게임의 플레이어가 될 것인가?"라고 질문합니다. 그리고 무한게임의 목표는 승리가 아니라 플레이의 지속이라는 메시지를 던집니다.

또 하나 기억나는 질문은 "유한게임 리더는 무한게임 리더를 이길 수 없나?"입니다. 이 질문에 사이먼은 질문이 틀렸고, 무한 리더는 유한 리더와 싸우지 않는다고 표현합니다. 그리고 유한 리더는 실적을 위해 무슨 행동이든 한다고 이야기하죠. 정리해고, 인수합병을 통한 외형 성장, 자사주 매입 등이 그것이고, 함께 일하는 직원들은 그 누구도 실적 앞에 안전하지 않다는 사실을 깨닫게 된다고 말이죠. 만약 실적만을 중요하게 여기는 리더와 함께하는 구성원들은 어떻게 행동하려 할까요? 저는 '실적을 내기 위해서 어떤 행동이라도 하지 않을까?' 하는 생각을 하게 되었습니다. 과거 폭스바겐에서 실적만을 중요하게 여기는 CEO로 인해 '디젤 게이트'라는 사건이 만들어졌던 것처럼 말이죠.

디젤 게이트는 당시 폭스바겐의 CEO가 주요 임원들에게 즉각적으로 실적을 내지 않으면 퇴사시키겠다고 압박하는 상황에서 임원들이 '실적을 위해 디젤 자동차의 매연 측정 시스템을 조작한 사건'입니다. 이 사건으로 인해 회사는 위기에 빠져 수천 명을 감원하고, 주요 임원들이 회사를 떠날 수밖에 없었죠.

반면 무한게임 리더는 승패가 아니라 시장 전체와 대의명분을 중요하게 생각합니다. 지난 10년간 매출이 10배 증가한 파타고니아의 CEO 로즈 마카리는 "지구를 되살리는 일을 했고 이를 통해 새로운 시장을 발견했고 수익도 증가했다"고 전합니다. 2006년 포드 자동차에 부임한 CEO 멀럴리는 경쟁자였던 GM과 크라이슬러를 위한 구제 금융에 찬성하며 "선의의 라이벌이 있어야 게임이 중단되지 않고 계속된다는 걸 알았기 때문"이라는 무한게임 리더의 행동들을 공유해주죠.

사이먼이 제안하는 무한 리더의 5가지 리더십입니다.

1) 가슴 뛰게 할 대의명분을 추구하라(미래의 방향을 제시하는 비전과 봉사 정신).

2) 신뢰하는 팀을 만들어라.

3) 선의의 라이벌을 항상 곁에 둬라.

4) 근본적 유연성을 가져라.

5) 선구자적 용기를 보여줘라.

문득 글을 읽다가 유한게임의 리더를 생각해보니 과거 경험했던 많은 리더의 행동들이 스쳐 지나갔습니다.

1) 자신의 임기 안에 성과와 결과물을 만들어내기 위해 급하게 의사결정을 한다.

2) 자신의 편에 선 사람들에게만 동의를 이끌어내고, 실행으로 옮긴다.

3) 고객 만족을 채우거나 불편을 해소하는 것이 아닌, 이익을 위한 의사결정을 한다.

4) 기업의 영속하는 성장이 아닌, 단기적인 목표 달성에 목적을 둔다.

5) 직원을 성장과 성공을 도와주는 동역자가 아닌, 목표를 달성하는 도구로 인식한다.

우리는 시간이 정해져 있는 유한한 삶을 살아가고 있습니다. 그래서 내 인생에서 성공을 이루기 위해 목표를 설정하죠. 1등을 추구하고, 최고가 되려고 노력하는 이유는 우리에게 주어진 시간이 정해져 있기 때문이라고 생각합니다. 위대한 기업들이 돈이 아닌, 사명과 목적을 위해 일했다면 위대한 리더도 자신의 성공이 아닌, 가치와 소명을 위해 일해야 하지 않을까요?

이를 위해 리더의 성장과 성공을 돕는 사람들이 필요하다고 생각합니다. 참 많은 리더를 봐왔지만, 자신의 의지만으로 무한게임의 리더로 변화하거나, 무한게임의 리더십을 지속하는 것이 그만큼 어렵기 때문이죠. 팀장의 팀장인 임원이 그런 리더십을 가지고 있다면, 임원의 팀장인 CEO가 무한게임의 리더십을 가지고 있다면 어떻게 될까요? 저는 팀장과 임원의 성장과 성공을 도와주는 리더가 조직 안에서 함께 일하며 서로의 성장을 도와줄 수 있다고 생각합니다. 그리고 팀장은 팀원의 성장과 성공을 돕는 리더가 되겠죠.

리더가 자신이 아닌, 자신의 팀원을 위해 일할 때 조직은 변화하게 됩니다. 그리고 그런 리더가 많아질수록 조직의 문화는 변화하게 되죠. 그래서 가장 중요한 리더는 CEO이고, 임원입니다. 내가 바라보는 시간은 어디인가요? 지금일까요, 아니면 미래일까요? 하수는 과거에 머물고, 중수는 현재를 즐기고, 고수는 미래를 바꾸기 위해서 살아간다는 생각이 드네요.

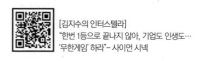
[김지수의 인터스텔라]
"한번 1등으로 끝나지 않아, 기업도 인생도…
'무한게임' 하라"– 사이먼 시넥

생각할 질문

내 생각은 과거와 현재, 그리고 미래 중에 어디에 더 많은 시간을 두고 있나요?

3장

팔로워를 위한
HR Insight

나의 역할은
무엇인가?

일을 하면서 가장 중요한 것은 우리 팀, 회사라는 조직의 목표를 달성하기 위해 구성원들이 자신의 역할을 어떻게 정의하고, 자신의 일하는 방식을 팀의 목표를 달성하기 위해 어떻게 실행할 것인지를 정하는 것입니다. 그에 따라 일을 대하는 태도, 일의 영향이 달라지기 때문이죠.

개인적으로 함께하고 싶은 동료들은 자신의 일이 동료와 회사, 팀에 어떤 영향을 주는지 알고 있는 사람들이고, 자신의 일에 가치를 부여하는 사람들이었거든요.

CEO, 리더, 팀장, 그리고 팀원, 이들을 나누는 것은 직급과 직책, 경험과 지식, 나이와 성별이 아닙니다. 그저 조직 안에서 하나의 목표를 이루기 위해 각자가 맡아서 해야 하는 과업이 다를 뿐입니다. 과업에 대해서는 팀의 'One mission', 그리고 그 미션을 이루기 위해 개인들이 가져야 하는 'Own task'라고 이야기하고 싶습니다. 하나의 목표를 달성하기 위해 우리는 다양한 관점에서 일하고 있다고 말이죠.

마이클 콜린스는 달 착륙선의 모함을 운전하는 사람이었습니다. 닐 암스트롱과 버즈 올드린이 달에 착륙해서 스포트라이트를 받을 때나 지금도 우리의 기억 속에도 남아 있지 않은 분이죠. 하지만 이들이 달에 발을 내디딜 때 그는 사령선에 혼자 남아 관제센터와 교신하고 착륙 업무를 도왔고, 모선을 몰며 홀로 21시간 넘게 달 궤도를 돌아 '역사상 가장 외로운 남자'로 불리기도 했습니다.

하지만 콜린스 또한 그 누구도 가지지 못한 경험이 있습니다. 바로 세계 최초로 달의 뒷면을 본 유일한 사람이 되었고, 그는 '신과 자신만이 유일하게 달의 뒷면을 봤다'고 자부심을 가졌죠. 달을 방문한 사람들과 함께 지구로 돌아왔을 때 스포트라이트는 달에 발을 내디딘 사람들에게 집중되었지만, 그 미션을 수행한 사람들에서 콜린스를 빼고는 설명이 되지 않습니다. 지구에 있었던 모든 사람을 포함해서 함께 조직의 미션을 달성한 거죠. 조직의 미션은 그렇게 이루어집니다.

내가 하고 있는 일은 누구를 향하고 있나요? 그리고 누구의 과업을 도와주고 있나요? 내가 하고 있는 일이 사라지면 동료 중 누구에게 어떤 불편과 부정적인 이익이 돌아갈까요? 반대로 내가 있음으로 해서 내 주변 동료들은 무엇을 할 수 있나요? 어떤 과업에 집중할 수 있나요? 우리가 고민해야 하는 부분은 여기입니다. 내가 하고 있는 일이 어떤 의미를 가지고 있는지 이해하고, 어떤 영향을 끼치는지 이해하는 것 말이죠.

마지막으로 멋진 한마디를 공유합니다. 아니, 전달합니다.

"회사 미션에 충실하면 성장은 절로 이뤄진다."

달 못 밟은 외로운 남자,
홀연히 달나라로 떠나다

생각할 질문

내가 하고 있는 일은 어떤 가치를 가지고 있나요?

가치_{Value}, 조직문화는 내가 하고 있는 일의 의미와 영향을 이해하는 것에서부터 시작합니다

지금 무슨 일을 하고 계신가요? 그 일은 어떤 가치를 가지고 있나요? 한 홍보 담당자는 자신의 일을 '기사를 쓰고, 기자를 만나는 일'이라고 이야기합니다. 그런데 다른 담당자는 '회사의 브랜딩을 통해 회사의 가치를 올리는 일'이라고 이야기하더라고요. 전자는 자신의 일을 task(과업) 관점에서만 바라보았고, 후자는 자신의 일을 value(가치) 관점에서 바라보고 있었습니다. 전자는 '나' 관점에서, 후자는 '고객과 동료' 관점에서 일을 대하고 있었던 거죠. 자, 나의 일에 대해 한번 생각해보는 시간을 가져보면 좋겠습니다.

왜 지금 하고 있는 일인가요?
일의 의미와 영향을 찾아야 합니다

휴넷의 조사에 따르면 직장인 87.9%는 번아웃을 경험했다고 합니다. 저 또한 20년 동안 직장인이자 CEO로 일하면서 두 번의 번아웃을 경험했습니다. 한 번은 인정받고 잘나가던 조직에서 눈에 띄지 않는 과업을 맡게 되었을 때였죠. 이때는 그저 나에게 주어진 과업을 열심히 하다 보니, 일이 다시 즐거워지면서 번아웃을 벗어났습니다. 솔직히 그때는 번아웃인지도 몰랐지만요.

두 번째 번아웃은 조금 강력했습니다. 시니어가 되고, 5개 법인을 책임지는 HR Lead가 되었을 때였는데, 내가 생각하는 가치관과 회사의 의사결정 방향이 맞지 않았다는 것이 이유였습니다. 이때는 회사 안에서 번아웃을 벗어날 수 없었고, 16년 동안 다니던 회사를 퇴사하면서 극복할 수 있었습니다.

직급을 파괴하는 기업들이 많이 늘어나고 있습니다. 그런데 오해가 조금 있는 것 같습니다. 그것은 직급을 파괴하는 것이 꼭 젊은 세대만을 위한 것으로 이해하는 부분이죠. 직급이 파괴되면 조직에 있는 모든 구성원에게 큰 영향이 전달됩니다. 그중에서 긍정적 영향을 받는 사람이 있고, 부정적 영향을 받는 사람이 있죠.

긍정적 영향을 받는 직원

직급이 파괴된다는 의미는 '나이, 연차, 직급'보다 '실력'을 우선시하겠다는 의미입니다. 즉 실력 있는 인재와 실력을 지속해서 향상시키는 인재에게는 다른 이들보다 기회가 주어진다는 것입니다. 그리고 그 기회를 통해 의미 있는 성과를 증명해 낸다면 그 만큼 보상을 받을 수 있게 된다는 것이죠.

부정적 영향을 받는 직원

그런데 왜 기사의 내용처럼 '부장님의 자존심에 상처가 생길까요?' 이는 부장님뿐만이 아니라, 직급의 파괴를 통해 부정적 영향을 받는 직원은 '자신이 무슨 일을 해야 하는지 모르고 있는 직원'입니다. 이들은 자신에게 주어진 과업*task*만을 수행하는 직원이기도 합니다. 팀이나 회사, 동료들에게 긍정적 영향을 주는 사람이 아닌, 돈을 벌기 위해서 출근을 하고 있는 것이죠.

여러분은 지금 어떤 일을 하고 계신가요? 그리고 그 일의 의미와 영향을 어떻게 정의하고 계신가요? 제가 두 번의 번아웃을 극복했던 방법이 바로 여기에 있습니다. 첫 번째 번아웃을 극복했을 때, 아동복 영업 부서장이라는 직책을 맡고 있었습니다. 그전까지는 브랜드 매출을 달성하는 과업이라고 생각했는데, 재미있지 않더라고요. 그래서 매장 사장님들을 연봉 1억 원으로 만들어주는 사람이라고 정의를 내리고 일을 하기 시작했습니다. 사장님 돈을 벌게 해주는 부서장이었던 거죠.

두 번째 번아웃은 스타트업으로 이직해서 극복했습니다. 이때는 정말 감사하게도 제가 인생에서 일을 하는 이유와 목적을 증명하는 시간이 되었습니다. 이때 정리한 제 미션은 '나와 함께하는 사람들의 성장과 성공을 돕는 코치'였습니다. 회사에서는 직원들의 성장과 성공을 위해, 평일 저녁과 점심 시간에는 저를 만나고자 하는 사람들과 함께 시간을 가지며 그들의 성장과 성공을 위해서 제 시간과 지식, 경험을 공유했죠.

방성환 팀장님이 지금이 아닌, 대기업에서 근무할 때 은퇴를 얼마 남겨두지 않은 시니어 선배들의 다음 인생의 꿈을 위해 HR의 과업을 잡 크래프팅(주어진 업무를 스스로 변화시켜 의미 있게 만드는 일련의 활동)했었던 것과 비슷합니다. 회사에서 진행한 잡 크래프팅에 30년 이상 물류센터에서 근무했던 한 직원이 지원했습니다. 그런데 평소라면 보지 않았을 그 내용을 보기 시작했고, 한평생 회사를 위해 노력한 선배를 위해 회사에서도 도움을 주는 것 자체가 큰 의미가 있을 거라는 생각에 '자동화팀'으로 이동시켜 드렸다는 이야기였죠.

HR의 역할은 회사 안에서 직원의 성장을 돕는 것이 아니라, 회사에서 직원의 성장이 그 직원의 삶의 성장과 성공으로 연결될 수 있도록 기회를 만들어주는 것이거든요. 그리고 이어진 '시니어 대상 잡 포스팅'을 통해 많은 직원에게 더 많은 성장의 기회를 만들어주게 되었다는 후일담도 있었죠.

우리는 일을 떠나서 살 수 없습니다. 그런데 일은 언제나 즐겁다는 것 알고 계신가요? 만약 내가 하고 있는 일이 내 삶의 꿈을 이루는 일이 된다면, 내가 하고 있는 일이 내 주변에 있는 수많은 동료와 고객, 회사와 팀에 긍정적 영향을 주고 있다는 것을 알고 있다면 일은 곧 나의 즐거움이 됩니다. 직책은 내집을 받는 포지션이 아니라, 내가 하고 있는 일이 더 많은 사람에게 영향을 주고 있다는 것을 인증해주는 것입니다. 회사에 있는 모든 구성원이 '내가 하고 있는 일의 의미와 영향을 조금이라도 생각할 수 있다면 서로의 일을 더 존중하며 감사하는 모습을 보이지 않을까?' 하는 생각이 드네요.

나는 동료들에게 어떤 영향을 주고 있나요?

웨스트 교수가 이야기하는 직장에 있는 7가지 '못된 놈' 유형이 있습니다.

1) 강자에겐 약하고 약자에겐 강한 사람 *kiss up, kick downers*: 목

표는 어떤 수단과 방법을 사용해서라도 조직의 맨 꼭대기에 올라가려는 사람

2) **크레디트 스틸러**credit stealers: 동료의 아이디어와 성과를 훔쳐 자신의 것으로 포장

3) **불도저형**bulldozers: 경험 많고 인맥이 넓지만 의사결정 과정에서 자신의 의견이 관철되도록 주도하고, 자신의 상사를 힘없는 상사로 만듦

4) **프리 라이더**free riders: 아무것도 하지 않고 보상을 받는 사람

5) **마이크로 매니저**micromanagers: 인내심이 없는, 업무 관련 관리를 명목으로 개인의 시간을 **뺏는** 업무 감독관(저는 상황에 따라 마이크로 매니징도 좋은 리더십이 될 수 있다고 생각하지만요.)

6) **무관심한 상사**neglectful bosses: 오랜 시간 업무에 관심을 두지 않다가 불안감에 업무 과정을 심하게 컨트롤 하기 시작

7) **가스라이터**gaslighters: 조직 내 희생양들을 고립시키고 자신의 필요를 채워주는 '대체 현실'을 꿈꾸며 희생양들을 이용하는 것은 대처 방법이 되기도 합니다. 이는 같이 일하는 사람들과 강한 우정을 형성하라는 의미가 아니라, 각기 다른 부서에 있는 사람들끼리 서로 조언하는 관계를 뜻합니다.

지금은 리더의 역할 정의가 달라지고 있습니다. 과거에는 팀

장, 임원, CEO처럼 직책을 가진 구성원을 리더라고 불렀습니다. 그런데 요즘에는 직책자뿐만 아니라, '동료들에게 영향을 주는 모든 구성원'을 리더라고 부릅니다. 팀장도 팀원의 눈치를 보는 시대가 되었거든요. 이제는 리더십만 바꾼다고 조직이 바뀌지는 않습니다. 리더십을 구성원 모두가 학습해야 하고, 피드백을 구성원 모두가 이해하고 사용할 수 있어야 합니다. 조직문화 또한 CEO 혼자서 만드는 것이 아니라, 리더와 구성원 모두가 함께 고민하고 결정하고, 실행하면서 만들어가야 합니다. 조직은 리더 혼자서 이끌어갈 수 없거든요. 모두가 서로에게 영향을 주고 있다는 것을 인정하고, 함께 만들어가는 조직이 되는 모습을 꿈꿔봅니다.

 [뉴욕대 심리학 교수 인터뷰] 직장에 못된 놈 많은데…그들이 잘나간다고요?

 "나만 그런 게 아니었구나"… 직장인 10명 중 9명 끔찍한 이것 경험했다

 일의 의미를 찾는 방법, 잡크래프팅 직접 설계하기

생각할 질문

나의 말과 행동은 내 주변 동료들에게 어떤 영향을 주고 있나요? 내 동료들이 나를 어떤 동료로 기억하고 있을까요? 그 한 단어가 내가 해야 할 행동입니다.

나에게 핏 *Fit* 한
조직문화를 찾아야 합니다

조직문화에 정답은 없습니다. 그래서 우리에게 맞는 조직문화를 찾기 위해서는 다양한 문화와 사례, 그리고 사람들에 대해 관심을 가지고 학습해야 합니다. 조직문화가 중요한 이유는 나의 역량과 일하는 방식이 최대한의 퍼포먼스로 연결될 수 있도록 하기 위해서이죠. 핏 *Fit* 하지 않은 조직문화를 가진 기업에서 내가 일을 하게 된다면 내가 가진 역량의 30~40%도 사용하지 못하게 될 수 있거든요. 성장하기 위해서, 그리고 성공하기 위해서 지금부터 조직문화에 대해 한번 생각해보는 시간을 가져보면 좋겠습니다.

제가 기록한 글도 하나 있지만 스타트업 조직문화와 5개 기업의 문화를 소개한 6개의 아티클에서 찾은 기억에 남는 문장들을 가져와 봅니다.

• **당근마켓** 조직문화의 핵심은 "뛰어난 인재라면 어떤 환경을 좋아할까?"라는 질문이에요. 뛰어난 사람이 모이고, 환경이 더 그에 맞게 변해갈 수 있다면 당근마켓의 성장과 좋은 인재가 모이는 선순환을 만들 수 있을 거라고 생각했어요.

• **뛰어난 인재**는 무엇보다 '자율적인 환경에서 즐겁게 일하는 문화를 좋아한다'고 판단해요. 각 분야 인재들을 모아 놓았으니, 이분들이 솔직하고 뜨겁게 논쟁하면서 내놓는 결과물이 무엇보다도 뛰어나리란 걸 저희는 알고 있거든요. 그래서 당근마켓은 모든 정보를 공개하고 일의 맥락을 공유하는 걸 매우 중시하고, 우리가 함께 같은 곳을 바라보고 있다는 신뢰를 바탕으로 한 적극적인 충돌을 권장하고 강조해요.

• **재택근무**는 구성원에게 휴식을 부여하는 제도가 아니다. '어떻게 하면 가장 효율적으로 일할 수 있을까', '고성과를 낼 수 있을까'라는 고민에서 시작된 하나의 솔루션이다. 대면 상황에서의 업무 효율을 높일 수 있는 다양한 업무 툴을 능숙하게 활용할 수 있도록 사전에 철저히 교육해야 함도 빼놓을 수 없겠다. IT 기술에 익숙하지 않은 기성세대들이라 할지라도 세상의 속도에 맞춰 의식적으로 변

화해야 함을 주문하고 싶다.

· **다른 기업의 제도**를 무작정 그대로 따라 하는 것 또한 매우 위험한 접근 방법이다. 다른 기업의 제도 가운데 우리 조직이 허용할 수 있는 제도가 무엇인지, 즉 우리 조직문화가 수용할 수 있는지 여부를 파악하는 것도 중요한 과제다. 조직의 성격과 전혀 맞지 않는 제도를 섣불리 도입했다가 안 하느니만 못한 상황이 일어날 수 있다.

· Culture Evangelist 쉽게 조직문화 담당자라고 보시면 돼요. 토스팀의 승리 전략인 문화를 지속 강화해 결과적으로 팀의 비즈니스적인 성공을 만들 수 있도록 돕는 비즈니스 파트너 역할을 하고 있습니다.

· 현재 저희 팀에서 생각하는 **최고의 인재**는 자율과 책임의 원칙을 스스로 체득한 분들이에요. 누가 시키지 않아도 팀에 필요한 일을 찾고, 이 일을 성공할 때까지 끊임없이 시도하면서 결국 팀으로 함께 성과를 만들어낼 수 있는 분들입니다. 토스팀이 이런 인재를 확보하려는 이유는 결국 생존을 위해서였어요.

• **토스**는 문화 적합성을 굉장히 중요하게 생각해요. 그렇기 때문에 토스팀에 조인하신 분들은 모두 문화 적합성 인터뷰를 보게 됩니다. 토스팀의 일하는 방식을 문화라고 하는데 이러한 문화 기조가 지켜지기 위해서는 저희의 문화적 지향점에 개인적으로도 얼라인되어 있는 분들을 모셔야 더욱 강력하게 작동할 수 있다고 믿기 때문이에요. 앞에서 말씀드렸던 것처럼, 누가 시키는 일이 아니라 스스로 필요한 일을 찾고 이 일을 주도적으로 실행하고 만들어가실 수 있는 분, 그리고 팀에 필요한 어쩌면 꺼내기 불편한 말을 수면 위로 꺼내고 이 문제를 해결할 수 있는 방법을 함께 찾아가는 분인지를 문화 인터뷰를 통해 확인합니다.

• **조직문화의 개념**은 매우 포괄적이지만, 야놀자가 정의하고 있는 조직문화의 방향과 핵심은 심플하다. 야놀자에 핏한 훌륭한 인재들을 선별하고, 이들이 매일 소통하며 일하는 작은 단위의 업무 방식을 통해 일터에서의 상호 성장을 돕는 것이다. 그래서 조직문화를 위해 추구하는 핵심적 가이드는 비전과 미션에 대한 동기화*synchronization*와 이를 통해 각 조직과 팀 단위로 수립하는 OKR, 그것이 긴밀하게 연결된 야놀자인의 OKR이 수립되고 이 모든 과정이 유기적으로 계획되어 실행하는 과정에서 건강한 피드백을 주고

받는 과정을 제도화하는 것이었다.

• **IT업계 인재 확보 경쟁**이 심화, 지속되면서 많은 기업
이 좋은 복지, 좋은 조직문화, 좋은 동료 등 각종 좋은 것
들을 내세우며 훌륭한 분을 모시고자 다방면에서 심혈을
기울이고 있다. 우아한형제들은 물론 다니기 좋은 회사이
지만, 더 적절하게 표현하자면 '일하기 좋은 회사'다. 여러
제도는 구성원들이 몰입해서 일을 더 신나게 잘할 수 있도
록 도와주는 요소들이다. 우아한형제들의 본질적인 진짜
문화는 '일하는 문화'에서 비롯된다. 문화는 만드는 것이
아니라 '만들어지는 것'이라고 하는 것처럼, 11가지 방법
을 따라 구성원 각자가 일하는 방식과 태도들이 우아한형
제들에서 경험할 수 있는 진짜 문화로 거듭나고 있다.

• **우아한형제들**에게 회사란 '평범한 사람들이 모여 비범한
성과를 만드는 곳'이라고 말한다. 말콤 글래드웰의 《1만 시
간의 법칙》처럼 꾸준한 노력을 할 줄 아는 평범한 사람들이
모여 노력을 통해 성장하고 전문성을 발휘하고 성과를 만
들어가고 있다고 할 수 있다. "하면 되죠." "괜찮아요. 할 수
있어요. 너무 걱정하지 마." "해봅시다. 그럼 이것도 같이
하면 더 좋겠는데요?"

서로 다른 회사의 조직문화를 비교하는 것은 불가능합니다. 이유는 환경과 사람 그리고 업종이 다르기 때문이죠. 그래서 조직문화는 조직 간에 비교하는 것이 아니라, 내 가치관과 비교해야합니다. '나와 잘 맞는 fit인가, 아니면 나와 잘 맞지 않는 non-fit인가?'에 대해서 말이죠.

이 내용을 공유하고 한 번은 이런 댓글을 받았습니다. '지인들이 ○○회사에 좀 있는데 좋은 조직문화 사례로 언급되기에는 안타까운 점이 많아 보이더라고요. 거의 군대라고 할 정도로 보기 안쓰러운 수준입니다. 규모가 대기업화되어 있는 현재에도 스타트업 시기에 굳어진 top-down식 single channel communication과 업무수행 방식이 여전하다고 하네요. 언제까지 working할지 지켜보는 재미가 있습니다'라고요.

이 댓글에 저는 이런 답을 공유했습니다. '사람마다 조직문화에 대한 기준과 판단이 다르더라고요. 저도 ○○님의 의견에 동의하지만 반대로 그 문화를 좋아하는 사람도 있더라고요.'

솔직히 댓글을 단 분의 의견처럼 저도 이 기업을 군대식 소통을 하는 문화라고 생각하고 있었습니다. 단 하나, 성과를 내야 하는 상황에 처해 있기 때문이죠. 그런데 이런 문화를 선호하는 사람도 있다는 것이 조직문화의 어려움입니다. 그래서 저는 '나와 맞는 문화, 나와 맞지 않는 문화'라고 이야기합니다.

나와 맞는 문화는 '내가 일하고자 하는 동기를 끌어 올려주고, 내가 가진 잠재력과 역량을 최대한으로 업무에 사용할 수 있도록 돕는 문화'입니다. 가치관이 비슷한 동료들이 있고, 일하는 방식과 소통도 그와 비슷하거든요. 반대로 나와 맞지 않는 문화는 '내가 맞지 않는 동료와 리더, 일하는 방식 때문에 내가 일에 몰입하는 것을 방해하면서 역량의 50%도 사용하지 못하게 만들어버리죠.'

조직문화는 살아 있습니다. 그래서 매일 내가 속한 조직문화를 돌아보며 그 안에서 내가 가진 역량을 어떻게 활용할 수 있을지를 생각해보는 시간을 가져야 합니다. 나의 성장과 성공에 가장 큰 영향을 주는 시간이 될 테니까요.

스타트업 조직문화 (원티드) 1~6화

 [1화] 스타트업 단계별 조직문화, '와, 이러고도 회사가 굴러가요?' (백종화)

 [2화] 당근마켓이 일하는 방식, 나보다 뛰어난 동료와 일하는 재미가 있는 곳 (강구열)

 [3화] 성장하는 조직문화, 야놀자! 글로벌 야놀자를 향해, 조직문화의 코어 근육을 단련하다. (최예은)

 [4화] 토스에서 일 잘한다는 의미, 문화 토스가 가장 지키고 싶어 하는 것 (김태현)

 [5화] 우아한 형제들의 일하는 문화, 다니기 좋은 회사보단, 일하기 좋은 회사 (곽지아)

 [6화] 쿠팡이 재택근무 하는 방법, 쿠팡, 셀프디자인 기반의 자율 근무 문화 (김민석)

내가 다니고 싶은 회사는 어디인가요?

정말 정답이 없는 질문을 한번 해볼게요. "어떤 회사를 다니고 싶어요?" 이 질문에 대한 답은 없습니다. 사람마다 다르거든요. 누군가는 연봉을 많이 주는 회사에 다니고 싶어 합니다. 또 다른 누군가는 '내가 하고 싶은 일을 할 수 있는 기회를 주는 회사'이죠. 또 일과 삶을 명확하게 구분해서 삶을 누릴 수 있는 회사를 선호하는 사람도 있고, 나를 편안하게 해주는 동료가 있는 회사를 선호할 수도 있습니다. 제가 생각하는 다니고 싶은 회사의 4가지 특징을 설명해보겠습니다.

1) 비전과 미션이 살아 있는 기업인가?

제 첫 직장은 이랜드였습니다. 그곳에서 배운 성과 습관, 일을 대하는 태도, 동료들과의 관계 그리고 가치관들이 지금의 저를 만들어주었죠. 비전과 미션이 있다는 말보다 더 중요한 것은 그 비전과 미션이 살아 있어야 한다는 것입니다. CEO부터 리더, 팔로워 모두가 자신의 행동과 의사결정에 반영하고 있다는 의미입니다. 그리고 그 비전과 미션에 동의하는 구성원들을 선발하고 그들이 리더가 된다는 의미이죠.

또 하나, 비전과 미션이 살아 있다는 말은 회사 외부적으로도, 내부 구성원들에게도 동일한 의미를 전달하고 있다는 것입니다. 그만큼 자신 있는 내용이어야 할 수 있다는 의미이죠.

- 우리 회사는 어떤 비전과 미션이 있나요?
비전과 미션에 좋고 나쁨은 없습니다. 단지, '내가 중요하게 여기는 가치관과 비슷한가?'로만 판단할 수 있겠죠.
- 그리고 그 비전과 미션을 구성원 모두가 알고 실행하고 있나요?
- 또 외부 고객과 시장에 우리 회사를 알릴 때 '어떤 비전과 미션을 가지고 있는지'를 자랑하는 회사인가요?

이 질문에 답변해볼 수 있어야 합니다.

2) 피드백하는 리더가 있는가?

심리적 안전감이라고 부르는 조직문화가 있습니다. '업무와 관련해서 그 어떤 말을 해도 벌을 받거나 보복당하지 않을 거라는 믿음'이 있는 조직의 문화를 일컫는 말이죠. 그런데 우리는 '우리 회사는 심리적 안전감이 있어'라는 말보다 '우리 팀에는 심리적 안전감이 있어'라는 말을 더 자주 합니다. 이유는 회사와 일을 하는 것이 아니라, 나의 매니저와 동료들과 함께하기 때문이죠. 물론 타 부서와 협업할 때는 회사의 문화가 되겠지만 말입니다.

심리적 안전감을 말할 때 중요한 것은 내가 하고 있는 일의 영향과 의미, 회사와 팀의 목적과 체계, 전략에 대한 이해와 함께 협업하고 서로의 성장과 성공을 돕는 탁월한 동료들이 있을 때 가능합니다. 그런데 우리 팀에서 심리적 안전감에 가장 큰 영향력을 주는 것은 것은 바로 '리더'이죠. 그럼 어떤 리더가 팀에 심리적 안전감을 줄 수 있을까요?

한 가지만 이야기한다면 '피드백을 자유롭게 사용하는 리더'라고 말하고 싶습니다. 피드백을 사용한다는 말은 '완벽하지 않다는 것을 인정하는 것'입니다. 즉 내가 잘하는 것도 있지만, 더 개선해야 하는 것도 있다는 것을 인정하는 것이죠. 그래서 피드백을 사용하는 리더는 자신과 함께 팀 구성원들의 성장도 이끌어갈 수 있습니다.

특히, 스스로 피드백을 하는 리더, 팀원들의 피드백을 듣고 자신의 행동을 변화시키려고 노력하는 리더가 있을 때 더 강력한 힘을 받게 됩니다. 피드백을 주기도 하고 받기도 하는 리더의 강점은 '지속해서 학습하며 구성원들의 다양한 강점과 의견을 듣는다는' 것입니다.

3) '고맙다, 미안하다'는 말을 해주는 동료가 있나요?

'고마워'라는 말을 하는 동료들이 많은 조직에서는 어떤 감정을 느끼게 될까요? '내가 이 조직에서 중요한 사람이구나, 내가 하고 있는 일이 가치 있는 일이구나'라는 감정을 느끼지 않을까요? 반대로 조직 안에서 리더와 동료에게 단 한 번도 '고마워'라는 말을 들어본 적이 없다면 어떤 마음이 들까요? 내가 하고 있는 일이 가치 있는 일이라고 생각할까요? 반대로 나는 동료들에게 중요한 사람일까요? 내가 만약 내일부터 회사에 나오지 않는다고 한다면 동료들은 어떻게 생각하게 될까요? '미안해'라는 말 또한 비슷합니다. 소중하지 않은 사람에게 미안하다는 사과를 할 사람은 없습니다. 후배나 팀원에게도 동일하죠.

내 일의 가치를 알아주는 사람들, 내가 중요한 사람이라는 것을 인정해주는 사람들이 나에게 '고마워, 미안해'라는 표현을 해주는 사람들입니다. 그리고 우리는 그런 사람들과 함께 일할 때 조금 더 '일이 즐겁고, 일에 몰입'할 수 있게 되죠.

4) 나의 성장과 성공을 돕는 시스템이 있나요?

마지막은 '시스템'입니다. 시스템이 필요한 이유는 바로 '지속성과 통일성' 때문입니다. 한 기업은 탁월한 리더를 평가하는 기준이 성과로만 구성되어 있었습니다. 그 기업은 리더들이 팀원들의 성장에 관심을 가질 필요가 없었고, 오로지 성과를 내는 팀원만이 인정받는 기업이 되었습니다. 실제 팀원들이 리더보다 더 큰 성과를 내게 되면 리더가 교체되기도 했죠. 이럴 때 리더가 팀원을 자신보다 더 탁월한 성과를 내도록 도울까요? 아니면 적당하게 성과를 내며 그늘의 성과를 리더의 성과로 포장하려고 할까요?

또 다른 기업은 리더를 평가하는 기준을 2가지로 가져가기 시작했습니다. 하나는 위의 기업과 동일하게 성과였습니다. 그런데 성과와 동등한 비중을 가진 또 다른 기준이 있었는데, 그것은 '구성원들의 성장'이었죠. 이 기업은 성과가 좋더라도 구성원들이 성장하지 못하면 리더는 중간 정도의 평가만을 받게 되었습니다. 오히려 성과는 비슷하지만, 구성원들의 성장이 눈에 띌 정도가 되면 더 높은 평가를 받게 되었죠. 성과가 탁월할 때 받을 수 있는 최대 등급은 A였지만, S를 받기 위해서는 구성원들이 성장을 증명해야 했습니다.

이 기업이 가진 가치관 중 하나는 '구성원들이 성장해야 회사의 다음 성장이 이어진다'라는 것이었습니다. 지금 당장의 성과도 중요합니다. 하지만 성과와 함께 성장에도 관심을 가져달라는 메시지가 포함된 회사의 시스템이 있었기 때문이죠.

최근에는 많은 기업에서 원온원을 하려고 노력합니다. 심지어 최근에는 지자체와 의학계에서도 연락이 자주 옵니다. 이유는 요즘 시대에 필요한 리더십 중 하나로 원온원을 고민하고 있기 때문입니다. '팀원과 동료의 성장과 성공을 돕는 리더십' 때문이죠.

 [김인수 기자의 사람이니까 경영이다]기업의 존재 이유(미션)로 신세대 직원의 소속감을 창조해야

 [팀스파르타 코드북] 코딩 교육 스타트업 신입사원이 입사 첫날 받는 문서

 심리적 안전감_ 한글자막 _ Building a psychologically safe workplace Amy Edmondson Korean

 [박진영의 사회심리학] '고맙다'는 말은 '마법' 같다

 동료평가, 선후배 평가에서 '상처받지 않는 방법'(권민석 레몬베이스 대표)

생각할 질문

우리 회사에서 중요하게 여기는 시스템은 무엇이 있을까요? 우리 회사의 비전과 미션을 실행하도록 돕는 시스템과 리더는 얼마나 있나요? 그리고 동료들은 이러한 비전과 문화, 리더십과 시스템에 동의하고 함께 행동으로 옮기고 있나요? 제가 가고 싶은 기업은 이런 기업입니다. 완벽하게 준비되지 않

앉지만, 이러한 관점을 가지고 있는 사람들이 많은 기업 말이죠.

쓴소리를 할 수 있어야 하고,
쓴소리를 들을 수 있어야 합니다

성장이 멈출 때가 있습니다. 아니, 성장이 퇴보할 때가 있죠. 그때는 바로 자신과 다른 의견, 생각, 관점을 접하지 못할 때입니다. 우리는 이때를 '피터의 법칙'에 빠졌다고 말합니다. 피터의 법칙은 '조직에서 구성원은 무능함이 드러날 때까지 승진한다'라는 의미를 가지고 있죠.

우리는 성장과 승진, 성장과 직책을 혼돈하는 경우가 자주 있습니다. 그런데 성장이라는 말은 그렇게 어려운 의미를 가지고 있지 않습니다.

1) 기존과는 다른 생각을 하고,

2) 이를 바탕으로 새로운 것을 학습/훈련하고,

3) 기존과는 다른 행동을 하고,

4) 이 행동이 반복되면서 생산성이 올라갈 때

이때를 우리는 성장했다고 이야기합니다.

가장 전제가 되는 것이 바로 '다른 생각, 다른 관점, 다른 의견'을 듣는 것이죠. CEO가 주변에 YES 맨만 남게 될 때 무너지는 이유가 바로 여기에 있습니다. CEO의 생각에 반기를 들거나, 다른 의견을 제시하지 않는 사람들로 인해 생각의 크기가 더 커지지 않는 것이죠. 자신이 생각하고 있는 것이 정답이라고 믿을 수밖에 없거든요.

삼성에는 그런 쓴소리를 해주던 직원이 있었다고 합니다. 고故 이종왕 전 삼성전자 법률고문이 그분이셨고요. 〈조선경제〉에서 발행한 2022년 3월 15일자 기사에서는 그분을 이렇게 표현합니다.

술을 한 방울도 하지 못하는 그는 사건 처리에 있어서는 철저한 원칙주의자로 유명했지만, 후배 검사들이 큰 어려움을 겪을 때는 따로 불러 밥도 사주고 격려해주는 등 마음도 따뜻한 검사였고, 삼성을 떠난 뒤에도 조직을 위한 조언은 아끼지 않았다. 특히 이건희 회장을 비롯한 삼성 일가에게 쉽게 할 수 없는 쓴소리를 하는 유일한 사람이라는 평가를 받고 있다. 김용철 특검 당시, 삼성그룹이 쇄신책을 논의할 때 이건희 회장이 경영 일선에서 퇴진해야 한다고 이야기를 꺼낸 사람도 이 전 고문이었다. 그는 "폭풍우가 몰아치는 상황에서 배와 사람을 구하기 위해서는 필요하지 않은 짐들은 다 바다에 던져야 한다. 회장직을 내려놓으셔야 한다"고 조언한 것으로 알려졌다. 당시 이재용 전무에게도 직책을 다 내려놓고 백의종군하라고 이야기한 사람도 이 전 고문이다. 삼성 소식에 정통한 한 재계인사는 "이 전 고문은 누구도 할 수 없는, 그러나 꼭 해야 하는 말을 이건희 회장에게 유일하게 할 수 있는 사람이었다"고 말했다.

반대 의견, 다른 의견을 듣는 것은 힘이 듭니다. 설득하는데 시간이 오래 걸리고, 감정 싸움으로 번지기도 하거든요. 그런데 반대 의견을 가진 사람을 논리적으로 설득할 수 있다면 내 생각이 조금 더 정교해지는 것을 알게 됩니다. 더 분석적이고, 더 고객 중심적이 되거든요. 반대로 내 의견이 아닌, 상대방의 의견이 더 좋다면 그의 의견을 따르는 것도 우리 조직에 도움이 됩니다. 나보다 더 나은 의견이기 때문에 더 나은 결과가 나올 확률이 올라가니까요.

그래서 나의 성장과 조직의 성공을 위해 지금부터 우리가 노력해야 하는 것은 바로 '대화*conversation*'입니다. 직급, 나이, 경력을 떼고 그저 너와 나의 생각을 놓고 이야기하는 것이죠. 목적은 단 하나, 지금 우리 앞에 놓인 문제를 해결하기 위해 더 좋은 의사결정을 하고, 그로 인해 우리 조직을 위해 더 나은 영향을 주는 것입니다.

 이재용 부회장, 故 이종왕 고문 빈소에서 오열한 사연

 [JTBC 220314 방송] ♨핫클립♨ 덤덤하게 전하는 포근한 목소리 나문희의 '나의 옛날 이야기'

생각할 질문

나는 반대 의견을 듣고 있나요? 나는 반대 의견을 내고 있나요? 반대파가 있을 때 우리는 성장할 수 있습니다.

사람을 변화시키는 조직 문화

올해로 횟수로 20년 차 비즈니스를 하는 사람이 되었습니다. 이 기간 동안 참 많은 기업과 리더를 봐왔는데요. 정말 다양한 가치관과 성격, 그리고 행동들을 하는 분들이 많이 계시더라고요. 그중에서 제가 좋아하는 분들의 특징들을 보면 '사람을 중요하게 여긴다', '학습하고 피드백을 중요하게 여긴다', '자신 또한 동일한 기준과 원칙에서 행동한다'라는 공통적인 특징들이 있었습니다. 또 이런 리더들 주변에는 비슷한 가치관과 행동을 하는 동료들이 있었고, 그렇게 하나의 조직문화가 만들어지게 되더라고요.

만약 '이랜드가 아닌, 다른 기업에서 직장생활을 시작했다면 어떻게 됐을까?' 이 주제로 이랜드를 나온 후배들과 함께 이야기를 나눴던 적이 있었습니다. 그리고 저와 후배들은 같은 결론을 내렸습니다. "아마 지금의 모습이 아닌, 전혀 다른 내가 되어 있었을 거예요"라고 말이죠. 아직 이랜드라는 기업에 다니고 있는 후배도 있었고, 저처럼 이랜드를 나와 다른 회사를 다니거나 자신의 기업을 운영하고 있는 후배도 있었지만, 결론은 동일했습니다. 후배들도 저와 같이 처음 경험한 기업에서 '조직문화가 구성원을 어떻게 변화시키는지?'를 경험하게 되었던 것이죠. 제 성격을 대입해봤을 때, 아마 이랜드가 아닌 다른 기업에서 직장인으로 첫발을 내디뎠다면 저는 '지금보다는 조금 덜 성장하려고 하는 사람이 되어 있지 않았을까?' 라고 생각합니다.

이랜드의 '학습' 문화

이번에는 제 이야기가 아닌, 다른 이랜더(이랜드 직원을 부르는 호칭)의 경험을 공유해보려고 합니다. 이랜드 전략기획실 경험을 하고 데일리 호텔, 우아한형제들 등을 거쳐 Learnus' High의 CEO로 있는 임진환 님은 이랜드를 학습 조직문화를 가진 기업이라고 기억하며 3가지를 공유해주었습니다.

1) 구성원의 커리어에 진심
커리어의 핵심은 개인의 꿈과 미래입니다. 그리고 그 안에서 방법을 찾을 때 중요하게 여기는 것은 바로 개인이 가지고 있는 고유한 '강점'이죠. 그리고 이것은 리더와의 대화뿐만이 아니라, 옆에 있는 동료와의 대화에서도 찾을 수 있었습니다.

2) 피드백에 진심
AAR*After Action Review*이라는 피드백 프로세스를 중요하게 여깁니다. 특히, 신입 입문 과정 3개월 동안에는 매일 본깨적(오늘 본 것,

깨달은 것, 적용할 것)을 기록하고 옆의 동료들과 토론을 하는 루틴을
가질 수 있는 과정이 설계되어 있죠. 중요한 것은 내가 잘했던
것뿐만이 아니라, 내가 부족한 것과 내가 몰랐던 것이 무엇이
었는지를 스스로 찾고, 공유하는 것입니다. 이때는 부끄러움이
찾아오게 되는데, 매일매일을 반복하다 보면 어느 순간 '동료
로부터 피드백을 받는 것'이 익숙해지죠. 그리고 이랜드 피드
백에서 가장 중요한 핵심은 바로 '실행으로 연결한다'는 것입니
다. 피드백 또한 학습의 하나이고, 이 과정에서 내가 적용할 것
한 가지를 찾는 것이 핵심입니다.

3) 자신의 노하우를 공유해야 하는 회사

가장 독특한 문화는 과장 이상으로 승진하기 위해서는 최소
한 1명 이상의 후배에게 내 지식과 경험의 80% 이상 전수해야
한다는 것입니다. 지금도 남아 있는 문화인지는 모르겠지만,
이 문화를 통해서 구성원들은 자신의 지식과 경험을 정리하며
콘텐츠화하기 시작했고, 누군가가 매칭이 되면 그 후배와 함께
매주 특정 시간에 만나 6개월 이상 학습해야 했습니다.

이렇게 여러 명의 후배, 선배들을 만나 그들의 지식과 경험
을 학습하다 보면 일상에서 내가 해결하지 못하는 문제가 발생
했을 때 '바로 연락해서 멘토링과 코칭을 받을 수 있는 선배'가
여럿 생기게 되죠. 지난 일주일 동안에만 해도 이미 5년 전에

퇴사한 제가 만난 이랜드 후배가 3명이었다는 것만 봐도 이 문화가 어떤 영향력을 주는지를 알 수 있습니다.

해빗 팩토리의 '회고' 문화

"가장 좋았던 점은 동료들 간의 '배려와 칭찬'이었습니다. 해빗 팩토리는 서로를 존중하고 배려할 줄 아는 문화를 가지고 있기 때문에 프로젝트를 진행할 때마다 항상 더 큰 시너지와 동기부여를 받을 수 있습니다. 서로를 배려하기 때문에 의견이 다르더라도 다른 사람의 의견에 경청합니다. 그래서 더 좋은 솔루션이 나왔고, 칭찬을 통해 성취감과 더 일을 잘하고 싶다는 동기부여를 많이 주고받았습니다."

"동료들이 정말 좋은 사람들입니다. 공감해주고, 도움이 필요한 사람에게 흔쾌히 도움을 주고, 서로 존중해주며 인간적이고 친절합니다. 그리고 자신의 일을 잘 해냅니다. 구성원들이 이 일에 진심이기 때문에 더욱 이러한 분위기가 될 수 있다고 생각합니다."

이것은 해빗팩토리의 문화를 표현하는 인터뷰 내용입니다. 이러한 문화의 핵심은 단연코 'CEO가 가지고 있는 확고한 신념'입니다. 해빗 팩토리의 CEO인 윤호 님을 원온원 코칭으로 만났을 때 가장 많은 대화를 나눴던 것이 바로 '어떻게 하면 구성원들이 성장하는 문화를 만들 수 있을까?'였거든요. 그리고 그 대화에서 찾은 내용보다 더 많은 것들이 실행되고 있는 것을 보며 CEO가 가진 가치관이 얼마나 중요한지를 알게 됩니다. 반대로 조직문화가 작동하지 않는 기업들의 특징은 CEO가 비즈니스에만 관심을 가지기 때문이었거든요.

IBM의 '공감' 문화

PPSS에서 2015년 발행한 '고객과 직원의 마음을 얻는 능력, 공감력'이라는 기사에서 1990년대 IBM에 새롭게 경영진으로 합류한 루 거스트너가 거의 파산할 뻔했던 회사를 되돌려 놓기 위해 한 일화를 공유합니다.

거스트너는 그의 '리스닝 투어'를 '오퍼레이션 베어 허그 *Operation Bear Hug*'라 칭했고, 관리자들에게 3개월의 시간을 주고 고객들과 만나 그들이 중요하게 생각하는 이슈가 무엇이며, IBM이 어떻게 도움을 줄 수 있는지 묻도록 했다고 합니다. 나눈 대화는 메모로 남겨 되짚어볼 수 있게 했고, CEO인 거스트너도 매일 고객들과 직접 대면했습니다. 2만여 명의 직원들이 보는 가운데 임원진과 함께 실시간으로 진행하는 90분의 질의응답 시간을 마련하기도 했죠.

공감의 문화를 중요하게 여기는 또 다른 기업도 있습니다. 바로 '마이크로소프트'입니다. 2014년 무너져가는 회사의 세 번째 CEO가 된 사티아나델라는 공감하는 문화를 만들기 위해 다양한 활동들을 했습니다. 그중 가장 유명한 일화는 구성원들에게 《비폭력 대화》를 읽도록 한 것, 주요 임원진들과 함께 모여 '내가 마이크로소프트에 입사한 이유, 일의 의미'를 이야기하며 장애가 있는 자녀들을 위한 꿈을 공유한 것, 경청과 대화를 중요하게 여기는 리더십 등이 있습니다. 이를 바탕으로 마이크로소프트는 많은 사람이 가장 가고 싶은 기업이 되었고요.

일본 초등학교의 '격려' 문화

마지막으로 공유하고 싶은 문화는 '격려'입니다. 일본의 한 초등학교에서 여러 부모님과 친구들 앞에서 뜀틀 넘기를 실패한 한 아이가 있습니다. 한 번, 두 번, 네 번… 반복된 실패에도 친구들은 끊임없이 파이팅을 외치죠. 그리고 울고 있는 친구를 위해 모든 반 친구가 나와 둥글게 모여 파이팅을 외쳐줍니다. 그리고 다섯 번째, 그 어떤 아이보다 더 아름다운 포즈로 뜀틀을 넘은 아이는 학부모님들께 인사를 하고 자리로 돌아갑니다.

우리는 모두 실패를 경험합니다. 그리고 또 도전하죠. 실패를 끝이라고 생각하는 사람들 주변에는 그의 성공만을 바라는 사람들만이 있을지도 모릅니다. 그런데 실패를 다음 도전을 위한 경험으로 생각하는 사람들 주변에는 그가 성공할 때까지 응원하는 사람들이 있겠죠. 성장은 우리가 부족한 현재에서 목표를 달성하는 성공으로 가는 길에서 마주할 수 있습니다. 그런 성장을 조금 더 반복할 수 있다면 우리의 목표가 점점 더 커지더라도 그 목표를 향해 더 달려갈 수 있겠죠. 이때 나를 응원하는 동료가 있다면 우리는 조금 더를 반복할 수 있습니다.

우리에게는 매일 선택의 시간이 주어집니다. 어떤 문화를 선택할 것인지에 대해서이죠. "어떤 문화를 만들어갈 것인가? 어떤 인재와 함께 일하려고 노력할 것인가?"에 대한 선택과 함께 "나는 어떤 문화를 가진 조직과 리더와 함께할 것인가?"에 대한 선택이죠. 하나는 조직문화 구축에 대한 선택이고, 다른 하나는 이직과 퇴사에 대한 개인의 선택입니다. 저는 '학습, 성장 그리고 피드백'이라는 문화를 중요하게 여깁니다. 솔직히 불편한 문화들이지만 이 문화 속에서 비슷한 가치관을 가진 사람들과 일할 때 힘들지만 재미있고, 시간이 흘러 내가 성장해 있음을 깨닫게 되었거든요. 그리고 이제 한 가지를 더 추가해야 한다고 생각합니다. 그것은 바로 '웰니스'입니다.

웰니스란 웰빙*well-being*과 행복*happiness*, 건강*fitness*의 합성어로 신체적·정신적·사회적 건강이 조화를 이루는 이상적인 상태를 말하는데, 코로나 이후 기업들이 직원들의 웰니스를 복지 또는 조직문화 관점에서 바라보기 시작하면서 많은 사람에게 알려지기 시작했습니다. 웰니스가 중요해지는 이유는 '나를 찾아가는 삶'을 중요하게 여기는 사람들이 많아지고 있기 때문이죠. 아직은 웰니스를 복지 제도라고 생각할 수 있습니다. 저 또한 그렇게 생각하고 있거든요. 하지만 웰니스가 조직문화가 될 때 우리는 '진짜 나를 찾는 활동'을 일과 삶 속에서 발견할 수 있게 될 거라고 생각합니다. 그런 활동들이 더 성장한 나를 만들어 줄 거라고 생각하고요.

 이랜드에서 배웠던
학습 조직

 "이런 회사 처음 봅니다." – 해빗팩토리
회고가 매년 신기한 이유

 일본 초등학교
뜀틀영상&감동&응원

 고객과 직원의 마음을 얻는 능력,
공감력

 2023년 웰니스 비즈니스를 이끄는 12가지
트렌드(Part.1)

생각할 질문

어떤 문화를 선택하실래요? 아니, 어떤 문화를 만들어가실래요? 저는 그 문화가 궁금합니다.

브랜딩, 나를 어떤 사람으로 기억하고 있을까요?

사람들은 나를 어떤 사람으로 기억할까요? 내가 어떤 행동을 반복하고, 어떤 생각과 의사결정을 하는 사람으로 기억할까요? 그리고 나를 찾아오는 사람들은 나에게 무엇을 기대할까요?

내 속마음을 털어놓을 친구가 회사와 가족 중에 있나요?

2014년 사티아나델라가 마이크로소프트의 CEO가 되었을 때 모든 직원에게 ≪비폭력 대화≫ 책을 공유했습니다. 서로를 미워하고 헐뜯고 경쟁자로 여기기보다는, 연민을 바탕으로 공감하는 대화를 나눌 수 있도록 조직문화를 바꿔가기 위한 행동이었죠. 공감으로부터 시작된 리더십과 조직문화가 세계에서 두 번째로 큰 기업의 모습을 만들기 시작했던것이죠.

1978년 〈사이언스〉지에 실린 하나의 실험이 있었습니다. 토끼들에게 고지방 사료를 먹이는 실험을 하던 중 다정한 연구원이 돌보던 토끼 무리에게서만 건강한 결과를 볼 수 있었죠. 그 연구원은 먹이를 줄 때마다 말을 걸고, 다정한 행동을 토끼에게 보여줬습니다. 그리고 켈리 하딩 콜롬비아대학 정신 의학과 교수는 "좋은 의사만큼 좋은 상사를 만나는 건 정말 중요해요. 연구 결과에 따르면, 상사에게 지지를 받고, 일하는 동안 독자적인 결정을 내릴 수 있고, 인정과 보상을 받는다고 느낄 때 면역 시스템이 개선되고 질병 저항력이 커집니다. 얼마나 공정하고 따뜻한 상사를 만나느냐에 따라 개별 직원의 건강은 좋아질 수도 나빠질 수도 있습니다"라고 이야기했습니다.

반대로 번아웃에 대해서는 이렇게 이야기합니다. "지속적으로 지지받지 못하고 위협받는다는 느낌이 들 때, 존엄성이 침해당한다고 느낄 때죠. 장기적으로 스트레스를 받으면 과도한 호르몬 작용으로 신체에 마모가 일어나고 염증이 촉진돼서 늙어 보이고 생활 습관이 나빠집니다. 번아웃은 심각한 문제예요. 우리는 일생의 3분의 1을 직장에서 보내는데, 일상적으로 독이 되는 환경은 위험해요. 우리는 안전하다고 느낄 때 더 높은 창의력을 발휘합니다. 마음이 편안할 때 두뇌 피질 기능이 활성화되어 문제해결에 몰입할 수 있어요."

그리고 스트레스가 높은 한국인에게 켈리 하딩 교수는 이런 제안을 합니다.

첫째, 자신의 감정에 대해 터놓고 얘기하세요.

마음이 힘들 때 누군가의 도움을 받는 걸 당연하게 생각해야 합니다. 동료나 이웃에게 "오늘 아침 기분이 어때요?" 간단한 질문을 던지는 것부터 시작해보세요. 저는 모든 회의나 수업을 시작할 때 5분 동안 서로의 안부를 물어봅니다. 안부를 묻는 것만으로 흐름이 좋아지고 문제해결의 열쇠가 생깁니다.

둘째, 한숨 돌리세요.

대화에 참여하기 전에 10초라도 의도적으로 잠시 멈추고 천천히 말해보세요. 연구 결과에 따르면, 우리가 서두르지 않을 때 더 다정하고 덜 편향되는 경향을 보입니다.

셋째, 좋은 기분을 위해 좋은 일을 하세요.

나 자신에게도, 타인에게도 일상적인 상호작용 언어에서 친절함을 보여주세요. 피곤할 때는 특히 실천하기 힘든 순간도 있죠. 그래도 나 자신에게 먼저 다정한 언어를 쓰는 훈련을 반복해서 시도해보길 권합니다.

제가 HR Lead를 할 때 유독 고민 상담을 하는 직원들이 많았습니다. 심지어 계열사 경영자나 임원들도 자신들의 커리어나 자녀 양육 등에 대한 고민들을 상담하러 왔었죠. '내가 코치였기에 그랬나?'라고 생각한 적도 있었지만 나중에 '제가 이야기를 편하게 들어줬기 때문'이라는 것을 알게 되었습니다. 솔직히 공감을 잘 못하는 성격이지만, 그분들의 상황을 이해하려고 노력했던 습관이 대화를 나누며 은연 중에 흘러나온 것이죠. 힘들 때, 고민이 생겼을 때 팀원들이 처음으로 떠올리는 리더가 되어보면 어떨까요? 리더가 목표를 달성하는 매니저이자, 구성원들을 성장시키는 멘토와 코치이기도 하지만, 팀원들의 마음을 쓰다듬어주는 카운슬러가 되어야 하는 이유입니다.

 [김지수의 인터스텔라] "좋은 의사보다
좋은 상사가 건강에 더 중요" 켈리 하딩
컬럼비아 의대 교수

나의 명함에서 회사와 직책을 빼면 무엇이 남나요?

우리가 오해하는 것이 하나 있습니다. 그 오해는 바로 '내가 다니는 회사, 내 직책이 나를 나타낸다고 생각하는 것'이죠. 나를 나타낼 수 있는 것은 '내 이름' 단 하나밖에는 없습니다. 회사에서, 또는 회사 밖에서, 그리고 가정에서 내가 기억되고 싶은 하나의 단어와 문장을 생각해보셨으면 좋겠습니다. 50년 후, 또는 70년 후 내가 죽었을 때 내 비석에 어떤 글귀가 기록되어 있으면 나에게 '잘 살았네'라고 칭찬해줄 수 있을까요?

저는 듣고 싶은 단 하나의 문장이 있는데 그 말은 '나의 성장을 도와준 코치'입니다. 어떤 행동을 반복하고 있나요? 내가 기억되고 싶은 브랜딩이 있다면, 이제는 나의 행동을 돌아봐야 합니다.

저는 성장을 도와주는 코치가 되기 위해

1) 매일 글쓰기를 합니다. 지식과 경험, 내가 배운 학습을 모아 매일 매일 4개의 SNS에 글로 남기며 3만 명과 백종화의 관점을 공유하며 자신의 관점을 넓히도록 하고 있죠.
2) 일주일에 한 번, 뉴스레터를 보내며 4천여 명의 사람들과 경험을 공유하고 있습니다.
3) 7개월에 1권씩 책을 쓰기 시작했네요. 2021년 7월에 《요즘 팀장은 이렇게 일합니다》, 2022년 3월에 《원온원 _ 일 잘하는 팀장의 대화력》 그리고 2022년 12월에 《일하는 사람을 위한 MBTI》라는 책을 출간했습니다. 그리고 2023년 8월 이 책이 네 번째가 되고, 2023년 말 한 권의 책을 더 준비하고 있습니다.
4) 성장에 대한 고민을 함께하기 위해 매주 10명 이상의 사람들과 함께 코칭 대화를 하며 그들의 성장을 돕고 있습니다.

브랜딩은 내가 생각하는 나와 남이 생각하는 나를 일치시키는 시간입니다. 명함은 나를 알리는 도구 중 하나입니다. 하지만 더 중요한 것은 내 이름을 떠올렸을 때 나를 알아차려주는 사람들의 생각과 내가 되고 싶은 모습을 일치시키는 것이죠. 이를 위해서 우리가 해야 할 행동들이 있습니다.

1) 내가 되고 싶은 모습을 찾아 한 문장으로 정리해보세요
(성장을 도와준 코치).

2) 그 모습으로 기억되기 위해 필요한 행동을 정해보세요
(내 지식과 경험을 공유하기: 매일 글쓰기, 뉴스레터 발행하기, 책 발간하기, 매주 10명씩 코칭하기 등).

3) 그 행동을 정기적으로 노출하고 마케팅하세요.

4) 내가 되고 싶은 모습과 외부에서 나를 기억하는 모습을 물어보며 피드백하고, 행동을 수정해보세요.

내 삶은 내가 시간을 어떻게 사용하느냐에 따라 달라집니다. 사람들마다 삶의 우선순위가 다릅니다. 그 다름을 부정하거나 평가하는 것은 불가능하죠. 하지만 중요한 것은 '내 우선순위에 맞게 내 시간을 사용하고 있었느냐'입니다. 돈을 벌고 싶다면 돈을 버는 일에 시간을 사용해야 하고, 성장하고 싶다면 학습하고 훈련하는 데 시간을 사용해야 합니다. 글을 잘 쓰고 싶

다면 글 쓰는 훈련과 글 쓰는 시간을 다른 누구보다도 더 많이 투자해야겠죠. 시간을 투자한 만큼 내 미래의 모습이 만들어집니다.

 [유수진 마케터 겸 작가] 주말에 글쓰러 가는 직장인?

 [이혜신, 전) 이십사점오 CSO] 직장에서 이름 값하고 싶다면

생각할 질문

내가 사람들에게 기억되고 싶은 모습은 어떤 모습일까요? 나는 그 모습으로 위해 어떤 행동을 하고 있나요? 그리고 그 행동을 위해 나는 어떻게 시간을 사용하고 있나요?

나에게 맞는 성장의 방정식을 찾아야 합니다

첫째, 주요 기업마다 각자가 가지고 있는 일하는 방식이 있고, 회사마다 최고의 전문가들이 있습니다. 다양한 방식으로 일하고, 다양한 전문가들과 함께 프로젝트를 하며 성장하는 방법입니다.

애플의 홍재범 시니어 엔지니어의 말에 의하면,

"미국 엔지니어들은 젊을 때부터 2~3년마다 직장을 옮깁니다. 지금 다니는 회사가 좋은 곳이라고 해도 프로젝트가 끝나면 경험을 쌓고 연봉을 높이기 위해서 새로운 직장으로 이직합니다. 자기가 참여했던 프로젝트가 좋은 결과를 냈으면 옮기는 데 아무런 문제가 없습니다. 여러 직장에서 다양한 프로젝트를 수행하고 다른 엔지니어들과 협업하면서 실력을 향상시켜 나가는 것이죠. 다른 직장을 이직할 때 프로젝트 경험을 가지고 연봉협상을 합니다. 한 직장에서만 계속 있었던 사람은 샐러리가 올라가지 않습니다. 미국에선 한 직장에서만 있었던 사람은 '왜 그렇게 오래 있었나? 좀 무능한 건가? 문제가 있는 사람인가?'라는 의구심을 삽니다."

"시니어가 돼서는 조금 다른 역할에 집중한다고 합니다. 애플은 다른 기업과 달라 40대 후반 이후 엔지니어들이 많이 눈에 띄는 걸 알았습니다. 이런 사람들은 시스템 엔지니어라고 불러요. 일의 밑바닥에서부터 맨 위까지 두루 꿰고 있는 엔지니어들이고, 애플에서 거의 모든 프로젝트들이 차질 없이 잘 마무리되는데, 이들이 큰 역할을 하는 것 같습니다."

다른 경쟁 기업들보다 많은 커뮤니케이션과 문제해결 능력, 제때 의사 결정하는 능력을 보유한 시니어 엔지니어들이 있다고 하네요.

둘째는 자신만의 루틴입니다.

NC에서 LG로 팀을 옮긴 김진성은 "다들 열심히 한다. 고우석 정우영 이정용 등 젊은 선수들이 운동하는 것을 봤는데 저어린 나이에 자기만의 운동 루틴이 있더라"면서 "많이 어린데 벌써부터 체계적으로 운동하는 것을 보니 대단하더라"며 감탄하는 인터뷰를 했습니다. 젊은 선수들의 꿈은 무엇일까요? 국가대표, FA 대박, 해외 진출 또는 자신의 영역에서 최고가 되는 것, 오랜시간 다치지 않고 1군에서 선수 생활을 하는 것 등 다양할 거라고 생각합니다. 그 목표를 위해 어리지만, 자신만의 성장 방정식을 찾아 루틴을 지켜나가고 있는 것이고요.

저 또한 저만의 성장 루틴이 있습니다. 매일 새로운 사람들을 만나 그분들의 고민에 내 경험을 적용하고 피드백하는 것과

1~2가지의 질문을 스스로에게 하고 글을 쓰는 것. 주간 단위로 100~200여 개의 기사를 읽고 내 생각 덧씌우는 뉴스레터를 만드는 것. 1개월에 1번씩 같은 고민을 하는 사람들과 만나 고민을 공유하는 커뮤니티에 참여하는 것. 6개월에 한 번 일주일의 시간을 투자해 덩어리로 하나의 주제를 교육받는 것. 그리고 지금은 1년에 1~2권의 책을 쓰는 것이 제 성장 루틴 중에 하나가 되었죠. 이렇게 성장을 위한 학습을 한 지도 벌써 5년 차가 되었네요.

실리콘밸리를 보고, 한국의 스타트업 신을 보면 미래 고용시장의 변화를 조금은 예측할 수 있게 됩니다. 개인적으로 3~5년 후의 고용 시장은 양극화의 끝판을 볼 수 있지 않을까? 하는 생각을 하게 되고, 업계에서 알아주는 고수는 회사보다 더 갑의 위치에 있게 되고, 스스로 그 직무에서의 연예인이 될 겁니다.

임플로이언서*employee + influencer*라는 신조어가 나온 이유도 여기에 있습니다. 업계마다 빠르게 성장하고, 자신의 지식과 경험을 글, 책, 강연, 다양한 회사를 코칭과 컨설팅하면서 브랜딩된 전문가들이 고용시장에서 주도권을 갖게 될 거라고 생각하거든요. 반대로 실력과 지식을 인정받지 못하면 회사와의 계약에서 주도권을 가질 수 없을 거라고 생각하고요. 한 명의 임플로

이언서가 우리 회사와 함께 일한다면 그 임플로이언서를 따르는 같은 직무의 많은 사람이 그 회사를 긍정적으로 보게 될 것이기 때문이죠. 자신의 지식을 커뮤니티에서 열정적으로 공유하는 기술 전문가를 뜻하는 마이크로소프트의 'MVP*Most Valuable Professional*'처럼 말입니다.

만약 내가 꿈꾸는 비즈니스 세계에서의 모습이 한 분야에서 탁월한 성과를 남기는 것이라면 그에 맞는 나만의 성장 방정식을 찾아야 합니다. 그런데 그 성장 방정식은 다른 사람들과 같은 시간과 노력을 투자해서는 달성할 수 없을 거라고 생각하고요. 저는 지금도 가족과의 시간과 개인적인 쉼의 시간을 제외하고 매주 일하는 시간 50H, 성장을 위해 학습하는 시간 50H 정도를 사용하고 있습니다. 제가 꿈꾸는 모습이 있기 때문이고, 누군가의 강요가 아닌 즐거운 동기를 바탕으로 시작된 학습 방법입니다. 바라는 모습이 있다면 그 모습을 달성하기 위해 내 시간을 어디에, 어떻게 사용해야 할지 한번 계획해보면 좋겠습니다.

 [SC이천] 37세 '신입생'이 직접 느낀 LG 마운드가 강한 이유. "저 어린 나이에…"

 애플의 경쟁력은 어디에서 오나

 Most Valuable Professional (마이크로소프트 MVP 찾기)

나는 무엇을 남기고 있나요?

페이잇포워드*pay it forward* 문화가 스타트업에 있다는 것을 아는 사람들은 그리 많지 않습니다. 인터뷰에서는 '페이잇포워드는 내가 받은 감사를 또 다른 누군가에게 전하자는 실리콘밸리의 나눔 문화'라고 설명해줍니다. 그런데 실리콘밸리뿐만 아니라 우리나라 스타트업에도 이런 문화가 크게 자리 잡고 있습니다.

2019년 처음 스타트업으로 이직해서 스타트업 사람들을 보며 이런 생각을 했습니다. '경험이 그리 많지 않은데, 너무 자신 있게 이야기하는 거 아닌가?'라고 말이죠. 조금은 어설픈 자신의 경험과 지식을 주변 사람들에게 공유하며 '나는 이랬는데, 내 생각은 이런데…'라고 했거든요. 나쁘게 표현하면 교만하다는 생각을 했던 거죠. 그런데 생각이 바뀌는 데 오랜 시간이 걸리지는 않았습니다. 스타트업 사람들은 그저 자신의 지식과 경험, 생각과 아이디어를 궁금해하는 사람들에게 '퍼주고' 있었던 것이었습니다.

스타트업 신에서 활동하며 많은 사람을 만나 경험을 쌓으면서 느낀 부분이 바로 여기에 있습니다. 자신의 노하우를 퍼주는 사람, 자신의 경험과 지식을 퍼주는 사람들이 많이 있고 그들에게 경험과 노하우를 묻고, 배우려는 사람들도 많다는 것이죠. 팀장 리더십에 대해 언제부터 고민했을까요? 언제부터 스타트업이 조직문화에 대해 고민했을까요? 그리 오래되지 않았습니다. 2019년까지만 해도 300명 이상의 스타트업에서 고민하던 조직문화와 팀장 리더십이 지금은 빠르면 20명, 늦어도 50~70명 수준의 스타트업에서 진행되고 있거든요.

그 이유는 간단합니다. 먼저 그 길을 걸어갔던 선배 CEO들이 자신의 실패 경험을 여기저기 퍼트리고 다녔기 때문이죠. 성공 경험도 아닌 실패 경험을 공유하며 '20명일 때는 이걸 조심하고, 이렇게 해보는 것을 추천한다', '50명일 때는 또 이런 이슈들이 생기니 조심해라'고 말이죠.

스타트업의 독특한 문화라고 할 수 있는 페이잇포워드는 역설적이게도 스타트업의 궁핍한 환경 때문에 만들어졌습니다. 회사에 물어볼 선배도 없고, 사수도 없고 전문가도 없으니 외부에 나가 물어봐야 했고, 돈과 시간도 없으니 배우지 못하면 죽는다는 마음으로 얼굴에 철판을 깔게 되었거든요. 그렇게 성장한 사람들이 자신이 받은 노하우와 지식을 다시 다음 세대에게 공유하고 있는 것이죠.

좋은 습관과 행동, 그리고 조직문화는 전승된다고 생각합니다. 특히 받은 것이 있으면 전하는 것이 맞고요. 내가 받은 것이 없다고 하더라도 나부터 시작하면 좋은 문화를 만들어가는 출발점이 된다고 생각합니다.

 [스타트업] 정주영의 손녀, 정몽준의 딸,
그리고 한국 스타트업의 이모

생각할 질문

내가 받은 것은 무엇인가요? 그리고 나는 무엇을 남기고 있나요?

심리적 안전감을 위해서 내가 해야 할 것과 조직이 해야 할 것은 무엇일까?

심리적 안전감을 이야기할 때 가장 많이 논하는 어젠다는 '두려움 없는 조직'과 구글의 '아리스토텔레스 프로젝트'입니다. 그리고 기본적인 배경 지식을 위해 레몬베이스의 글을 재미있게 읽게 되었네요. 글에서 항공기 추락 사고의 예시가 나옵니다. 그중 복행(착륙 시도를 포기하기 항공기를 상승시켜 다시 착륙을 시도하는 것)에 대한 이야기가 나옵니다. 기존에는 복행을 하게 되면 조종사들의 실력을 의심했습니다. 하지만 그 이후 복행에 대한 책임을 묻지 않고, 복행을 지지하는 정책을 수립하길 권고하게 되었죠.

조직에서도 비슷한 상황에 많이 처하게 됩니다. 구성원들에게 하나하나의 실수와 실패를 책임으로 묻게 된다면 구성원들은 실수하지 않고, 실패하지 않을 행동을 하게 됩니다. 높은 목표보다는 안정적인 목표를, 처음 하는 과업보다는 기존에 자주 해왔던 과업을, 새로운 시도보다는 익숙한 시도를 하게 되죠. 실수를 하게 되면 오픈하고 공유하면서 다른 동료들의 실수를 예방하기보다는 실수를 감추려고 또 다른 실수를 하게 되기도 하고요.

가장 중요한 것은 시키는 것만 하게 된다는 것입니다. 고객이 원하는 일, 팀과 회사를 위해 조금 다르게 해야 할 일, 자신의 꿈과 비전을 위해 도전해야 할 일들이 아닌, 질책을 받지 않을 정도로 주어지고 계획된 일에만 시간을 사용하게 되죠. 구성원들이 심리적 안전감을 갖도록 하기 위해서 필요한 것이 바로 이러한 인식을 깨뜨리는 것입니다.

실패해도 된다는 안심을 심어주는 것, 실패를 공유한 구성원에게 감사 표현과 함께 실패를 학습하면서 성장할 수 있는 기회를 주는 것, 실패의 공유를 통해 추가적인 비용과 더 큰 실패를 예방할 수 있도록 해준 것에 대한 감사 표현이 그중에 하나가 됩니다.

그런데 하나가 더 있습니다. 그것은 바로 실패를 위한 개인의 행동입니다. 실수와 실패를 해도 된다는 의미는 '무조건적으로 내가 하고 싶은 대로 해도 돼'라는 의미는 아닙니다. 바로 '목표의 얼라인과 신뢰, 실력'이라는 3가지가 따라와야 가능합니다.

1) 조직의 목표, 고객의 니즈에 얼라인된 목표를 위해서만 도전할 수 있는 것이고,

2) 이를 위해 언제나 내가 해야 할 책임을 완수하는 행동이 따라와야 합니다.

3) 실패를 반복하지 않기 위한 솔직한 피드백과 학습이 후행되어야 하며,

4) 언제나 내 과업에서 전문성을 향상시키기 위해 노력하는 모습이 보여야 하죠.

생각할 질문

나는 심리적 안전감을 내 권리로만 행사하려고 하나요?

내 의무인 목표의 얼라인, 신뢰와 실력을 함께 사용하고 있나요?

최고의 브랜딩은 '내가 있는 지금
최선을 다하는 것'입니다.

회사마다, 리더마다 다르겠지만 누군가를 선택할 때 또는 누군가에게 기회를 줘야 할 때 그 사람의 ○○ 부분을 보고 판단합니다. 누구는 지식과 경력을, 또 누구는 그 사람의 학력을,

또 다른 누구는 그가 지금까지 만들어온 성과를 보고 판단하죠. 저는 조금 다르게 '그가 지금 일을 어떻게 대하는지?'를 봅니다. 그리고 그가 맡고 있는 다양한 일, 과업들을 어떻게 처리하는지를 보죠. 저는 이것을 '일을 대하는 태도', '일에 임하는 태도'라고 부릅니다. 이게 브랜딩이자, 그 사람의 미래를 보여주는 잣대가 되거든요.

"제가 왜 이 역할을 해야 하나요?"

5개 법인의 HR Lead를 맡고 있을 때 직무 또는 부서 새배치가 진행되는 기간이면 가장 많이 듣게 되는 질문이었습니다. 회사는 본인이 거부하면 재배치를 진행하지 않았거든요(가끔 꼭 필요한 경우는 진행을 했지만 말입니다). 이때 핵심은 회사와 HR의 논리가 아닌, 개인의 커리어와 얼라인하는 것이 가장 중요하다는 것을 알게 되었죠. 그래서 구성원 개개인의 꿈과 비전, 하고 싶은 일에 관심을 갖게 되었습니다. 그런데 어느 조직에나 특별한 인재들은 있었습니다. 그 인재들은 두 가지 유형으로 나뉘는데, 특별한 영역에서 타고난 인재와 어느 역할을 감당하든 특별해지는 인재였습니다. 이들을 바라보며 '나에게 주어진 과업을 성실하게 수행해야 하는 이유'를 찾게 되었죠.

조직은 크게 2유형의 인재(어느 역할을 감당하든 특별해지는 인재)에게 기회를 줍니다. 여기서 기회란 회사의 중요한 역할을 부여하는 것이고, 특별한 2유형의 인재는 다음과 같이 구분됩니다.

1) 특별한 전문성을 갖춘 인재
2) 어디에서든 최선을 다하는 인재

인재 양성의 핵심은 '각 인재의 재능을 파악'하고, '현장에서 일하는 방식과 태도'를 검증하고 각자에게 맡는 역할을 부여하며 '성과를 검증'하는 것이었습니다. 나름 재능과 역할을 매칭하는 기회를 부여하는 것이죠. 그래서 어린 연차에도 가능성이 보이면 리더의 역할을 부여하는 조직이 되었죠. 2007년 7월 회사에서 신입 입문 과정 교관으로 파견되어서는 처음 맡게 된 역할을 수행하며 어떻게 하면 잘할 수 있을지 고민했습니다. 그래서 처음 겪는 과업이었지만, 몇 가지 도구를 개발하고 그 방법들을 실행하게 되었습니다. 제가 가장 잘하는 것이 프로세스를 구축하는 것과 매뉴얼을 만드는 것이었거든요.

그리고 2007년 11월, 인재개발실 입문 과정 팀장으로 발령받게 되었습니다. 3개월 파견이 끝나고 현장에 돌아갔을 때 인재개발 실장님과 잠깐 통화를 하게 되었는데, "인재개발팀으로 오지 않겠나? 3개월 동안 지켜보니 잘할 수 있을 것 같다"라는 메시지를 주셨거든요. 처음에는 거절했습니다. 제가 감당할 수 없는 역할이라고 생각했거든요. 그때 실장님은 "내가 있으니까 할 수 있다. 함께 하며 알려주겠다"고 말씀하셨고, 저는 설득당했습니다. 그렇게 4년 차에 회사에서 가장 중요한 위치인 인재 개발팀의 입문 과정 팀장을 맡게 되었고, 3년이라는 시간 동안 그룹의 모든 신입사원과 임원 포함 경력사원들을 1~3개월 동안 우리 회사의 조직문화와 인재상을 학습할 수 있도록 안내하는 역할을 수행했죠.

이때까지 제가 가진 강점은 하나였다고 생각합니다. '내 과업의 고객을 정의하고, 그 역할을 조금 더 잘할 수 있도록 최선을 다한다.' 그 역할이 무엇이든 말이죠. 감사한 것은 자신이 가진 모든 것을 공유해주고, 자신들의 시간을 투자해서 저를 성장시켜준 수많은 선배님이 계셨다는 것이고, 그런 후배들도 넘쳐나는 조직이었다는 것입니다. 그런 문화와 인재가 득실득실한 곳에서 저 또한 많은 것을 배우게 되었죠. HR을 하는 사람들을 만날 때면 그런 이야기를 듣습니다. "코치님, 이랜드는 어떤 곳이에요? 어떻게 요즘 HR 신에서 뭔가 하시는 분들 중에 이랜드 출신들이 왜 그렇게 많아요?"라고 말이죠. 지난주에도 이 이야기를 3명의 교육 팀장님에게 들었습니다.

그때 말씀드리지 못한 것이 있습니다.

첫째, '조직문화'가 성과에 최선을 다하는 사람들, 그럼에도 불구하고 자신의 성장과 함께 동료와 후배의 성장에도 최선을 다하는 사람들이 모여 있었습니다. 그곳에서 성장한 사람들이 최고가 되어갔죠.

둘째, 많은 '경영진'이 성과보다 성장에 먼저 초점을 맞췄습니다. 성과를 중시하고, 자신의 승진만을 추구했던 경영진들도 많았지만 그보다 더 많은 경영진이 구성원의 성장에 초점을 맞추고 있었습니다. 그렇게 성장한 구성원들이 성과를 만들어냈죠.

셋째, '학습'에 진심인 기업이었고, 사람들이었습니다. 매주 피터 드러커의 책과 같은 비즈니스 서적을 1~2권을 읽어야 했고, 그 책의 내용들을 요약하고 공유하는 조직이었습니다. 전 그룹사의 모든 부서가 동일한 책 1권을 모두 사서 워크숍을 가는 회사였고, 그 책의 내용 중 한 가지는 꼭 업무에 적용하는 회사였습니다. 승진하기 위해서는 자신의 역할의 80%를 감당할 수 있는 후임을 미리 양성해야만 하는 기업이었기 때문에 많은 구성원은 주도적이든 강제적이든 누군가와 매칭되어 자신의 지식과 경험을 전수하는 회사였습니다.

모든 것에는 기본이 있습니다. 저는 브랜딩에도 기본이 있다고 믿고 있고, 성장에도 기본이 있다고 믿습니다. 그리고 제가 함께하고 싶은 사람, 내가 신뢰할 수 있는 사람에게서 찾는 기본이 있죠. 그런데 이 기본은 모두 동일하더라고요. '나는 지금 있는 이곳에서 최선을 다하는 사람인가?'에 대한 답입니다. 지금까지 제가 경험했던 사람들 중 함께하고 싶은 사람은 성장하는 사람들의 특징을 갖고 있었고, 자신의 성장을 통해 동료의 성장을 돕는 사람이었습니다. 그리고 그 기본은 '내 역할의 최선'이죠. 그것은 내가 하고 싶은 일이 아니라, 조직에서 나에게 기대하는 일이고, 그 역할을 내가 잘하고 좋아하는 방법으로 마지막까지 최선을 다하는 것입니다.

 [한기용 2부] 40대 중반이 돼서야 깨닫고 실천할 수 있게 된 것

 "나는 구식이다. 지금은 미래 위해 물러날 때다" 도요타 CEO의 용단

 "버림받고 싶지 않아"…'좋은 평판' 집착이 만든 불행

생각할 질문

나는 최선을 다하고 있나요?

내가 최선을 다하고 있다는 것을 나 스스로에게 어떻게 증명할 수 있나요?

나의 재능은
무엇인가?

재능은 내가 타고난 특징입니다. 그중에서 남들보다 쉽게 할 수 있고, 더 오래 할 수 있고, 즐겁게 할 수 있는 행동이죠. 재능의 무서운 점은 남들이 10시간 만에 배울 것은 나는 2~3시간 만에 배울 수 있고, 남들보다 손쉽게 잘한다는 소리를 들을 수도 있죠. 그런데 중요한 것은 재능은 노력이 더해지지 않으면 성과를 만들어내지 못한다는 것입니다.

그래서 우리는 다음 순서대로 질문을 해보며 나의 성장을 고민해야 합니다.

1) 내 재능은 무엇인가요?
2) 내 재능을 더 성장시키기 위해서 나는 어떤 노력을 하

고 있나요?

3) 내 재능과 노력은 내가 하고 있는 일에서 사용되면서
결과물을 만들어내고 있나요?

남들과 다른 '한 가지'는 무엇인가요?

에버랜드 아마존의 '소울리스좌'라는 별명을 가진 직원의 이
야기입니다. 에버랜드는 오래전부터 직원들이 가지고 있는 끼
와 재능을 활용할 수 있는 기회를 주었습니다. 특히, 아마존이
라는 어트렉션은 유명했죠. 저 또한 이런 모습을 오래전부터
경험해 왔습니다.

2004년 회사에 입사했을 때 제 직무는 전략기획이었습니다.
그런데 신입 입문 과정 후 배치받은 곳은 '아동복 영업부'였죠.
TV에서 보던 정장과 넥타이를 메고 서류를 정리하고 프레젠
테이션을 할 줄 알았는데 6개월 동안 청주, 목포, 안산, 서산,
구미, 부산, 대전 등 전국을 돌아다니며 아동복 매장을 방문했
고, 그곳에서 박스를 까고 아동복을 꺼내서 창고에 넣고, 매장
에서 100사이즈 3살짜리 아이의 옷을 꺼내 마네킹에 디스플레
이하는 일을 했죠. 그 과정에서 많은 동기들이 퇴사를 했습니
다. '내가 이런 일을 하려고 대학교 나온 거 아니야'라면서 말

입니다. 그 당시 저는 그런 고민을 하지는 않았었습니다. 그저 '주어진 일이니 해야겠다'라는 막연한 생각밖에는요. 그러다 청주에 있는 서청주 코코리따 사장님이 요술풍선을 만들어서 아이들에게 나눠주는 모습을 보며 배우면 좋겠다는 생각을 했고, 2~3개월 동안 서청주로 출장다니며 사장님께 요술풍선 만드는 것을 배우고, 인터넷과 책을 구입해서 집에서 연습했습니다. 그리고 요술풍선 만들기를 잘해서 제 담당 매장들의 매출이 올랐고, 주임으로 승진을 했죠.

아마존의 소울리스좌는 자신에게 주어진 어트랙션 설명을 재미있는 랩으로 했습니다. 학습을 했을 수도 있고, 스스로 만들었을 수도 있겠죠. 하지만 결과적으로 아마존을 경험하는 고객분들에게 즐거움을 주었고, 그것이 노출되었고, 에버랜드 광고모델이 되기도 했습니다. 소울리스좌가 대단한 것은 다른 것이 아니라, 자신이 잘하는 재능을 자신의 과업에 적용한 것뿐입니다.

일을 잘하는 사람들은 머리가 똑똑하거나 실행이 빠른 사람만을 의미하지는 않습니다. 다른 사람들과는 다른 한 가지의 재능을 가지고 있는 사람들이 그 재능을 바탕으로 '고객에게 더 큰 가치'를 제공해주고 있을 뿐이죠. 내가 하고 있는 일의 의미와 영향을 이해하는 사람, 내가 가진 재능과 역량을 이해하는 사람, 그리고 그것을 얼라인시켜 내가 남들과는 다른 행동으로 고객에게 가치를 제공해주는 사람만이 성장한다고 생각합니다.

유느님이라고 불리는 유재석은 남들보다 잘난 개인기도 없고, 오히려 개그맨이지만 울렁증이 있었고, 동기들이 잘되는 모습을 질투하며 자신을 자책했던 시절이 있었습니다. 하지만 지금은 긴 시간 동안 최고의 자리를 지키고 있죠. 그 이유를 너무나도 소박하게 이야기합니다. '그냥 하루하루를 열심히 살았다'고요.

방송이 안 되고, 힘들 때마다 했던 기도 또한 '진짜 한 번만 기회를 주신다면, 단 한 번만 개그맨으로서 기회를 주신다면'이었다고 합니다. 그리고 지금도 생각하고 있다고 합니다. "지금의 성공이 나 혼자서 이룬 것이라고 생각한다면 이 세상에 그 누구보다도 큰 아픔을 내게 줘도 내가 단 한마디도 '저한테 가혹하게 하시나요?'라고 말하지 않겠다"고요. 항상 겸손하고, 항상 지금 이 모습 그대로 노력하고, 솔직하고, 성실한 모습을 보여주겠다고요. 어쩌면 유재석이 가진 재능은 '성실함과 겸손함', 그리고 '간절함'이지 않았을까요?

 에버랜드 아마존 N년 차의 멘트! 중독성 갑

 아마존 소울리스좌, 결국 에버랜드 광고 찍었습니다.

습관도 재능이 됩니다

성장한다는 말은 '완벽하지 않았던 나의 일부분이 채워지고 있다'는 의미입니다. 이와는 다르게 완벽하게 채워졌다는 말은 더 이상 성장할 수 있는 빈 공간이 없다는 의미이기도 하죠. 나는 완벽한 모습을 기대하고 있나요? 아니면 끊임없이 성장하는 모습을 기대하고 있나요? 한번 고민해보는 시간이 되었으면 좋겠습니다.

성공에 대한 오해

성공은 어떻게 만들어질까요? 저는 신앙 생활을 하고 있기도 하지만, 성공은 내가 만드는 것이 아니라 나에게 허락된 것이라고 생각합니다. 대신 내가 할 수 있는 것은 '후회없이 최선을 다하는 것'뿐이라고 생각하고요. 성공을 내가 만들 수 있는 것이 아니라면 나는 무엇을 해야 할까요?

제가 가지고 있는 가치관을 공유하자면 성공을 위해서 우리가 고민해야 하는 것은 '성장하는 습관'이라는 것입니다. 그래서 저는 누군가와 함께하고 싶을 때 제가 보는 것이 바로 '성장 습관'입니다. 그리고 성장 습관을 갖는 사람들에게서 크게 4가지를 보곤 합니다.

1) 작은 습관
2) 피드백 습관
3) 피드백을 주는 동료
4) 높은 목표와 새로운 방법

제가 생각하는 성장하는 조직을 만드는 방법 중 가장 쉬운 방법은 '성장하는 습관을 가진 인재를 육성하는 것'입니다.

첫째, 가장 중요한 것은 '아주 작은 단위의 행동으로 습관을 만드는 것'입니다. 만약 '책을 출간하겠다'는 목표를 가지고 있는 사람이 책을 출간하는 방법은 정말 많이 있을 거라고 생각합니다. 하지만 책을 출간하는 것이 성장과 비례하지는 않겠죠. 책을 출간하는 것은 결과물이기 때문입니다.

그럼 결과물이 만들어지는 과정인 activities는 무엇이 있으면 좋을까요? 저는 '매일 30분, 1시간, 10줄, 20줄, 21~22시에 글을 쓴다'라는 습관을 제안하고 싶습니다. 매일 습관이 중요한 이유는 바로 우리는 편하게 생각하고 행동하는 것에 익숙해지려고 하는 타성을 가지고 있기 때문입니다.

만약 Growth mindset(성장 마인드셋)을 가지고 싶다면 어떻게 해야 할까요? 저는 이 또한 행동을 습관화하는 것에서 부터 시작한다고 생각합니다. 예를 들면, '매일 내가 잘 모르는 한 가지의 질문을 동료에게 물어본다', '매일 감사 제목 5개를 기록하고, SNS에 기록한다'처럼 말이죠.

둘째, 'Self feedback'이 필요합니다. 스스로 돌아보는 회고의 시간입니다. 인디언은 말을 타고 달리다가 잠시 멈춰 서서 뒤를 돌아봅니다. 내가 너무 빨리 뛰어와서 내 영혼이 나를 따라올 수 있도록 기다려 주는 것이죠. 그리고 다시 앞으로 보고 '내가 가야 할 방향과 속도'를 정하고 달려가게 됩니다. Self feedback의 목적은 '내가 세운 방향에 맞게 잘 가고 있는가?'를 돌아보는 것입니다.

이때 3가지 질문을 한번 활용해보세요.

1) 내가 가고자 하는 방향으로 올바르게 가고 있는가?

2) 내가 지나온 길에서 잘하고 있었던 것은 무엇인가? 계속 더 잘할 수 있는 방법은 무엇일까?

3) 내가 지나온 길에서 방향과 맞지 않았던 것은 무엇인가? 어떻게 수정해야 할까?

셋째, 'peer pressure'가 필요합니다. '나의 계획을 함께 고민해주고, 나의 실행을 함께 피드백해주는 사람들이 있는가?'입니다. 저는 12월 31일 1년을 피드백하고, 1월 1일은 계획을 세우는 날입니다. 솔직히 31일과 1일에만 하는 것은 아니고, 매일 기록하고 고민했던 것들을 31일과 1일에 나눠서 기록하고 공유하는 것이죠. 그리고 공유는 첫 번째로 가족 단톡방에 합니다. 그러면 아내와 딸이 바로 피드백을 주죠. 이번에도 '금요 예배가 빠졌네?'라며 추가 계획을 하나 제안해주기도 했네요. 가족들도 제 피드백과 계획을 보고는 각자의 계획을 세우고 있습니다. 두 번째로는 약 3만 명의 팔로워가 있는 4개의 SNS에 공유합니다. SNS에는 저와 오랜 시간을 함께 해온 친밀한 사람도 있고, 저를 글로만 보는 사람들도 있습니다. 그리고 저와 함께 일을 하는 사람들도 있죠. SNS에 공유하는 이유는 3가지입니다.

1) 내가 살아가는 이유를 공유하며 내 가치관이 더 확산되길 바라는 마음이고,
2) 내가 계획을 더 잘 실행하도록 나를 감시해달라는 요청이고(긍정적 감시자),
3) 나의 성장 방법을 다른 사람들에게도 공유하며 함께해보자는 요청이기도 합니다.

완벽하게 할 필요는 없습니다. 저는 제 방법과 가치관이 정답이라고 생각하지도 않고, 제가 완벽하다고 생각하지도 않습니다. 정말 빈틈이 많이 있거든요. '완벽하게 한다'는 말에는 계획적이고, 디테일하고, 믿음직스럽다는 의미 외에 숨은 뜻이 있습니다. 그것은 '도전하지 못한다'는 말입니다. 완벽하다는 말은 모르는 것이 없다는 말이고, 익숙하게 실행하고 통제할 수 있다는 의미입니다. 그런데 모르는 것, 처음하는 것을 완벽하게 할 수 있을까요? 어렵죠. 그래서 완벽하게 하려는 순간

우리는 '높은 목표와 새로운 방법에 도전하지 못하게 됩니다.'

물론 비즈니스에서 어떤 결과물은 완벽해야 합니다. 실수가 있게 되면 큰 사고가 나거나, 거대한 비용이 발생하게 될 경우가 있죠. 하지만 우리의 성장 계획은 완벽하게 할수록 우리의 도전은 작아질 수밖에는 없습니다. 저는 그저 작년보다 올해 조금 더 성장했으면 좋겠다는 목표를 세우고, 실행하는 사람일 뿐이죠.

우리의 '내일은 모두에게 처음 가는 길'입니다. 처음 가는 길이 설렘과 두려움이 항상 공존하는 이유는 '새로운 지식과 경험을 학습할 수 있다'는 기대와 '내가 모르거나 잘하지 못하는 것을 해야 할 수도 있다'라는 두려움 때문이죠. 제안을 드려보고 싶습니다. 한번 내 계획을 도전적이고 새로운 목표와 함께 내가 꼭 하고 싶은 것과 잘할 수 있는 일, 그리고 내가 해야만 하는 일들로 다양하게 구성해보는 것 말이죠.

1) 기존에 달성하지 못했던 높은 목표인가?

2) 도전해보지 않았던 새로운 목표가 포함되어 있는가?

3) 내가 잘하는 방법과 잘하지 못하는 방법이 함께 포함되어 있는가?

4) 이를 위해 새롭게 학습하는 것은 무엇인가?

지금이 우리 모두가 성장하는 해로 기억되었으면 좋겠습니다. 한번 나만의 도전적이고 새로운 목표를 설계해보시고, 아주 작은 습관으로 실행하며 동료들에게 공유해보는 시간을 가져보길 추천합니다.

SNS 4개 1일1개포스팅 (~2024)	뉴스레터 매주 발행 (23년 5천 명, 최종 10만 명)	?	매일 웃기	매일 기도	매일QT	연간 계약 20개 기업 (턴키)	인세 수익 연 5천 (약 3만권)	코칭 수익 50%만들기
책 쓰기 10권 (현재 3권, 23년 2권)	홍보/습관	하은이와 공동 지필 책쓰기 (2024)	?	바른 몸과 마음	지인 500명 생일 축하/ 격려하기	수익10% 사회 환원 도전(기부/ 후원)	수익	엔젤투자 1회
유퀴즈 출연 (하은이의 꿈)	기타 TV프로그램 출연	세바시 강연하기	먼저 화내지 않기 (목소리 톤)	진심으로 먼저 도와주기	몸무게 77kg	10% 십일 조 도전	5% 자기계발 투자 도전	?
월 1권 책 분해하기	조직문화 심화 학습 실행	리더십 심화학습 커리 설계	홍보/습관	바른 몸과 마음	수익	KPC,PCC (2023,2025)	?	리더십 과정 운영
스타트업 HR스터디 참여(월 1회)	학습/콘텐츠	트레바리 스터디 2회	학습/콘텐츠	리더십 No1 전문가	전문성	10대 기업 임원 코칭	전문성	대학원 (석사)
새로운 사람 30명 10N1 만나기	팀 학습 프로그램 개발	리더십/조직 문화 스터디 모임운영	크루	리더십 센터	내려놓음	전문 잡지 기사/ 사설 쓰기	?	대학/대학원 강의하기
학습 매뉴얼 30개 만들기	가치관이 통하는 크루 100명	HRD아카 데미 시작	리더십 센터 오픈하기	?	리더십연구 (조사, 분석, 피드백)	?	고객사 기 준에 비용 맞추기	가족에게 매일 피드백 받기
파트너 10명 만들기	크루	CEO코칭 100명	직원 100명	리더십 센터	온/오프 학 습 플랫폼 만들기	결정하기 전에 먼저 물어보기	내려놓음	반기 피드백 공유
리더십 class만들 기(공유 모임)	해외 크루 10명 만들 기(외국인)	프로젝트 팀 만들기 (조직 문화)	나를 통한 리더십 전문가 100명	국내 10대 기업 협업 하기	국가 인증 MBA 과정 만들기	계획 50% 하고 실행 하기	내가 아닌 우리를 위한 결정 하기	질문을 무서워하지 않기

〈2023년 백코치의 5년 목표와 계획 _ 만다라트〉

2023년 Objective Activity Timetable Evaluation

성장을 위한 나만의 루틴을 찾아가는 도구

작성일 : 2023.01.01

피드백 :

작성자 : 백종화

목표	Growth Community 구축을 통해 함께 학습하고, 공유하고, 성장하는 문화 만들기
주제 말씀	[고린도전서 2:3 ~ 5] 내가 너희 가운데 거할 때에 약하고 두려워하고 심히 떨었노라 내 말과 내 전도함이 설득력 있는 지혜의 말로 하지 아니하고 다만 성령의 나타나심과 능력으로 하여 너희 믿음이 사람의 지혜에 있지 아니하고 다만 하나님의 능력에 있게 하려 하였노라

영역	목표 Objectives	실천 Activities (Action plan)	시간계획 Timetable	평가 Evaluation
영적	예배하는 자	① 매일 QT, 매주 가족 예배 드리기	~12월	
		② 십일조 1천만원	~12월	
지적 / 학습	1.비즈니스 모델 만들기	① 기업 리더십 오픈 교육 과정 운영 (10개 기업)	~12월	
		② 스타트업 5곳 자문 및 CEO 코칭 (6개월 이상)	~12월	
		③ 파트너 10곳과 함께하기	~12월	
	2.글 쓰기	① 4번째 책 _ 리더십과 조직문화 '인사이트'	~6월	
		② 5번째 책 _ 비즈니스의 새로운 물결 '팀십'	~12월	
		③ SNS 1일 1 글쓰기, 뉴스레터 52주 발행	Daily, Weekly	
	3.스타트업, HRD 성장지원	① Leadership & Culture study (트레바리 2회차 / 8회 학습)	~12월	
		② HRD 아카데미 과정 개설하기 (Academy)	~12월	
	4.코칭 역량 키우기	① 1 ON 1 코칭, 100명 (3회차 이상)	~12월	
		② KPC 자격 취득을 위한 basic 훈련	~12월	
신체적	77KG	주 2~3회 땀 흘려 운동하기	~12월	
사회적	Growth team 갖기	① 스허3기 모임 참여 100% (3기 종료 후 4기 시작)	~12월	
		② 대학원 준비하기	~8월	
가정	함께 하는 여행	① 국내 여행 4번	분기 1회	
		② 가족과 주 3번 브런치 / coffee chat	~12월	

수정

new

〈2023년 올 해 백코치의 목표와 계획_ OATE〉

만다라트,
OATE 양식 링크

김치힐의 2022년 회고, 결핍과
불안정성이 오히려 껍질을 깨게 하다

서은 님의
만다라트 계획표 그리고 OATE

생각할 질문

성장한다는 말은 '완벽하지 않았던 나의 일부분이 채워지고 있다'는 의미입
니다. 완벽하게 채워졌다는 말은 더 이상 성장할 수 있는 빈 공간이 없다는
의미이기도 하죠. 나는 완벽한 모습을 기대하고 있나요? 아니면 끊임없이 성
장하는 모습을 기대하고 있나요?

나는
성장하고 있나?

나는 성장하고 있나?

정말 정말 바쁘게 살고 있는데, 어느 순간 "나는 소진하고 있나? 성장하고 있나?"라는 질문을 스스로에게 던지게 되네요. 성장하기 위해서 열심히 달려왔는데, '지금 내가 새로운 것을 자발적으로 학습하고 있나?'라는 질문에 선뜻 '네'라고 대답하지 못하고 있었거든요. 그래서 다 같이 고민해봤으면 좋겠습니다. 저만 고민하는 것보다 함께하면 좋을 것 같아서요.

성장에 정답은 없습니다

많은 대기업 인재들이 스타트업으로 이직을 하고 있습니다.

많은 이유가 있는데, 스타트업의 보상과 복지 제도가 좋아지고 있고, 일부 인재들에게는 스톡옵션을 비롯한 다양한 일을 하는 재미를 주기 때문입니다. 더 강력한 것이 두 가지가 있는데 하나는 수평적 조직문화입니다. 대기업에서는 임원과 CEO 눈치를 봐야 하지만, 스타트업에서는 상대적으로 눈치보지 않아도 되기 때문이고, 다른 하나는 일에만 집중할 수 있기 때문입니다.

저는 대기업에서 16년, 스타트업에서 2년을 근무했던 경험이 있습니다. 회사마다 다르겠지만, 재미있는 것은 대기업에서의 근무시간이 스타트업에서의 근무시간보다 1.5배 정도 더 많았지만, 업무 효율과 몰입은 스타업이 3~4배 더 높았다는 것이죠.

이유는 단 하나 '내가 해야 하는 일에만 몰입하는가? 아니면 보고와 회의 등 기타 일에 시간을 사용하게 하는가?'였습니다. 스타트업에도 업무 외에 비부가적인 과업이 있지만, 현저하게 적었기 때문에 동일한 시간을 일해도 더 깊은 고민과 결과물을 낼 수 있었거든요.

퀀텀 리프를 위한 나의 투자(성장)

성장을 위해 나의 시간과 어떤 노력을 투자하고 있나요?

저는 성장은 계단식으로 온다고 생각합니다. 매일매일 1%씩 성장하는 것이 아니라, 매일매일 반복되는 행동들로 인해 결과가 바뀌는 그 순간이 성장이 된다고 생각하거든요. 이렇게 계단식으로 성장하기 위해서는 필요한 것이 있습니다. 그것은 먼저 4가지 프로세스를 거치게 되어 있죠.

1) 다음 레벨로의 높은 목표
2) 기존과는 다른 지식과 경험에 대한 학습
3) 학습을 통해 알게 된 새로운 방식으로의 변화
4) 변화가 익숙해지면서 나타나는 결과의 변화

그런데 이렇게 행동과 결과의 변화가 나타날 때 모든 사람들이 성장하고 성공하는 것은 아닙니다. 어떤 사람은 조금 시간이 걸리기도 하고, 어떤 사람은 굉장히 빠르게 성장하고 성공하기도 하거든요. 개인적으로 성장과 성공의 시간은 '운'에 달려 있다고 생각합니다. 결과까지 우리가 결정할 수 있었다면 세상에 성장하고 성공하지 못하는 사람은 아무도 없었을 테니까요. 그래서 저는 결과보다 과정에서 최선을 다하고, 우리가 기대했던 결과가 나오기를 기도해야 한다고 말합니다. 최선을 다하고, 결과는 하늘에 맡긴다는 표현과 같죠.

이때 원하는 결과를 얻을 수 있도록 강력하게 드라이브를 걸어주는 첫 번째가 '피드백'입니다. 피드백은 우리가 목표를 달성하기 위해 지금까지 해왔던 과정과 행동들을 다시 되돌아보며 '잘하고 있었던 행동/일하는 방식'과 '잘못하고 있었던 행동/일하는 방식'을 구분하는 것입니다. 그리고 목표 달성을 위해 조금 더 나은 행동과 일하는 방식을 찾아 그것을 강화하는 것이죠.

두 번째 강력한 드라이브는 '그릿과 루틴'입니다. 그릿과 루틴을 섞게 되면 우리는 이런 행동을 하게 됩니다. 그 결과가 나올 때까지 끝까지 하는 것이죠. 성공한 사람의 방식을 고집하는 것이 아니라, 내가 성공할 때까지 반복한다고 해야 할까요? 제가 '매일 글을 쓰고, 뉴스레터를 발행하는 것도 그릿과 루틴 중 하나이고, 책으로 연결해서 조금 더 난이도 있는 글을 쓰는 것도 이에 해당하는 모습이지 않을까?' 하는 생각을 해보게 됩니다. 제 성장과 성공의 가장 큰 영향을 준 것이 바로 '6년 동안 매일 했던 글쓰기'였으니까요.

퀀텀 리프*Quantum leap*, 대나무의 폭발적인 성장을 의미하는 말이기도 한데, 누적된 지식과 경험 그리고 학습을 통해 이전과는 다르게 급작스럽고 빠르게 성장하는 것을 의미하는 단어입니다. 개인적으로 퀀텀 리프의 성장을 하는 방법도 계단식 성장 방식과 크게 다르지 않다고 생각합니다. 3년이라는 시간, 아니, 어쩌면 4~5년이라는 시간 동안 성장을 위해 뿌리를 내리고, 기본을 튼튼하게 만든 이후 급격한 성장의 시기를 거쳐도 이겨낼 수 있는 대나무를 보며 빠른 성장이 아니라, 빠른 성장을 위한 나만의 기본기를 중요하게 준비해야 한다는 것을 더 깨닫게 되었네요. 또 하나, 생장점이 마디마다 있다는 이야기를 들으며 조직의 성장과 개인의 성장을 구분할 수 있게 되더라고요. 조직은 성장하더라도 개인의 성장이 뒷받침되어야만 조직 또한 퀀텀 리프를 경험할 수 있다는 것이죠.

[모소 대나무의 성장]

1) 씨를 뿌리고, 2년 동안 아무런 변화가 없던 대나무는 3년째 30cm의 죽순으로 성장. 3년 동안 단지 30cm, 그리고 4살이 되어도 30cm 그대로

2) 5년 차가 된 대나무는 퀀텀 리프를 경험하게 되는데, 이때 하루에 성장하는 길이가 1m이고, 이 퀀텀 리프가 가능한 또 다른 이유는 마디마다 생장점이 있어서 그 마디들이 모두 성장할 수 있기 때문

모소 대나무의 성장을 보며, 나의 성장을 위한 노력, 그리고 조직의 성장을 위한 구성원들의 성장에 대해 생각해보게 되었습니다. 그리고 스타트업의 성장을 비교해보게 되었죠.

 [신수정의 일의 격] "훈수는 잘 두는데 보고서는 못 만들어"…퇴직 임원들 재취업이 어려운 이유

 직장에서 이름값 하고 싶다면

 어느 대나무의 고백-대나무의 성장(퀀텀 리프)를 아시나요~?

생각할 질문

1) 외부의 지식과 경험을 들을 수 있는 사람들과 얼마나 자주 만나시나요?

2) 자신의 지식과 경험을 글과 동영상, 책 등의 콘텐츠로 남기시나요?

3) 멘토링과 코칭을 해주는 외부 사람들이 있나요?

4) 멘토링과 코칭을 해주는 외부 사람이 있나요?

5) 새롭게 변화하고 있는 나의 행동은 무엇인가요?

성장하는 사람들에게는 어떤 특징이 있을까요? 반대로 성장이 멈춘 사람들은 어떤 특징이 있을까요? 중요한 것은 성장하는 사람과 성장이 멈춘 사람은 자신뿐만 아니라 주변 동료들에게까지 그 영향을 미친다는 것입니다. 그리고 그 특징들은 모두 행동으로 연결이 되죠. 오늘은 단 한 가지, 성장하는 사람과 멈춘 사람의 행동을 한번 찾아보시면 좋겠습니다.

경력과 실력은 비례하지 않습니다

Fixed mindset(고정 마인드셋)을 가진 사람의 특징은 무엇일까? 다양한 연구들을 통해 몇 가지 공통점을 찾아볼 수 있을 것 같습니다. 제가 생각하는 몇 가지 행동이 있는데요.

- 자신이 모르는 게 생기면 부족함을 들키지 않으려 조직 내부가 아닌 외부에서 알아본다.
- 각 개인의 평가와 명성이 중요하므로 조직보다 개인의 성과중심으로 행동한다.
- 내 일이 아니면 관심을 두지 않는다.
- 내 의견과 견해를 설득하는 것만 중요하게 생각한다(타인의 의견이 관철되면, 그가 나보다 더 똑똑하다는 것을 증명하는 것이기 때문이다).

• 실수와 실패는 용납할 수 없기에 드러나지 않게 감춘다

(그래서 타인에게 피드백 받는 것을 어려워하고, 피드백을 받았을 때 변명하거나 외부에서 원인을 찾는다).

더 큰 문제는 이러한 Fixed mindset을 가진 리더를 만났을 때입니다. 《사수가 없어도 괜찮습니다》의 저자인 이진선 님은 브런치 글에서 하나의 사례를 공유해주셨는데요. 디자인 부심이 강했던 CEO와 팀장은 '다른 포지션의 사람들은 디자인을 거드는 존재이고, 그들을 가르쳐야 하는 대상'이라고 생각하고 있었다고 하죠. 리더가 Fixed mindset을 가지게 되면 '내 생각이 정답'이라고 생각하고 행동합니다. 고객과 팔로워가 나와는 다른 의견을 내거나, 내가 모르는 방법을 제안하게 될 경우 '잘 몰라서 하는 소리야. 그 사람은 전문가가 아니야'라는 말로 받아들이지 않고 무시하게 되죠. 결론적으로 일의 성공은 내 방식으로 진행되어야 한다는 논리가 펼쳐지게 됩니다.

재미있는 것은 결과가 실패했을 때입니다. Fixed mindset으로 무장한 리더는 절대 실패하지 않습니다. 모든 실패의 원인이 자신이 아닌, 팔로워의 미숙한 실력과 외부 예기치 못했던 사항들에 있기 때문이죠. 그래서 내가 새롭게 바꾸거나 학습하거나 미안해할 필요가 없습니다. 팔로워를 바꾸거나, 내 환경을 바꾸면 되거든요.

이진선 님의 글에서는 초보자와 전문가를 '드라이퍼스 모델 _Dreyfus model_'을 통해 설명해줍니다. 드라이퍼스 모델은 1980년대, 드라이퍼스 형제(스튜어트 드라이퍼스, 휴버트 드라이퍼스)가 고안한 기능습득 모형입니다.

1) 초급자_Novice_

• 해당 기술 영역에서 사전 경험(사고에 변화가 생기는)이 거의 없는 단계
• 자신이 선택한 결과가 좋거나 안 좋을지 모른다
• 배우는 것보다 당면 과제를 달성하고 싶어한다
• 실수에 대응할 방법을 모르고, 잘못되는 경우 혼란에 빠지기 쉽다.
• 상황에 상관없이_context-free_ 통하는 레시피_recipe_가 있으면 효과적으로 일할 수 있다

2) 초중급자_Advanced beginner_

• 고정된 규칙에서 조금씩 벗어나기 시작하여 자신만의 작업을 시도하기도 하는데 여전히 문제해결에는 어려움을 느끼는 단계
• 정보를 빨리 얻고자 하는 욕구도 커진다.
• 자신의 경험 중에서 비슷한 상황에 맞춰서 조언을 활용

하기 시작한다.

- 전체적인 이해는 아직 없고 바라지도 않는다.

3) 능숙자*Competent*

- 개념적인 모델을 정립하고 그 모델을 효과적으로 활용할 수 있는 단계
- 문제를 스스로 해결*troubleshoot*하고 새로운 문제를 해결할 방법을 찾아내기 시작한다.
- 접해보지 못했던 문제라도 당황하지 않는다.
- 전문가의 조언을 찾아서 듣고 효과적으로 활용한다.
- 자신이 선택한 결과에 대해 책임감을 느낀다.
- 과거의 경험을 활용하여 문제를 찾아서 해결하지만 문제를 해결할 때 어디에 초점을 맞춰야 하는지를 어려워한다.
- 다음 단계인 숙련자에 이르려면 도약이 필요하다,

4) 숙련자*Proficient*

- 해당 기술에 관한 큰 개념적인 틀을 찾아서 이해하고자 하는 단계
- 너무 단순한 정보는 좋아하지 않게 된다.
- 이전에 잘못했던 일을 스스로 교정할 수 있고, 다음 번에 더 잘할 수 있는 접근법을 찾는다.

- 격언을 이해하고 적용할 수 있는 능력이 따라온다.
- 경험상 다음에 무슨 일이 일어날지 예측할 수 있다.

5) 전문가 *Expert*

- 적절한 맥락에서 써먹을 수 있을 만큼 방대한 경험을 가지고 늘 더 나은 방법과 수단을 찾는 단계
- 세부사항 중에서도 중요한 것과 그렇지 않은 것을 직관으로 가려낼 수 있다.
- 범위를 제한하고 집중해서 패턴을 발견해내는 데 아주 능숙하다.

여기에서 중요한 것은 한 사람이 초보자, 전문가, 숙련가 모두에 해당할 수 없고, 다섯 가지를 모두 가지고 있다는 것입니다. 예를 들어볼게요. 저는 2004년부터 비즈니스를 시작해서 지금까지 19년 차가 되었습니다.

가장 많은 경험을 한 것은 HRD와 조직문화이고, HR Lead, Coach 등 HR에서 다양한 경험을 했습니다. 그럼 저는 HR Expert일까요? 아닙니다. 다양한 관점에서 볼 수 있지만 저도 5가지를 모두 가지고 있습니다. 간단하게 예를 들어볼게요.

1) 초급자

노무, 특히 조합 및 근로감독관, 노동청과 소통하고 협상하는 부분에 대해서는 초급자입니다. 직접 한 경험도 부족할뿐더러 주로 저보다 더 전문가 분들에게 위임을 하면서 업무를 했거든요. 정확하게 표현하면 대화가 가능한 수준이라고 할까요?

2) 초중급자

HRM 에 대해서는 HR Lead로 의사결정을 하기위한 지식과 기준을 알고 있을 뿐 HRM을 10년 이상 한 분들에 비하면 초중급 레벨밖에는 되지 않습니다. 조금 더 대화가 통하는 수준이라고 할까요?

3) 능숙자

퍼실리테이션에 대해서는 능숙한 편에 속합니다. 관심도 있고, 자주 사용하면서 성과를 내기도 하거든요.

4) 숙련자

코칭에 대해서는 경험과 관심, 지식과 이론이 어느 정도는 숙련도에 올라와 있습니다. 누군가를 가르칠 수도 있고, 컨설팅을 할 수 있는 단계이기도 하죠.

5) 전문가

HRD, 조직문화와 관련해서는 제 기준에서는 전문가라고 생각합니다. 물론 저보다 더 전문가도 많이 있지만요.

리더이든, 전문가이든 20년 차 경력자이든 모든 정답을 알 수 없는 이유는 여기에 있습니다. 우리는 컴퓨터가 아닌 사람이기 때문에 우리 직무에서 필요로 하는 모든 지식과 경험을 알 수 없다는 것이죠. 이것을 인정하고, 신입사원이든 고객이든 또는 내 직무를 경험해보지 않은 다른 직부의 동료이든 싱장하는 사람들은 '다른 사람의 다른 의견을 듣기도 하고, 나와는 다른 경험을 물어봅니다.' 그렇게 새로운 지식과 경험을 알게 되는 순간이 자신이 성장하는 시간이라는 것을 알고 있기 때문입니다. 그래서 저는 성장하는 사람들에게는 공통적인 특징을 이렇게 설명합니다.

- 높은 목표가 있습니다.
- 자신을 객관적으로 인식하는 메타인지 능력이 있습니다.
- 자신과 다른 의견, 생각을 듣고 객관적인 관점에서 토론합니다.
- 실력은 경력순이 아니라, 실력은 각자 다르다는 것을 알고 있습니다.

- 혼자서 할 수 있는 것에는 한계가 있고, 함께해야 한다는 것을 알고 있습니다.
- 마지막으로 성장하는 사람들은 지속해서 사람들에게 묻고, 피드백하고, 다시 행동을 바꾸는 학습을 반복합니다.

 실력은 연차와 비례하지 않는다

생각할 질문

나는 어떤 성장의 행동을 하고 있나요? 반복되는 이 행동이 지금이 아닌, 미래 나의 성장을 결정하게 됩니다.

한 번뿐인데 해봐야 하지 않을까요?

사람마다 중요한 가치관이 다릅니다. 그리고 그 가치관을 찾는 것이 세상에서 가장 중요한 일이죠. 하지만 성장하기 위해서 더 필요한 것은 내 가치관을 이외에 다른 가치관을 이해하는 것입니다.

이번 글에서 독자분들에게 기대하는 것은 두 가지입니다. 하나는 '나와는 다른 관점도 있구나'라는 것을 이해하는 것이고, 다른 하나는 '그래서 내가 이번에 어떤 다른 행동을 해볼까'라는 실행의 독려입니다. 이 두 가지의 기대를 여러분도 한번 적용해보셨으면 좋겠습니다.

내가 경험해봐야 알 수 있습니다

우리는 많은 학습을 합니다. 요즘 시대에는 학습할 수 있는 지식과 정보, 다양한 경험들이 넘쳐나기도 하거든요. 어쩌면 콘텐츠의 시대가 되어가고 있다고 할까요? 2001년 인턴으로 처음 비즈니스를 경험했을 때, 그 이후로도 오랜 시간 동안 비즈니스에 대해 학습할 수 있는 공간과 나에게 지식을 공유해주는 사람은 소수에 불과했습니다. 그런데 지금은 어떨까요? 처음 직장 생활을 시작하기 전부터 많은 비즈니스인은 초보라고 하기엔 너무 많은 지식과 정보, 경험을 미리 쌓고 시작하는 것 같습니다. 온라인 강의에서, 책에서, 수많은 커뮤니티를 통해서 말이죠. 그런데 그 지식과 경험이 성장이 아닌, 성장의 장애물이 되기도 하는 것 같습니다.

제 딸은 2009년생, 2023년 올해 중학교 2학년입니다. 그리고 공부를 좋아하는 것 같기도 하고 아닌 것 같기도 하죠. 공부 말고도 책임감 있게 약속을 잘 지키는 것 같기도 하지만, 반대로 약속을 잘 어기는 것 같기도 합니다. 그때마다 주변 어른들은 '○○○ 해야 하는데…'라며 아이가 해야 할 일과 하지 말아야 할 일을 정해두곤 하죠. 하지만 제 생각은 조금 다릅니다. 실패도, 실수도, 약속을 지키지 않는 것도, 시험 준비를 하지 못해서 시험을 망치는 경험도, 친구들과 화상으로 수다를 하며 새벽 2~3시에 잠 들어서 다음 날 지각도 하고, 하루 종일 피곤함을 느껴봐야 한다고 말하곤 하거든요. 그런 상황이 생겨도 큰일이 벌어지는 것은 아니니까요.

수많은 리더와 수많은 어른이 팔로워와 자녀에게 '해야 할 행동'과 '하지 말아야 할 행동'을 규정해주곤 합니다. 피드백을 할 때도 '내가 경험해보니, 내가 아파보니, 내가 성공해보니…'라는 말로 대화를 이끌어가거든요. 그런데 그것은 내 경험이 아닌, 네 경험일 뿐입니다. 내가 경험해보지 못한 것은 납득하지 못하는 시대이기도 하죠. '실수도, 실패도, 성공도, 성장도 우리는 경험해봐야 합니다. 그래야 그 과정에서 나에게 맞는 내가 유지해야 할 행동과 하지 말아야 할 행동을 알 수 있게 되거든요.'

고난도, 뼈를 깎는 고통도 내가 경험해보지 않으면 내 한계, 내 능력과 체력의 끝을 알 수 없습니다. 누군가의 성장을 응원할 때 그 기준은 내가 가진 지식과 경험이 아닌, 그가 되어야 합니다. 내가 줄 수 있는 것은 그가 자신만의 생각과 관점에 사로잡히는 것을 막아주는 것이죠. 최고의 선수가 성공하는 감독이 되지 못한다는 정설이 있습니다. 그 이유는 '나에게는 쉬웠는데, 너도 이렇게 하면 돼', '이게 왜 안 돼?'라는 나의 지식과 경험에 빠져 그의 모습을 보지 못했기 때문입니다.

우리의 삶은 언제나 선택의 시간으로 구성되어 있습니다. 성공도 실패도, 성장도 멈춤도 우리가 선택한 단 하나에 내 시간을 사용했기 때문이죠. 하나의 선택밖에는 경험하지 못한 우리가 다른 선택의 결과를 알 수는 없지 않을까요?

그의 관점을 존중해주면 좋겠습니다. 그의 지식과 경험을 이해하고 알아가는 시간을 가져보면 좋겠습니다. 그리고 중요한 것은 '그가 다양한 관점 속에서 더 나은 의사결정을 하고, 시간을 사용할 수 있도록 도와주는 것'이라는 것을 기억하고 실행으로 옮기는 것입니다. 아무리 좋은 성공 방정식이라도 그것은 내 것이 아닙니다. 우리가 해야 할 것은 나만의 성공, 성장 방정식을 찾아가는 것입니다.

[전문기자 칼럼] 고난은 어떻게
탁월함의 친구가 되었나

"뼈 깎는 노력은 반드시 실패"
대치동 1타 강사의 고백, 왜

완성은 없습니다. 이 세상 모든 것은
불완전한 '아직'입니다

완전하다는 단어를 표현해주는 물건이나 상황이 있을까요? 이 질문에 대한 답은 'NO'라고 아주 명확하게 할 수 있습니다. 이유는 간단하죠. 완전하다는 것은 모든 것을 다 알고 있는 사람만이 할 수 있는 표현인데, 세상에 모든 것을 다 알고 있는 사람은 없거든요. 이는 하나님의 영역이죠. 그런데 우리는 완전한 모습을 기대하며 나의 변화와 도전을 거부하고는 합니다.

직장에서 새로운 도전을 할 때, 새로운 과업을 맡게 되었을 때, 기존보다 더 높은 수준의 목표가 주어졌을 때, 갑작스럽게 리더가 되었을 때, 환경이 바뀌었을 때, 그리고 나와는 다른 피드백을 동료나 리더를 통해 전달받았을 때 우리가 가장 먼저 하는 행동은 바로 '거부권을 행사하는 것'입니다. 변명을 하기도 하고, 지금까지 내가 해온 결과와 과정들을 실명하기도 하죠. '나 지금까지 잘해왔는데?', '나 정말 시간이 없는데?'라는 말을 하면서 말입니다. 그런데 그 내면을 들여다보면 어느 순간 '내가 지금보다 더 잘 할 수 있을까?'라는 두려움 때문에 도전과 변화를 거부하는 행동을 하고 있는 내 모습을 돌아보게 됩니다.

"새로운 것에 도전하고자 할 때, 이 방법을 주머니에 넣어두고, 늘 꺼내 보시라. 당신의 부정적인 감정은 그대로 인정하되, 보다 생산적으로 당신의 생각과 행동을 바꿀 수 있다."
  – 데이비드 노박 전 얌브랜드 회장

노박의 이야기를 요약해보니 이렇게 나오네요.

1) 내가 잘하지 못하는 도전적인 영역을 떠올려 보라(아주 높은 수준의 모습, 내가 해보지 않았던 목표 등).

2) 부정적은 문장으로 만들어보라(나는 ○○○을 할 수 없어. ○○○은 불가능해).

3) '아직' 이라는 단어를 넣어 말해보라(나는 아직 ○○○을 할 수 없어. 아직 ○○○은 불가능해).

4) 이제 작은 행동을 하나 떠올려 보라.

우리는 삶을 살면서 수많은 도전과 새로움을 마주하게 됩니다. 그때마다 우리가 할 수 있는 선택은 '도전하든가, 회피하든가'이죠. 그런데 도전을 완성형으로 생각하는 순간, 우리는 도전하지 않고 회피를 하게 됩니다. 내가 해보지 않았던 일, 내가 익숙하지 않은 일을 시작하는데 바로 성과가 나오기를 바라는 것 자체가 바로 '완성된 나의 모습'을 기대하기 때문이거든요.

변화와 도전을 하기 위해서 필요한 것은 '작은 행동의 변화'입니다. 누군가의 성장을 돕는 리더가 되고 싶다면, 그에게 매일 인정과 칭찬을 한 번씩 하는 것에서부터 시작하는 것이고, 그와 일주일에 한 번씩 그의 꿈과 비전, 그의 과업과 성장에 대해 이야기하는 것에서부터 시작하면 됩니다. 처음부터 잘하려고 하지 말고, 처음에는 짧은 인사에서부터 시작이고 두 번째는 2~3가지 질문을 통해 대화를 시작해보세요. 그리고 그 과정에서 내가 조금 더 나은 대화를 이끌어가기 위해 책도 보고, 동영상도 보고, 주변에 대화를 잘하는 사람들에게 배움의 시간을 가져보세요. 조금씩 조금씩 나아지는 나의 모습을 볼 수 있을 겁니다.

변화와 도전은 더 나은 목표와 모습을 만들어 가는 과정입니다. 그래서 그 과정에서의 수많은 시행착오는 그저 나의 최종 결과물을 만들어가는 과정일 뿐이고요. 완성된 멋있는 모습이 떠올랐다면,

1) 지금까지 하지 않았던 작은 행동을 하나 찾아보세요.

2) 그리고 그 작은 행동을 시작해보세요.

3) 그리고 그 작은 행동을 더 잘할 수 있는 작은 학습을 함께해보세요.

4) 마지막은 그 작은 행동과 학습을 꾸준하게 반복하는 것뿐입니다.

'그건 할 수 없어' '해도 안 될 거야'를
없애주는 마법의 단어 하나

어떤 어려운 목표를 가지고 계신가요? 그 어려운 목표를 달성하기 위해 지금 내가 할 수 있는 작은 행동을 시작해보세요. 그 목표는 작은 행동으로부터 만들어집니다.

최고가 되는 방법:
(Sweet spot + Deep practice + Master coach)
× 의식적인 1만 시간 훈련

성수초등학교 4학년생 탁구천재 이승수 선수, 한국과 대만 출신 야구선수의 마인드 그리고 백종원의 골목식당이라는 프로그램에 출연하면서 유명해진 돈까스 전문점 '연돈'의 기사를 읽으며 3권의 책이 생각났습니다. 대니얼 코일의 ≪탤런트 코

드: 재능을 지배하는 3가지 법칙≫, 말콤 글래드웰의 ≪아웃라이어≫, 그리고 안드레스 에릭슨과 로버트 풀의 ≪1만 시간의 재발견≫이 바로 그것입니다. 이 3가지를 연결한 학습 방법을 제가 사용하고 있거든요.

먼저 텔런트 코드에서는 3가지의 법칙을 이야기합니다.

1) Sweet spot(점화 장치)

한 번도 경험하지 못했던 영역을 넘어선 롤모델이 생기면 그 롤모델을 따라가기 위해 더 뛰어난 인재가 반복해서 나타난다는 것입니다. 이런 롤모델은 바로 선구자의 역할을 하는데 예를 들어, 우리나라에서 박찬호 선수 이후에 추신수, 류현진, 김광현 등의 뛰어난 선수들이 미국을 진출할 수 있었고, 박세리 선수 이후 우리나라 여자 골프 선수들이 세계를 씹어먹고 있죠. 축구 또한 그렇습니다. 처음에는 차범근 선수였지만 이후 박지성 선수가 그 롤모델의 역할을 하며 지금의 모습을 갖춰가게 되죠. 이렇게 ○○○ Kids라고 불리는 인원들은 우리가 기존에는 하지 못한다고 생각했던 한계를 뛰어넘어 일정 수준의 탁월한 성과를 보여준 단 한 명의 롤모델을 통해서 만들어집니다.

2) Deep practice(심층 연습)

그럼 그 롤모델은 어떻게 훈련했을까? 가보지 않았던 길을 가는 선수들의 과거 훈련 방식을 추적하다 보면 비슷한 패턴을 찾아낼 수 있습니다. 그저 탁월한 재능을 타고난 것이 아니라 '자신의 실패를 분석하고, 그 부분을 반복해서 연습하고, 교정하고, 자신의 것으로 만들어내는 것'이죠. 즉 끊임없이 Awareness(자기인식)와 함께 Feedback을 반복하는 Deep practice(심층 훈련)를 반복하는 것입니다. 지겨울 정도로 말이죠.

3) Master coach(마스터 코치)

마지막은 바로 마스터 코치입니다. 혼자서 할 수 있는 것은 한계가 있고, 옆에서 객관적인 관점에서 관찰하고, 극단적으로 높은 기준을 요구하는 코치가 있는 것이죠. PT를 할 때 그 역할을 해주는 분들이 바로 퍼스널트레이닝 코치입니다. 혼자서 할 때 Push up을 50번 할 수 있다면, 퍼스널 코치와 함께 할 때면 100개까지도 가능하거든요. 옆에서 윽박지르기도 하지만, 인정과 칭찬을 해주기도 하고, 한계에 다다랐을 때 살짝 도움을 주며 마지막 10개를 할 수 있도록 도와주며 나의 심리적 한계를 50이 아닌, 100으로 만들어주는 사람들입니다. 그리고 Master coach의 또 다른 역할은 학습자가 교만과 좌절에 빠지지 않도록 멘탈을 잡을 수 있도록 도와주는 것이죠. Recognition도 Feedback도 Master coach의 역할이라는 의미입니다.

《아웃라이어》와 《1만 시간의 재발견》이라는 책의 공통점은 '1만 시간의 연습'이 세계 최고를 만들어준다는 것입니다.

　《아웃라이어》에서는 특히, 조금 더 어릴 적에 경험하는 것이 더 빠르게 성장할 수 있다는 것을 보여주는 효과가 있다고 이야기하기도 하고요. 아이들 중에 1~2월생과 11~12월생의 친구들이 같은 유치원에 가게 되면 발달 과정에서 1~2월생이 더 말을 잘하고, 더 튼튼한 몸을 가지고 있게 됩니다. 그 과정에서 칭찬을 더 받기도 하고, 운동이나 발표 등에서 더 두드러지는 기회를 얻게 되죠. 이 과정이 반복되면 1~2월생의 아이들은 자신감을 갖게 되고, 그 기회를 통해서 성장할 수 있게 되는 반면, 11~12월생은 상대적으로 적은 기회를 받으며 성장이 더디게 된다는 것입니다.

　그런데 《1만 시간의 재발견》에서는 조금 다른 이야기를 합니다. 바로 '의식적인 훈련'에 대해서 말이죠. 의식적인 훈련Deliberate practice이란? 단순하게 시간만을 반복하는 훈련이 아닌, 구체적인 목적을 가진 훈련을 의미합니다. 예를 들어, 글을 쓸 때 그냥 글을 쓰는 것이 아니라, What, Why, How, Bug, Case의 카테고리를 나눠서 훈련하는 것, 악기를 연주할 때 처음 2분의 1의 속도로 시작해서 10%씩 속도를 끌어올리면서도 실수하지 않는 연습 등이 이에 해당하는 연습입니다. 정확하게 이번 연습에서 내가 기대하는 목적을 정하고, 그것을 반복해서 조금씩 끌어 올리는 훈련이죠. 이는 위에서 이야기 한 Deep practice와도 일부 연결됩니다. 그래서 가장 좋은 방법은 바로 '촬영과 녹음'을 하고 그 영상을 돌려 보면서 Awareness를 극단적으로 끌어올리는 피드백 방식을 활용하는 것이죠. 이렇게 Deliberate practice(의식적인 훈련)를 1만 시간 반복할 때 최고의 역량, 스킬, 경험을 갖추게 된다는 의미입니다.

성장을 위해서 어떤 방식으로 내 시간을 사용하고 있을까요? 어쩌면 노력하지 않고, 시간을 투자하지 않고 훈련과 내 실력의 향상을 위해 스트레스를 받지 않으면서 단지 좋은 결과만을 바라고 있지는 않은가? 하는 생각을 하게 됩니다. 다음 기사를 보면서는 이런 생각을 하게 되더라고요.

1) 11살 아이는 자신의 삶에서 얼마의 시간을 탁구에 사용하고 있을까? 그리고 이 아이의 탁구 상대는 언제나 자신보다 더 잘하는 어른들이었지 않았을까?

2) 내가 지금 내 실력을 쌓는 과정 속에서 마음속, 환경적인 안전감을 가지고 있을까?

3) 나는 내가 가진 실력보다 더 높은 목표에 도전하고 있을까?

성장하고자 하는 열정과 목적이 있다면 그만큼의 노력과 투자가 필요하다고 생각합니다. 그리고 그만큼 내가 하고 싶은 일을 포기해야 할 수도 있어야 하고요. 유재석도 그렇게 담배를 피고 싶지만, 조금 더 오랫동안 방송을 하기 위해 그것을 참고 있다는 인터뷰가 떠오르는 이유이기도 하고요.

 10살 많은 실업 선배 격파,
11살 탁구 유망주 탄생

 마이너리거 '한국 4명-대만 18명'
차이 왜? "마인드부터 다르다"

 연돈 수제자들이 10일도 못 버티고
도망가는 이유는 바로…

생각할 질문

나는 성장을 위해 어떤 노력을 하고 있나요? 높은 목표, Sweet spot, Deep practice, Master coach, Deliberate practice, 그리고 1만 시간 동안의 훈련. 이 중에서 나에게 빠진 고리를 찾아보면 좋겠습니다. 열심히 하는 것만으로는 부족하고, 성장이라는 목적을 달성하기 위해 잘하는 것이 필요한 시점이니까요.

동료의 힘, 어떤 동료들과
함께하고 있나요?

내 주변에는 어떤 동료들이 많이 있나요? 그리고 나는 내 주변 동료들에게 어떤 동료로 기억되고 있나요? 이번에는 이 두 가지 질문에 대한 답을 찾아보는 시간이 되었으면 좋겠습니다.

Quiet quitting(조용한 퇴사)에 대한 정의는 다양합니다. 하지만 저는 학습과 성장이라는 기준으로 Quiet quitting을 정의하려고 합니다. 혹시 내가 일하는 조직에는 Quiet quitting을 하는 구성원들이 얼마나 되나요? 그리고 그들이 원하는 것은 어떤 것일까요? 한번 우리 조직을 들여다보는 시간이 필요한 지금이라고 생각합니다.

Quiet quitting, 조용히 포기하는 직장인

Quiet quitting에 대해 사전적 정의를 찾아보면 '직업적 승진을 위해 지나치게 애쓰는 걸 차분히 내려놓는 것'을 의미합니다. 열심히 일하지 않고, 더 어렵게 일하지 않겠다는 의미이죠.

Quiet quitting을 하는 인원들은 공통적으로 다음의 행동을 반복합니다.

- 내가 기존에 하던 방식대로 일하려고 하고, 다른 방식으로 업무가 변환되는 것을 꺼려한다.
- 새로운 목표와 높은 목표에 도전하는 구성원들을 멀리하고, 뒤에서 (또는 앞에서) 핍박한다.
- 일과 삶이 구분되어야 한다고 생각하며 'Your work is NOT your life'라고 이야기한다.
- 팀과 조직의 목표, 고객의 불편과 니즈보다 '나의 근무 시간이 더 중요하다고 말하고 행동'한다.
- 동료의 업무는 고려하지 않고, 나만의 업무에 집중한다.
- 더 잘하려고 노력하지도 않고, 더 성장하려고 학습하지 않는다.

그런데 Quiet quitting에 대한 오해도 많습니다.

오해 1) Quiet quitting을 하는 인원들은 사직을 하는 인원이 아니라, 회사는 계속 다니면서 내가 속한 조직과 과업에서 더 나은 성과와 성장을 하지 않겠다고 말하고 행동하는 사람들입니다.

오해 2) Quiet quitting을 하는 인원은 '나 혼자'에 대해 생각하지만, 함께 일하는 동료들은 Quiet quitting의 구성원으로부터 부정적 에너지를 받으며 일을 배우고 학습합니다. Quiet quitting을 하는 선배나 리더에게서 처음 일을 배운 팀원이 성장하는 것은 '낙타가 바늘 구멍을 통과하는 것보다 어려운 일입니다.' 나는 누군가에게 영향을 주고 있다는 것을 잊고, 혼자만의 세상을 고민합니다.

오해 3) Quiet quitting을 하는 인원들은 '내가 일을 적당히 하고, 내가 성과와 보상 그리고 승진을 포기하는 것'이라고 이야기하지만 조직 내 수많은 규칙과 HR 시스템상 그들을 구분해서 관리하는 것은 어렵습니다.

오해 4) 조직은 한정된 자원을 바탕으로 고객을 더 만족시키고, 매출과 이익을 향상시키는 것을 목표로 삼고 있습니다. 그래서 한정된 자원을 더 효율적으로 사용하고자 노력하는데, 그

중에 가장 희소한 것이 바로 '인재이자, 구성원의 역량'이라는 것을 Quiet quitting을 하는 인원들은 인정하지 않습니다.

오해 5) Quiet quitting을 하는 인원들은 삶과 일이 구분되어 있다고 말합니다. 저 또한 무조건 일을 잘해야 한다거나 일에 몰입해야 한다고는 생각하지 않습니다. 하지만 일에서의 행복은 삶에서의 행복으로 연결되고, 일은 사람들과도 연결될 수 밖에 없습니다.

대기업의 임원들과 리더들을 만날 때면 가장 많이 듣는 고민이 'Quiet quitting'을 대놓고 주장하는 구성원들을 어떻게 해야 하는가? 입니다. 특히, 강성 노동조합이 있는 기업과 일부 대기업에서는 동료들 간에도 Quiet quitting의 구성원들에 대한 불만이 높다고 합니다. 하지만 대안이 없죠. 해고가 어렵고, 회사의 변화와 도전에 대한 장벽이 너무 많기 때문입니다.

스타트업에서도 Quiet quitting의 인원들이 많이 있습니다. 단, 변화하지 않고 학습과 성장하지 않겠다는 인원이 아닌, 회사와 팀의 목표가 아니라 '내가 하고 싶은 일만 하겠다'는 주장이죠. 스타트업에서 Quiet quitting은 '회사와 팀이 어떻게 되든 나는 성장해야겠다는 개인주의자'들을 의미합니다.

정답은 없습니다. Quiet quitting의 구성원들에 조직과 리더가 어떻게 대처해야 할까요? 정말 저도 정답을 모르겠습니다. 초기 스타트업이나 팀이 새롭게 세워지는 리더에게는 '처음부터 Growth mindset'을 갖춘 구성원들을 채용해야 한다고 하는 말 이외에는 말이죠. 만약 Quiet quitting의 구성원들로만 구성된 조직이 맡겨진다면 저는 이렇게 하게 될 것 같습니다.

- 그들의 이야기를 다 듣고
- 조직에게 영향을 주고 있는 내부와 외부 환경을 오픈하며
- 내가 운영하고자 하는 조직의 목표와 인재상을 공유합니다.
- 일하는 방식의 변화(높은 목표에 도전 - 학습 - 새로운 실행 - 피드백 - 새로운 목표 설정 - 학습 - 새로운 실행… 반복)를 공유하고
- 그에 맞는 사람들을 한 명씩 채용하면서 Growth mindset의 생각과 행동을 하는 구성원들을 늘려가고
- 변화하지 않는 구성원들에게 자신에게 맞는 다른 곳으로 이동할 수 있도록 기회를 열어주겠습니다.

맞지 않는 옷을 입게 되면 누구든지 어울리지 않지만, Quiet quitting이 맞는 조직도 있을 테니까요. 저와 맞지 않을 뿐이죠.

조용한 퇴사 Quiet quitting

 일이 삶의 전부는 아니다…공감 커지는
'조용히 그만두기 Quiet quitting'

생각할 질문

Quiet quitting에 대해 어떻게 생각하시나요?

Quiet quitting이 늘어나는 지금

갤럽은 직장인들의 몰입도를 정기적으로 조사하고 공유를 합니다. 그중 최근 조사에 따르면 지속해서 오르면 몰입 비율이 처음으로 2022년에 감소하기 시작했다고 합니다. 36%에서 32%로 말이죠. 반대로 적극적 비몰입은 14%에서 17%로 상승하기 시작했습니다. 과거에는 몰입하는 인원의 수를 늘리고, 적극적 비몰입의 인원을 줄이는 데 집중했다면 요즘에는 비몰입하는 인원, 즉 중간에 끼어 있는 Quiet quitting 인원인 51%에 관심을 더 갖더라고요. 이유는 간단하죠. 바로 '영향력' 때문입니다.

지금은 리더십의 시대가 아니라, 조직문화의 시대입니다. 리더십과 조직문화의 차이는 '누가 구성원에게 영향을 주는가?'로 볼 수 있습니다. 리더십의 시대에는 강력한 소수의 리더가 구성원들에게 영향을 주었습니다. 경청하는 리더, 질문하는 리더, 지시하는 리더 등 리더의 행동이 많은 구성원에게 영향을 끼쳤죠. 지금도 리더십의 영향은 비슷합니다.

그런데 또 하나의 영향력을 주는 사람들이 생겨났습니다. 그것은 바로 '동료'입니다. 과거에는 동료에게 영향을 받는 경우가 그리 많지 않았지만, 최근에는 리더만큼이나 동료들의 행동들이 나에게 영향을 주고 있는 시대를 살게 되었습니다. 아무리 리더가 '심리적 안전감'을 주더라도, 옆자리에 있는 동료가 '그게 지금 중요해요? 급한 것 먼저 해요'라고 한마디 하는 순간, 우리는 주눅이 들어버리는 시대이니까요.

동료가 영향을 주는 시대의 가장 큰 지분을 차지하는 것은 MZ세대의 출현이라고 생각합니다. MZ세대는 자신의 생각과 의견을 솔직하게 이야기하기 시작했고, 주변의 눈치를 보지 않고 자신이 맞다고 생각하는 행동들을 하기 시작했거든요. 그리고 많은 시니어가 '꼰대와 라떼' 소리를 듣지 않기 위해서 주니어들의 눈치를 보게 되면서 리더가 주로 전하는 영향력이 신입사원에게까지 확장된 것이죠.

함께하는 동료가 누구인가요? 이제 중요한 것은 내가 어떤 리더와 함께 일하는지가 아닙니다. 내가 어떤 동료들과 함께하고 있는지가 더 중요한 시대를 살게 된 것이죠. 내 주변에 '내 일과 네 일을 구분하는 동료'가 있다면 나 또한 그런 모습으로 변해갈 수밖에는 없습니다. 내 주변에 '지속해서 학습하고, 전문성에서 성장하려고 하는 동료'가 있다면 나 또한 그렇게 학습하고 성장하려고 노력할 수밖에는 없게 되죠. 남을 돕는 동료가 많이 있다면 그 조직에서는 남을 돕는 것이 당연한 것이 됩니다.

'회사 전체가 바쁜 시간이 되었을 때 모든 구성원이 모여 같은 목표를 향해 가는가? 아니면 내 일이 끝났으니 이제 퇴근을 하는가?'의 행동을 보면 나 또한 그렇게 행동하게 될 것이고요.

지식과 경험을 공유하는 동료

그중에 제가 중요하게 여기는 동료들이 있습니다. 아니, 제가 함께하고 싶은 동료들이죠. 첫 번째는 바로 '자신의 지식과 경험을 공유하는 동료'입니다. 처음 직장생활을 했을 때부터 제 주변에는 자신의 지식과 경험을 한없이 퍼주던 선배들이 많이 있었습니다. 그렇게 받다 보니 저 또한 그렇게 주는 선배가 되어 있더라고요. 프로젝트 결과물을 공유해주고, 자신의 강의안을 통으로 전해주고, 읽었던 책과 좋은 자료들의 링크를 주며 "이거 지금 네가 고민하는 부분에 도움이 될 것 같아"라고 이야기해주시던 많은 선배 말입니다.

함께 문제를 찾고자 자신의 시간을 투자하는 동료

한 번은 첫 번째 직장 근처에서 임원 그룹 코칭을 했습니다

잠시 시간이 남아 주변에서 근무하는 후배와 만나 식사를 하고, 커피를 마시게 되었습니다. 지금은 법인의 인사팀장으로 성장한 후배였는데 커피를 마시는 중에 노트북을 열며 자료를 보여주면서 "선배님, 이 자료 어떻게 하면 될까요?"라며 조언을 구하더라고요. 과거에 제가 잘했고 좋아했던 영역이었고 이제는 회사 안에서 이 분야를 잘 아는 사람이 없었는데 제가 불쑥 밥을 먹자고 연락했기 때문에 만들어진 시간이었습니다. 저 또한 그렇게 고민이 있을 때마다 '선배님, 잠깐 시간 되세요?', '선배님, 혹시 OO관련된 자료 있으세요?'라는 질문을 하면서 선배님들의 시간을 뺏고 다녔는데, 이제는 제 시간을 후배들에게 투자하는 연차가 된 것입니다.

어떤 동료로 기억되고 싶나요?
5가지의 동료를 제안하고 싶습니다

- Coach: 언제나 함께 고민하면서 내 생각을 확장할 수 있도록 도와주는 동료
- Mentor: 자신의 경험을 아낌없이 공유해주는 동료
- Consultant: 전문성을 가진 분야에서 자신의 의견을 솔직하게 공유하며 맞고 틀림을 제안해주는 동료
- Teacher: 자신의 지식을 가르쳐주는 동료
- Counselor: 공감과 위로를 통해 따뜻하게 해주는 동료

가까이 해야 할 동료가 있다면 멀리해야 할 동료들도 있겠죠? 양동이 속에 게를 잡아넣으면 탈출하려는 게를 그 아래에 있던 게가 잡아 끌어내리는 행동을 반복하면서 아무도 양동이를 벗어나지 못하는 현상을 크랩 멘탈리티*Crab mentality* 효과라고 한다고 합니다. 조직 안에서도 이런 현상은 자주 발생하죠. "적당히 해. 그렇게 열심히 해봤자 CEO만 좋은 일이야"라며 몰입을 방해하거나 "그런 방법으로 될 것 같아? 불가능해"라며 의지를 끌어내리는 사람들이 있죠.

크랩 멘탈리티 현상이 나타났을 때 이렇게 대처하라고 이야기합니다. '나의 성공이 그 사람의 평가에 달려 있지 않다는 사

실을 인정하는 것'과 함께 주변에 온통 나를 끌어내리는 게들이 득실득실 할 때에는 '다른 터전으로 내 삶의 환경을 옮기는 것'이라고 말이죠. 저 또한 크랩 멘탈리티의 영향을 주는 행동을 하는 구성원들에게는 '당신이 어떤 행동을 반복하고 있는가?'에 대해 질문하고, '그 행동이 나와 동료들에게 어떤 영향을 주는지 알고 있는가?'라는 임팩트 관점에서의 대화를 나누려고 노력합니다. 변화하면 함께 하고, 변화하지 않으면 손절을 해야 할 수도 있기 때문이죠.

내가 어떤 행동을 반복하는지에 따라, 내 주변 사람들이 변할 수 있다는 것만 기억해보는 시간이 되었으면 좋겠습니다.

 [긱스] Quiet quitting(조용한 그만두기), '조용한' 것이 가장 큰 문제

 [TED] 어떻게 행동을 이끌어 내는가? 그리고 두 번째 리더의 중요성

 기업 사례를 통해 배우는 동료 코칭 성공 요인

 내가 안 되는데, 네가 될 것 같니? _크랩 멘탈리티 효과

생각할 질문

내 주변의 동료들의 특징을 키워드로 정리해볼까요? 그리고 그 키워드가 나에게 주는 영향을 떠올려보세요.

성장이라는 키워드를 가진 동료가 중요합니다. 김경일 교수님께서 써주신 글 중 두 가지가 기억 속에 박혀 버렸습니다.

"일, 공부, 훈련 어느 하나 그 자체로 재미있는 것은 없다. 다만 우리는 그 결과물에서 보람과 의미를 찾을 수 있기 때문에 묵묵히 해내는 것이다. 그런데 그 결과물이 잘 나오지 않아도 우리를 버티게 하는 것이 있다. 그것이 바로 성장감이다. 이 성장감은 결과물이나 업적이 잘 나오지 않아도 우리를 더 참게 만드는 거의 유일한 강장제다."

"전문가는 자신이 만들어낸 상당히 괜찮은 결과에도 쉽게 만족하지 못하는 사람'이다. 그러니 일에 경험과 능력을 겸비한 사람이 시간이 지날수록 자신과 측근이 해 놓은 일에 만족감이 떨어지는 것은 어찌 보면 정상적인 과정이라고 볼 수 있다. 그리고 이러한 상황에서 성장감까지 같이 떨어지게 되면 말 그대로 내가 하는 일에 대한 동력 자체를 상실하기 가장 좋은 상태가 되는 것이다."

그런데 조직에서 성장이라는 키워드에 대한 오해가 많이 있습니다. '성장=팀원이 하고 싶은 것을 하는 것'이라고 생각하는 것이죠. 실제 팔로워들을 만날 때면 '성장의 기회가 없어요'라는 말을 하면서 그 이면에는 '내가 하고 싶은 것만 하고 싶어요'라는 메시지를 담고 있더라고요. 성장은 하고 싶은 일이 아니라, 일하는 방식의 변화와 깊이를 의미합니다. 이를 역량이라고 부르죠. 기존에 내가 A라는 스킬, 지식, 경험, 방식으로 B라는 성과를 만들어냈다고 생각해볼게요.

그럼 내가 A라는 방식을 계속 반복한다면 성과는 어떻게 될까요? 여전히 B가 될 것입니다. 만약 C라는 새로운 성과를 만들어 내고 싶다면 A가 아닌, D라는 스킬, 지식, 경험, 방식으로 내 일하는 방법을 바꿔야 한다는 의미이기도 합니다.

그래서 성장은 첫 번째로 '내가 기존과는 다르게 어떤 스킬, 지식, 경험, 방식으로 일을 할 수 있는지?'를 증명해야 합니다. 전쟁터에 나가는데, 소총만 들고 나갈 것인가? 아니면 훈련을 통해 수류탄을 사용할 수 있는 스킬을 습득하고, 전차와 포병 화력을 지원받을 수 있는 화력 지원 요청을 할 수 있는 스킬이 있는지에 따라 전투에서의 내 성과와 생존 가능성은 달라진다는 의미이기도 합니다.

그리고 조직에서 이야기하는 성장은 조금 다른 의미를 가지고 있습니다. 우리는 성장을 '학습과 공부'라고 오해하는 사람들을 많이 만납니다. 학생 신분에서는 그 논리가 가능했습니다. 학습과 공부와 비례해서 시험성적이 올라가는 경우가 많기 때문이죠. 하지만 비즈니스는 다릅니다. 비즈니스에서 성장은 두번째로 '생산성이 더 좋아지는 성과'로 증명되어야 합니다. 만약 1억 원이라는 예산을 사용해서 새로운 프로젝트를 가동했습니다. 이때 다양한 학습을 통해 새로운 방식으로 일하는 방식에 변화를 주고, 피드백을 통해 많은 성공/실패 경험을 습득했습니다. 그런데 만약 이 프로젝트가 실패했다면 우리는 이 프로젝트를 통해 성장했다고 말할 수 있을까요?

제 생각은 '아니다'입니다. 생산성에 변화를 주지 못한 학습은 공부일 뿐이라고 생각하거든요. 단지 우리가 생산성을 증명하며 성장하기 위해서 사전에 필요한 것이 공부일 뿐이죠. 1억 원이라는 프로젝트는 우리가 다음에 성장하기 위한 1억 원짜리 공부일 뿐입니다.

조직에서 성장이라는 키워드를 중요하게 여긴다는 의미를 저는 이렇게 생각합니다.

1) 회사가 추구하는 비전과 미션 그리고 이에 얼라인되어 있는 구체적인 목표가 있고,

2) 이 비전과 미션에 동의하는 구성원들이 모여 있고(채용하고)

3) 구성원들이 비전과 미션, 목표를 달성하기 위해 기여할 수 있는 '내가 하고 싶은 일'을 찾아 내 과업과 얼라인시키고,

4) 내가 잘할 수 있는 방법을 찾고, 학습하고, 물어보며 주도적으로 실행하고

5) 성공과 실패를 피드백하며 다음의 더 높은 목표를 설정하는 것입니다.

6) 그리고 내가 하고 싶은 일이 팀과 회사에 기여하고 있다는 것을 '성과', '생산성'으로 증명하는 것이죠.

최근 SNS에 커리어를 성장하고 싶다면 10가지의 행동을 하는 동료들과 함께 일하는 환경을 구축했으면 좋겠다는 글을 썼습니다. 많은 분이 공감해주셨고, 많은 분이 공유하시더라고요. 이 글을 쓰면서 내가 지금까지 함께했던 동료들을 떠올려봤습니다. 많은 동료가 아래 10가지 행동 중에 1~2가지도 하지 못했지만, 제 기억 속에 남아 있고, 나의 성장에 영향을 준 사람들만큼은 동일한 행동을 하고 있었더라고요.

그리고 지금은 나 스스로 다음 10가지 행동을 눈치 보지 않고 하고 싶은 만큼 하기 위해 독립했고, 그렇게 행동하려고 노력 중입니다. 나는 어떤 행동을 반복하고 있는지? 아니, 나와 함께 일하고 있는 동료들은 나를 어떻게 행동하는 동료라고 기억하고 있을지 한번 물어보는 시간을 가져보면 어떨까요? 저는 성장이 혼자 하는 것이 아니라 함께하는 것이라고 생각하거든요.

1) 자신의 지식과 경험을 무조건적으로 공유해주는 사람들이 많은 곳에서 일하세요.

2) 자신이 모르는 것을 인정하고, 낯 두껍게 물어보는 사람들이 많은 곳에서 일하세요.

3) 반대 또는 다른 의견을 받으면 좋아라 토론하자고 판을 까는 사람들이 많은 곳에서 일하세요.

4) 내가 실수한 부분이나 놓친 부분을 찾아서 웃으며 공유해주는 사람들이 많은 곳에서 일하세요.

5) 업무 시간에는 일하고, 업무 외 시간에는 회사 밖 사람들을 만나며 네트워크 쌓기를 즐기는 사람들과 일하세요.

6) 팀, 고객과 관련된 문제라면 자신의 일을 잠시 내려놓고 함께 문제를 해결하려고 시간을 쓰는 사람들과 함께 일하세요.

7) 사소한 일에도 '감사해요', 자신의 실수에 '미안해요'라는 말을 자주 하는 사람들과 일하세요.

8) '지나가다 주웠다'라며 나를 위해 커피나 과자를 가끔 주워다 주는 사람들과 함께 일하세요.

9) 바빠서 밥 못 먹는 날, 내 점심으로 김밥과 햄버거를 사다주는 동료들과 함께 일하세요.

10) 내가 일을 성공시켰을 때 가장 먼저 축하해주고, 내가 실패했을 때 저녁 시간을 비워두는 동료들과 함께 일하세요.

한 기업의 대표님은 제 SNS에 올라온 열 가지 행동을 보시더니, 5가지 정도를 회사의 조직문화로 삼으시겠다고 해주시더라고요. 그 회사는 꼭 성장하는 회사가 되었으면 좋겠습니다.

'나를 편안하고 즐겁게 해주는 좋은 사람'이 내 주변에 있나요?

내 옆에 '좋은 사람'이 있나요? '좋은 사람과 함께 할 수 있는 일'을 해본 적이 있을까요? 놀면 뭐하니 프로그램에서 조동아리(유재석, 김용만, 지석진, 김수용) 멤버들의 과거 이야기를 들을 수 있었습니다. 신입 개그맨 시절, 김용만은 지금의 유재석만큼 유명한 사회자였고, 유재석은 그저 실수가 많았던 인기 없는 개그맨이었죠. 그런데 지금은 가장 실력 있고, 계속해서 변화하고 성장하는 1인자가 되어 있습니다. 그리고 그 주변 사람들을 계속해서 성장시키고, 성공시키는 사람으로요. 유재석 그리고 그 주변에 있었던 사람들에게 어떤 일이 있었을까요? 성장의 한계가 보이지 않는 사람의 모습을 영상을 통해 보게 되네요.

첫째, '꾸준하게 해본 경험이 있는 사람'입니다. 자연농원과 군대 MC 등 부르면 가야 했던 시절을 이야기하며 군대 MC는 1년에 100회, 3년을 했던 사례를 이야기합니다. 매일 글을 쓴지 5년이 넘는 지금 뒤를 돌아보니 매일 글을 쓴다는 것이 정말 어려웠던 습관인 것 같다고 생각이 들더라고요. 아플 때, 여행 갔을 때, 정말 일이 몰려 있을 때에도 글을 써야 했기 때문이죠. 그런데 그 습관이 지금의 나를 만들었다고 생각해보니 작은 습관을 통해 성장을 맛볼 수 있게 해준 많은 사람에게 감사 인사를 드리게 되더라고요.

둘째, '배울 점이 있는 사람'입니다. 김용만의 강점 중 하나는 '처음 보는 시민들과의 소통' 능력이었습니다. 〈책책책 책을 읽읍시다〉와 같은 프로그램으로 지금의 〈유퀴즈〉와 비슷한 포맷의 이야기를 들으며 유재석이라는 개그맨이 처음보는 사람들과의 대화를 이끌어 내는 스킬이 누구에게서부터 왔는지를 알게 되었네요. 내향형의 낯을 가리는 유재석이 외향형의 김용만의 대화 스킬을 학습하게 된 계기였죠. 지금은 조세호라는 후배가 유재석과 함께 다니며 그의 스킬을 배우고 있더라고요.

셋째, '나를 브랜딩할 수 있도록 도와주는 사람'입니다. 유재석이라는 선수 옆에는 김석윤 PD가 있었습니다. 능력이 드러나지 않았던 유재석을 캐스팅해줬고, 기회를 준 PD였죠. 메뚜기라는 캐릭터를 만들어준 PD였고, '꿍꿍따'라는 유재석을 알리게 되었던 프로그램을 함께 했던 PD였습니다. 실력과 성과가 부족할 때 '1년 후 나와 프로그램을 하자'라며 유재석을 믿어줬던 김영희 PD가 있었습니다. 그리고 김영희 PD는 '질문을 많이 하고 웃기려고 하지 말고, 많이 웃어줘라.' 그렇게 시민분들을 무장해제시키는 김용만과 적극적인 리액션의 유재석으로 과업을 분배합니다.

2019년 처음 스타트업 신으로 이직을 했을 때 함께 스터디 했던 분들이 있었습니다. 이미 스타트업에서 많은 영향력을 행사하던 두 분은 스터디를 통해 저에 대한 경력과 경험, 강점을 알아내고 그것을 주변 사람들에게 알려주기 시작했죠. 그때 '피드백'이라는 키워드로 제가 스타트업 신에 알려지게 되었고, 많은 분이 두 분의 소개로 저와 대화를 하기 시작했죠. 뒤돌아보면 두 분이 없었다면 지금의 제 모습으로 성장하는 데 몇 년은 더 걸렸을 것 같습니다.

넷째, '매일 최선을 다했다'라고 자신할 수 있는 사람입니다. 울렁증이 있어서 말을 더듬고 내향형이라 처음 만나는 사람과 상황에서는 적응하는데 시간이 걸리는 사람입니다. 그리고 큰 목표도 비전도 없는 유재석이지만, 단 하나 반복해서 이야기하는 것은 '하루하루를 열심히 살았다'라는 표현이죠. 조금이라도 더 프로그램을 오래, 잘할 수 있도록 좋아하는 담배를 끊고 매일 운동을 하는 그입니다. 그리고 누구보다도 목표를 향해가고 있고요.

다섯째, '함께하는 팀의 목표가 먼저'인 사람입니다. 유재석과 프로그램을 함께하는 방송 관계자와 연예인들은 한 목소리로 이야기합니다. 프로그램이 잘되게 하는 것이 유재석이 일을 열심히 하는 이유라고요. 쓴소리도 하고, 수많은 아이디어를 내기도 하고 스스로 피드백을 하기도 하죠. 나를 위한 시간도 있지만, 나와 함께하는 동료들의 성공을 위한 시간이기도 합니다.

 [CEO 심리학] 직원들 번아웃 막고 싶다면 성장하는 재미를 느끼게하라

 [코칭 디자인레터 #71] 리더도, 구성원도 모두가 바라는 'Happy and Joy at Work'

 커리어를 선장하고 싶다면 이런 동료를 찾으세요

 [놀면 뭐하니?] 10분 같은 2시간...? 진짜 아침 해 볼 것 같은 조동아리 식전 토크 MBC 220226 방송 (Hangout with YOO)

 [#티전드] 평범한 개그맨이 국민 MC 유느님으로 거듭나기까지 사람 냄새나는 유재석의 진솔한 토크 모음 | #유퀴즈온더블럭 #Diggle

생각할 질문

내 주변에는 성장하는 사람, 좋은 사람이 있나요? 그리고 나는 동료들에게 어떤 사람으로 기억되고 있나요?

Great company의 전제 조건
'Meaningful relationship(의미 있는 관계)'

기업 사례도 한번 생각해볼게요. 에어비앤비의 근무 정책이 조금 수정되었습니다. 브라이언 체스키CEO는 "사무실에서 함께 보낼 날을 지정하는 대신 직접 의미 있는 모임을 우선시해 다 같이 보낼 수 있는 시간을 갖겠습니다. 우리는 계속해서 매우 협력적인 방식으로 일할 거예요"라는 말과 함께 1년 중 최대 90일을 전 세계 어디서든 일해도 된다면서 분기별로 일주일 정도는 팀 모임, 즉 대면 사교 행사를 진행할 것이라고 밝혔습니다. 사무실 출근과 친분을 쌓는 사교 모임을 달리 본 것이죠. 또 유연한 근무라는 새로운 제도를 도입하면서 무질서함을 겪지 않도록 협력할 수 있는 방안을 모색해 협력 세션이나 사교 모임을 사전에 계획해 일정을 마련하겠다고 했습니다.

'사무실 출근이 정답? 코로나는 직장 속 '관계'를 어떻게 바꾸나(찐비트)'라는 기사에서는 동료들과의 관계에 대해 이런 추론을 내어 놓기도 합니다. 글로벌 경영 컨설팅 업체 액센츄어는 2022년 내놓은 보고서에서 직원들이 동료와 상사, 업무와 연결성이 높다고 느낄 때 연간 매출 성장률이 7.4%는 더 올라간다고 추정했고요. 또 다른 글로벌 컨설팅 업체 매킨지도 동료들과 네트워크를 형성하고 더 관계를 잘 맺고 있다고 느낄수록 업무에 1.5배 정도 더 참여한다고 봤죠. 여론조사 갤럽은 2022년 8월 12일(현지시간) "96개국의 11만 2,312개의 사업체를 조사한 결과 직원들의 참여도가 낮으면 전 세계 국내총생산GDP의 11%에 해당하는 7조 8천억 달러(약 1경 2백조 원)의 생산성 손실을 초래한다"라고 평가했습니다.

개인적인 관점에서 Good company와 Great company를 구분 짓는 기준입니다. Good company는 결과적으로 성공한 기업입니다. 그리고 저는 그 기업의 성공을 함께하면서 구성원들 또한 성장할 수 있게 되었다고 믿고 있습니다. 성공한 제품, 서비스, 기술 그리고 기존에는 해보지 못했던 다양한 과업들을 기업의 성공을 통해 구성원들에게 기회가 주어진 것이죠. 하지만 Great company는 조금 다릅니다. 그곳의 직원들은 회사의 성공을 통해 성장하지 않고, 자신의 성장을 통해 기업이 성공할 수 있도록 도와줍니다. 그리고 그렇게 성장한 구성원들은 서로가 서로의 직무상 성장과 인격적인 성장을 돕기도 합니다.

그 작은 경험을 저는 16년이라는 시간 동안 해볼 수 있었습니다. 제가 경험한 기업은 직무에서의 성장뿐만 아니라, 인격적인 성숙함까지 멘토링하고 코칭하던 기업이었고 그렇게 후배들과 동료들에게 성장과 성숙을 공유하기 위해 자신이 가진 모든 지식과 경험, 노하우와 스킬 그리고 시간을 공유하던 많은 선배님이 계셨죠. 그래서 지금도 저를 만나기 위해 찾아오는 사람들에게 제 시간을 사용하고 있는 것 같습니다. 최소한 제가 지금의 모습으로 성장하기까지 받은 만큼은 줘야 하니까요.

Meaningful relationship에 대한 명확한 사회적 정의는 저도 잘 모르겠습니다. 하지만 내가 함께하는 동료와 리더를 신뢰하고 존경할 수 있다면 의미 있는 관계가 직장에서 끝나는 것이 아니라, 삶으로 연결되지 않을까 하는 생각을 갖게 되는 요즘입니다.

에어비앤비의 일하는 방식을 보며 느낀 점은 '우리 회사의 가치관에 맞는 Meaningful relationship'을 적용해가는 부분이라고 생각이 들었습니다. 여행업을 하는 기업으로, 호스트와 게스트 문화가 있는 기업으로, 그리고 함께 어울리며 안전하고 즐겁게 삶을 즐기는 제품과 서비스를 가진 기업으로서 '서로를 알아가는 시간'만큼 중요한 의미 있는 관계는 없다고 생각하거든요. 일하는 장소와 일하는 방식이 중요하지 않습니다. 우리에게 중요한 것은 내가 어떤 동료와 함께 일하고 있는지, 그리고 내가 내 동료에게 어떤 영향을 주고 있고, 내 동료들이 나에게 어떤 영향을 주고 있는지를 이해하고 긍정적 영향을 조금씩 확대하는 것입니다.

일과 삶의 갈림길에서
나의 선택은?

 [찐비트] "사무실 출근이 정답?"
코로나는 직장 속 '관계'를 어떻게 바꾸나

 Meaningful
relationship

생각할 질문

나는 어떤 동료로 기억되고 있을까요?

우선 스스로 성장하는 사람들은 그리 많지 않습니다. 어렵거든요. 성장을 오래하는 사람들은 더 적죠. 하지만 그런 사람들과 함께하는 사람들은 또다시 성장을 경험하게 되죠. 스스로 성장하는 사람들이 내 주변에 많아야 하는 이유는 그들의 가치관과 행동들이 나의 성장을 도와주기 때문이고, 조직의 성공에 가장 큰 영향을 주기 때문입니다. 그런 사람들이 내 주변에 있다면 '세상 무엇보다 가치 있는 복지'라고 생각해볼 수 있습니다. 제가 생각하는 6가지 특징들을 한번 읽어보시고, 거울 속의 나와 내 주변 동료들에 대해서도 한번 생각해보셨으면 좋겠습니다.

스스로 오랜 시간 성장하는 사람들이 가진 6가지 특징

1) 스스로 결정하는가?

의존하는가? 아니면 스스로 결정하는가? 어릴 적 환경에서부터 찾아야 하는 습관입니다. 학교를 결정하고, 학과를 결정하는 것에서부터 공부 방법, 내가 다닐 학원이나 학생 때부터 내 시간을 어떻게 사용할 것인지를 스스로 결정할 수 있어야 하죠. 그런데 요즘에는 자녀에게 선택의 기회를 주는 가정이 그리 많지는 않은 것 같습니다. 부모가 아이의 학원 스케줄을 짜주고, 선생님을 지정해주고, 공부해야 하는 스케줄과 습관도 잡아주거든요. 반대로 하루 학습할 시간을 정하고, 그 시간 동안에 내가 어떤 학습을 할지를 결정하게 해보면 어떨까요? 다양한 배움의 방법이나 사람들을 알려주고 토론하며 나에게 맞는 방법들을 찾아가는 것은 어떨까요? 저도 훈련하고 있는 부분이지만, 아이는 '매일 학습 시간을 정하고, 학습 범위와 학습해야 할 과목 그리고 방법들을 정하고 실행'합니다. 부모가 해줄 수 있는 것은 '지금 학습하는 목적은 무엇일까?', '어떻게 하려고 해?', '그 방법으로 하면 원하는 목적이 이뤄질까?', '어떤 도움이 필요해?', '무엇을 알면 지금의 선택이 조금 더 나아질까?'

그리고 '아빠의 의견 하나만 이야기해도 될까?'라고 물어보는 것이죠. 그리고 최종 선택은 아이가 할 수 있어야 합니다. 이렇게 훈련된 아이들이 성장해서 일을 할 때도 자신이 선택하는 행동을 하게 되죠. 저는 '스스로 자신의 행동과 시간을 선택하는 사람이 성장의 첫 번째 행동'이 된다고 생각합니다.

2) 새로움에 도전하는가?

내 선택에 어떤 방향성을 가지고 있는 지를 보는 것입니다. 잘하는 것을 더 잘하려고 하는가? 어려운 것을 도전하는가?

이 두 가지 질문에 대해 나의 행동을 판단하기 위해서는 '업무 속에서 내 선택의 빈도수'를 체크해보면 좋습니다. 아이가 중학생이 되었을 때 준비물로 수학 문제집 3권을 구입해야 했습니다. 수학 선생님은 아이들에게 10권의 수학 문제집 리스트를 주며 자신에게 맞는 수준의 문제집을 구입해오라고 하셨죠. 서점에서 아이가 "아빠, 이 문제집 어때?"라고 제게 물어봤습니다. 저는 답변하지 않고 질문을 했죠. "이 문제집을 지금 풀면 몇 점 받을 수 있어?" "90점 정도?" "그럼 이 문제집을 풀어도 너가 배울 수 있는 건 10점 정도겠네. 나머지는 이미 알고 있는 거니까." 저와의 짧은 대화를 마치고 나서 아이가 선택한 문제집은 지금 풀었을 때 50점 정도를 받을 수 있는 가장 어려운 문제집이 되었습니다. 그 문제집을 푸는 과정에서는 많이 틀리고, 시간이 오래 걸리겠지만 모든 문제를 풀게 되었을 때 지금보다 50점은 더 향상되어 있을 거라고 믿게 되었거든요.

선택을 스스로 하는 것은 성장하는 사람에게는 정말 중요한 행동입니다. 그런데 그 선택이 내가 익숙하고 잘하고 있고, 잘 알고 있는 영역에서 반복된다면 우리는 성장이 멈추게 되겠죠. 이미 알고 있고, 잘할 수 있는 것을 더 잘하기 위해서 노력하거나 학습하지는 않을 테니까요.

성장하기 위해서는 '더 높은 목표와 새로운 목표에 도전'해야 합니다. 그래야 기존과는 다른 것을 학습하고, 연습과 훈련을 통해 더 강력한 역량을 길러내기 때문입니다.

3) 본질에 집중하는가?

그럼 선택과 목표는 어느 범위 안에 있어야 할까요? 저는 성과를 만들어내는 것에 집중해야 한다고 말하고 싶습니다. 아무리 좋은 선택을 하더라도 그것이 생산성에 영향을 끼치지 않는다면 비즈니스에서는 의미가 작아지게 되기 때문이죠. 이때 가장 중요한 것은 업의 본질을 꿰뚫고 있어야 한다는 것입니다.

보통은 자신의 직무나 직책에 맞는 행동을 하려고 합니다. 마케팅을 잘하는 방법, 교육을 잘하는 방법, 코칭을 잘하는 방법처럼 '어떻게how?'에 대해서 고민하는 것이 우리들이죠. 그런데 더 중요한 것은 본질입니다. '내가 하고 있는 일의 목적은? 의미는? 고객은? 고객이 느끼고 있는 불편은? 고객이 모르고 있는 불편은? 고객에게 줄 수 있는 가치는?' 이러한 부분이죠. 이를 위해서 중요한 것은 내가 속한 산업에 대한 이해가 첫 번째입니다. 그리고 두 번째는 그 산업에서의 고객이 누구인지를 정의하는 것이죠. 마지막 세 번째는 그래서 내가 하는 일은 어떤 '의미와 영향을 주는 일인가?'에 대해서 스스로 정의하는 것입니다.

4) 내가 하고 있는 일을 사랑하는가?

내가 하고 있는 일이 가치 있다고 여기는 사람만큼 몰입하는 사람은 없습니다. 이런 사람들의 특징은 자신이 하고 있는 일을 사랑합니다. 일하는 시간이 아닌, 가치와 인정의 문제입니다.

'나 스스로 가치를 부여하는가? 내 주변 사람들이 나를 인정하는가?' 이 두 가지가 내가 일을 사랑하는데 가장 큰 영향을 주지 않을까요? 그리고 내 일을 사랑하는 사람들이 더 오래 내 일을 도전하고 더 본질에 집중하지 않을까요?

5) 동료들과 함께하는 시간이 즐거운가?

지금까지는 스스로 성장하는 사람들의 특징을 공유해봤습니다. 스스로 선택하고, 어렵고 새로운 목표에 도전하고, 본질에 집중하는 자신의 일을 사랑하는 사람들이 그것이죠. 그럼 이런 네 가지의 행동을 오랜 시간 하는 방법은 무엇일까요? 그 첫 번째는 '동료'입니다.

비슷한 가치관을 가진 사람들과 함께할 때 우리는 지금 하고 있는 일과 방법들을 조금 더 오래 하려고 합니다. 야근도 즐겁고, 오랜 시간 프로젝트를 하기도 하고, 쪽잠을 자는 그 시간까지도 재미있는 에피소드가 되죠.

만약 함께하는 동료들 중에 함께 성장하려고 하는 동료가 있다면? 나를 배려하며 자신이 알고 있는 모든 지식과 경험을 공유하는 동료가 있다면? 내가 어떤 즐거움과 어려움이 있는지를 알고 감정적으로 공감해주는 동료가 있다면? 우리의 일은 어떨까요?

6) 여유를 가지고 있는가?

오랜 시간을 유지하는 마지막 방법은 바로 '일상 속에서 여유를 갖는 것'입니다. 저는 여유가 두 가지 관점이라고 생각합니다. 하나는 나 혼자만의 여유이고, 다른 하나는 가족과 함께하는 여유입니다. 혼자만의 시간을 작게라도 매일, 매주, 매날 가져보세요. 그 시간은 지금 내가 해야 할 일들을 조금 더 선명하게 해주는 시간이 되고, 지금이 아닌 다음에 내가 해야 할 것들을 기획할 수 있는 시간이 됩니다.

또 하나 가족과의 여유도 필요합니다. 부모님, 배우자 그리고 자녀와의 시간은 성과를 내는데 전혀 도움을 주지는 못합니다. 하지만, 그 시간은 내 마음을 조금 더 편안하게 해주는 시간이 되고, 나에게 감정 에너지를 채워주는 시간이 되죠. 그렇게 채워진 플러스 감정들은 일과 내 주변 동료들에게 영향을 주게 됩니다.

가끔 가정에서 갈등이 있고, 삶에서 여유가 사라진 분들을 볼 때마다 '내가 어떤 도움을 줄 수 있을까?', '리더와 회사가 어떤 도움을 줄 수 있을까?'를 고민해보지만, 참 어렵더라고요. 여유라는 단어는 지금 놀고, 먹고, 쉬라는 의미가 아닙니다. 내가 더 몰입하기 위한 즐거움이자 충전의 시간으로도 생각해볼 수 있거든요.

조직에서 스스로 오랜 시간 성장하는 사람들을 양성할 수 있다면 조직의 영속하는 성장을 이끌 수 있고, 구성원들의 자발적인 성장을 이끌어낼 수도 있지 않을까요? 그런데 '이런 사람들을 가정도 아니고 조직에서 만들어내는 것이 가능할까?'라는 질문을 다시 한번 던질 수밖에는 없습니다. 개인적으로 이 방법이 위대한 기업Great company이 되는 가장 좋은 방법이라고 생각하거든요. 스스로 오랜 시간 성장할 수 있는 6가지 방법들을 우리 조직의 리더십이자 조직문화로 만들어가 보면 어떨까요?

 회사에 불만은 있지만 뭘 하고 싶은지
모르는 당신에게 I 구글 UX 리드 김은주

 CEO가 챙겨야 할
2023 글로벌 리더십 트렌드

 업의 본질이 중요합니다

 NC Cultural Foundation, 노유란

 리더의 여유

생각할 질문

6가지 질문에 대해 나의 현재 모습을 피드백해볼까요?

4장

CEO를 위한
HR Insight

CEO 주변에
누가 있나요?

페이스북의 COO인 셰릴이 메타를 그만두었죠. 최고의 리더 중 한 명이었고 CEO에게는 최고의 파트너인 리더였는데 말이죠. 리더를 바라볼 때 중요한 관점 중에 하나가 바로 파트너가 누구인지를 보는 것입니다. 오늘은 한번 CEO와 파트너에 대해서 생각해보는 시간을 가져보면 좋겠네요.

CEO와 파트너는 의미 있는 관계를 맺어야 합니다

CEO 코칭을 할 때 묻는 질문이 있습니다.

"대표님과 같은 가치관을 가지고 일하고 있는 임원은 누구인가요?"

"대표님과 그 임원은 어떤 관계이고, 어떤 역할을 감당하고 있나요?"

"대표님의 강점과 약점, 그 임원의 강점과 약점은 어떤 부분에서 비슷하고, 어떤 부분에서 다른가요?"

"대표님은 그 임원과 정기적으로 어떻게 시간을 사용하고 계신가요?"

이때 CEO가 이야기하는 임원을 저는 파트너라고 부릅니다. CEO와는 다른 지식과 경험, 그리고 강점을 가진 동료이자 보완재이고, 공유하는 비전과 미션 그리고 가치관을 가진 존재이죠. 리더 또한 팔로워 뿐만이 아니라, 같은 조직 안에 파트너가 있어야 합니다. 셰릴 샌드버그는 2008년부터 지금까지 메타의 2인자로 저커버그와 함께 지금의 메타를 만들어왔습니다. 2008년부터 매주 시작과 끝은 저커버그와의 원온원 미팅이었고, 서로의 가치관과 일의 우선순위, 개인적인 삶을 공유하는 관계였죠. 23세의 젊은 저커버그가 구글에서 잘 나가던 부사장 셰릴을 영입할 수 있었던 것은 메타를 어떻게 만들겠다는 꿈과 비전이었고, 3개월간의 구애가 그 과정이었습니다. 그리고 셰릴은 혁신과 비전을 꿈꾸는 저커버그에게 실행과 현실적인 결과물을 만들어준 것이죠.

조선경제 김성민의 실밸 레이더 22년 6월 3일자 기사인 저커버그의 '오른팔'이자 성공한 워킹맘의 대명사인 샌드버그, 떠난다의 내용을 보면, 샌드버그는 이날 사임 의사를 밝히며, "페이스북에 조인하면서, 저커버그의 옆자리에 앉는 것, 매주 저커버그와 일대일로 만나는 것, 그 모임에서 저커버그가 솔직한 피드백을 주는 것 등 3가지를 부탁했고, 저커버그는 지금껏 이 약속을 지켰다"며 "우리는 함께 성장했다"라는 이야기를 했습니다. CEO인 저커버그와 파트너인 샌드버그의 관계를 볼 수 있죠.

견제 없는 CEO 기업은 추락할 수밖에 없습니다

조직이 커질수록 중요한 것은 바로 '심리적 안전감'입니다. 심리적 안전감은 조직 내에서 일과 관련하여 어떤 의견을 내도 안전하다고 느끼는 구성원의 감정입니다. 이 관점에서 CEO의 리더십을 견제할 수 있는 최고의 무기가 바로 조직문화라는 의미이죠.

만약 CEO가 비윤리적이거나 조직에 해가 되는 의사결정을 하게 되면 '심리적 안전감'을 가진 구성원들은 어떻게 할까요? 사실과 근거를 바탕으로 자신들의 이야기를 하게 됩니다. 이는 경영진의 리더십을 방해하는 것이 아닌, 조직을 위한 행동을 하게 되는 것이죠. 이 기업에 심리적 안전감이 있었다면 많은 임원이 오너 가족들의 리스크를 이야기했을 것이고, 영업부의 밀어내기식 갑질은 선하게 일하는 동료들로 인해 하지 못하게 되었을지도 모릅니다.

심리적 안전감이 없는 조직의 결론은 조직 전체와 구성원들 모두에게 돌아오는 칼이 되어버립니다. 내 마음대로, 내 생각대로 의사결정을 하는 것이 아닌, 내가 정답이 아니라는 생각을 가지고 주변 동료들의 이야기와 의견에 귀를 기울이고, 바른 가치관에 따라 의사결정을 할 수 있는 조직문화가 중요한 시점이 되어버린 것이죠. CEO가 어떤 조직문화를 구축하느냐가 바로 기업의 생존과 연결된다는 의미입니다.

취약성을 기반으로 한 신뢰 쌓기가 필요합니다

포드의 앨런 멀레이는 2006~2014년 CEO를 역임하고, 현재 이사회 맴버로 있다고 합니다. CEO가 되고 2006년 16명이 참여하는 글로벌 임원진 회의(비즈니스 플랜 리뷰)에서 각자의 주요 프로젝트 5개를 내어놓고, '녹색: 잘되고 있음, 노랑: 문제는 있지만 해결할 수 있음, 빨강: 문제가 있는데 대안도 모름'이라는 컬라로 설명을 하는 시간을 가졌다고 합니다.

2006년 포드의 목표가 19조 원 손실이라고 발표했다고 하는데, 그렇다면 회사가 처한 상황은 이미 망했어야 하는 상황이었죠. 그런데 16명의 임원진이 제출한 80여 개의 프로젝트의 칼라는 어땠을까요? 80개 모두가 '녹색'이었다고 합니다. 손실이 19조 원인데 글로벌 사업장에서의 주요 프로젝트가 모두 잘되고 있다라고 한다면 어떤 의미를 가지고 있을까요?

다양한 이유들이 있었겠지만 하나는 목표가 터무니없이 낮았거나, 다른 하나는 솔직하지 않았을 거라 생각합니다. 당시 CEO인 엘런 멜레이는 아무 말도 하지 않았습니다. 엘런 멜레이는 주차장에서 임원 주차장에 포드의 차가 한 대도 없고, 독일 차량들만이 많이 있었던 것을 봤다고 하는데, 그때도 아무런 말을 하지 않았다고 하죠.

몇 주 후 동일한 회의에서 캐나다 임원이 처음으로 적색을 내어놓았을 때, 엘런 멀레이는 박수를 치며 이렇게 이야기를 했다고 합니다. "문제를 솔직하게 말해줘서 고맙다. 여기 있는 16명은 모두 이 분야에서 최고라고 하는 사람들이기에 각자의 의견을 내줄 수 있을 거라 생각한다. 각자 의견을 내어달라"고요.

이후 20분 만에 문제에 대한 대안이 찾아졌고, 이후로 포드는 각자의 취약성, 즉 문제를 내어놓는 사람들이 되었다고 하죠. 자신의 문제, 취약성을 노출하고 도움을 요청하는 것입니다. 멜러이 CEO는 이런 두 가지를 할 수 있도록 만들었습니다. 조직이 심리적 안전감을 가지게 되면 조직의 모든 문제를 스스럼없이 내어놓고, 자신이 모르는 것도 동료들에게 물어보고 도움을 요청을 하기 시작합니다. 조직에서 가장 파워풀한 권한을 가지고 있는 경영자가 구성원들에게 심리적 안전감을 심어줄 수 있을 때 조직은 학습하고, 성장하고, 배우고, 도전하는 조직이 된다는 것을 꼭 기억해주셨으면 좋겠습니다.

 저커버그의 '오른팔'이자 성공한 워킹맘의 대명사인 샌드버그, 떠난다

 '불가리스 역풍' 회장 사퇴… 견제 없는 오너 기업의 추락

 [EBS 비즈니스리뷰 김호 편] 위기는 위기라 말해야 한다

생각할 질문

내 주변에는 어떤 파트너들이 있나요? 그리고 나의 행동은 파트너들에게 어떤 행동을 해야 하고, 하지 말아야 한다고 이야기하고 있을까요?

리더에게도 칭찬이 필요합니다

리더 주변에는 어떤 사람들이 있나요? 그리고 리더는 어떤 구성원과 자주 대화를 나누나요? 리더는 성장해야 합니다. 리더의 성장이 조직의 성장이 되고, 리더의 멈춤이 조직의 실패가 되기 때문입니다. 그때 가장 중요한 것은 리더의 성장을 막는 사람들을 멀리하는 것과 리더의 성장을 도와주는 사람을 가까이하는 것이죠. 내 주변에는 어떤 사람들이 있는지, 나는 누구의 말에 더 귀를 기울이는지를 한번 생각해볼 시간입니다.

"저도 칭찬받고 싶어요."

2019년 코칭 세션이 한창이던 CEO가 저에게 했던 투정이었습니다. 이때까지만 해도 저는 CEO와 직원을 구분해서 생각하고 있었고, 그로 인해 CEO에게 해야 할 역할만을 부여하던 코치였습니다. 그런데 그 과정에서 많은 행동의 변화와 성장을 경험하던 한 CEO가 "코치님, 저는 직원들이 즐겁고 성장할 수 있도록 많은 것을 배우고 바꾸려고 하는데, 저를 행복하게 동기부여 시켜주는 사람은 없는 것 같아요. 저도 인정받고 칭찬받고 싶은데, 가능할까요?"라고 요청을 했었습니다.

그때 제가 했던 생각은 단 하나, '아차'였습니다. 오랜 시간 말로는 '리더가 행복하지 않으면 구성원들에게 행복을 줄 수 없다'고 말했지만, CEO는 리더가 아닌 CEO라고 생각하고 있었거든요. 이때가 제게는 'CEO도 한 명의 직원이다'라는 생각을 하게 된 시점이었습니다.

아부와 칭찬을 구분해야 합니다

CEO에게 인정과 칭찬을 하면 뭐가 좋아질까요? 기본적으로 CEO가 동기부여 받게 되고, 그 마음은 구성원들에게 돌아갈 수 있게 됩니다. 말의 힘은 정말 무한한 힘이 있어서 내가 자주 접하는 단어와 말들은 나와 내 주변 사람들에게 영향을 끼치기 때문이죠. 그런데 리더 특히 CEO에게 인정과 칭찬을 할 때 중요한 것이 있습니다. 그것은 아부와 칭찬을 구분해서 전달해야 한다는 것이죠. 만약 아부를 구성원들의 인정과 칭찬이라고 생각하게 되면 리더는 자신이 더 성장할 수 있는 관점을 잃어버리게 되기 때문입니다.

개인적으로 아부와 칭찬을 구분 짓는 한 가지를 정하라고 한다면 '구체적인 행동과 영향을 전달하는가?'라고 생각합니다. 예를 들어, "대표님 멋있어요. 감사합니다"라고 말하는 사람은 아부를 하는 것입니다. 근거가 없으니까요.

"대표님, 이번에 직원들과 끝까지 소통하시면서 어려운 의사결정을 해주셔서 감사합니다. 그때 끝까지 저희들 이야기를 들어주셔서 대표님을 더 신뢰하고 의지할 수 있게 되었어요"라고 말하는 구성원은 칭찬을 하고 있는 것이죠.

'아부'는 CEO에게 통제력 없는 권력을 부여합니다

우리가 아부를 멀리해야 하는 이유는 간단합니다. CEO에게 다른 관점을 주지 못하기 때문이죠. 리더가 알고 있는 지식과 경험이 정답이 될 수 없는 시대입니다. 그런데 아부를 하는 사람들은 오로지 리더가 지금 하고 있는 말과 행동, 의사결정이 옳다고 이야기하는 사람들이죠. 그리고 리더와 다른 의견을 가진 사람들을 비난하기 시작합니다. 리더가 아부를 구분할 수 있다면 좋겠지만, 솔직히 저 또한 칭찬을 들을 때 '왜 나를 칭찬하지?'라고 생각하기보다는 '그렇지 내가 잘하고 있지'라고 생각하게 됩니다. 그만큼 우리는 아부에 빠져들게 되는 것이죠.

맹목적인 아부가 강력하게 될 때 CEO는 더 강력한 권력을 쥐게 됩니다. 그리고 그 권력은 자신의 권력을 유지하는 도구가 되어 버리죠. 권력의 목적은 조직마다 다릅니다. 권력을 부여하는 이유는 리더에게 부여한 역할을 잘 수행하라는 것이기 때문이죠. 하지만 권력이 역할이 아닌 권력을 유지하는 도구가 될 때 리더는 망가지고, 조직은 무너집니다. 아부했던 사람들은 또다시 아부할 상대를 찾으면 되지만 말이죠.

CEO는 권력에서 빠져나오도록 돕는 '피드백'과 '피드포워드'에 관심을 가져야 합니다. 리더가 권력에 빠지지 않도록 하는 것은 칭찬과 다른 관점에서 리더의 성장을 돕는 '피드백'과 '피드포워드'입니다. 피드백은 과거의 행동에 대해 잘한 부분과 잘못한 부분을 인지하도록 하는 대화이고, 피드포워드는 미래 더 나은 영향력을 전할 수 있도록 유지/개선했으면 하는 행동을 전하는 것입니다.

한 콘텐츠 회사가 있었습니다. CEO가 자주 미팅이나 회의에서 "내가 보기엔 이런데" 하고 본인 의견을 넣기 시작했고, 1년이 지나고보니 CEO의 생각에 맞추고 있었습니다. 그런데 CEO가 의도했던 건 이런 게 아니었거든요. 직원 들이 잘못된 영향을 받은 거죠. 그래서 한 직원이 CEO에게 아래와 같이 피드백을 했습니다.

"○○○ 프로젝트를 기획하는 단계에서 브레인스토밍을 통해 다양한 아이디어가 나왔습니다. 이후 아이디어를 다듬고 드랍하는 과정에서 그 기준이 '시청자가 얼마나 재미를 느끼는가?' '브랜드에 유의미한 의미를 가져올 수 있는가?' 등이 아닌, 'CEO가 보고 OK하실까?'가 기준이 되는 모습을 보면서 안타까운 생각이 들었습니다. 설령 상품 기획, 콘텐츠 등 프로젝트의 최종 결과물을 CEO가 확인하더라도 '내가 보기엔 이렇다'가 아닌 '고객의 시각에서는 이렇다'라고 커뮤니케이션하면 실무자들도 고객의 관점에서 사고하는 훈련이 될 것이라고 생각합니다."

이 회사 CEO는 한 달에 한 번씩 구성원 4명에게 피드백을 받았습니다. 그런데 그 4명은 항상 바뀝니다. 코치인 저만 빼고요. 제가 있어야 다른 직원들이 더 솔직하게 이야기하니까요. 그리고 3명은 한 달 동안 CEO를 계속 관찰하고 한 달 후에 구체적인 상황과 행동, 긍정적인 영향과 부정적인 영향을 같이 피드백해요. 그리고 한번 바꿔보면 어떻겠느냐고 제안하죠.

자신의 행동을 관찰하고 피드백을 전달받은 CEO는 저 피드백을 듣자마자 "몰랐는데요. 한번 고쳐볼게요"라고 바로 대답했고, 실제 변화했습니다. 왜냐하면 피드백의 목적이 전달됐으니까요. 그가 더 좋은 리더가 되길 바라는 마음이 담긴 메시지였죠.

 [최안나 비즈니스 코치] 스타트업 창업가도 '지지'와 '격려'를 먹고 산다

 코칭 리더십 _ CEO는 누구에게 피드백을 받아야 할까요?

 롤모델+코치+카운셀러…
팀장의 역할은 어디까지?

생각할 질문

내 주변에는 어떤 사람들이 있나요? 그리고 나는 어떤 구성원과 자주 대화를 나누나요? 리더는 성장해야 합니다. 리더의 성장이 조직의 성장이 되고,

리더의 멈춤이 조직의 실패가 되기 때문입니다. 그때 가장 중요한 것은 리더의 성장을 막는 사람들을 멀리하는 것과 리더의 성장을 도와주는 사람을 가까이하는 것이죠. 내 주변에는 어떤 사람들이 있는지? 나는 누구의 말에 더 귀를 기울이는지를 한번 생각해볼 시간입니다.

CEO의 의사결정에 안전장치가 필요합니다

CEO가 의사결정하는 톱다운 방식은 추진력, 실행력 그리고 모든 조직의 목표를 알라인 시키는 일사분란함이라는 강점을 가지고 있습니다. 하지만 CEO의 의사결정에 따른 안전장치가 없다는 단점이 있죠. 이런 안전장치를 우리는 조직문화에서 찾을 수 있습니다. CEO의 독단적 지시에 '안전장치'가 없다면 얼마나 위험해지는지 우리는 직장에서 수없이 많이 봐왔습니다. 단 하나의 의사결정으로 인해 조직이 무너져 버리거든요. 특히 M&A, 신사업, 해외 진출, 차입경영 등과 같이 조직의 명운을

건 의사결정을 할 때 말이죠.

이때 중요한 것은 CEO가 다양한 관점을 듣는 것이죠. 그런데 리더는 하나를 더 고민합니다. 그건 바로 팀원들의 역량입니다. CEO가 팀원들을 통해서 핵심 내용을 올바르게 전달하고 들을 수 있게 만들려면, 팀원이라고 할지라도 전략적 관심과 역량을 갖춰야 합니다. 즉 CEO의 잘못된 부분에 대해 이야기하기 위해서는 CEO의 관점에서 그 의사결정이 잘못되었다는 것을 알릴 수 있어야 한다는 의미이죠.

예를 들어, 구찌의 그림자 위원회와 같은 시스템을 만들어 보는 것도 대안이 될 수 있습니다. 35세 이하의 밀레니얼 세대로 구성된 위원회는 매주 임원회의에서 논의된 주제를 그림자 위원회로 고스란히 넘겨 다시 토론하도록 합니다. 이들이 구찌에서 제안한 의사결정들은 '폐기물을 줄이기 위해 가죽 제품을 제외한다', '디지털 친화력을 위해 다양한 SNS 플랫폼을 활용한다', 'MZ 세대가 반려동물을 중요하게 여기는 것을 감안해 모피 상품을 철수한다'입니다. 이를 통해 전체 매출의 60%를 35세 이하의 MZ 세대에게서 발생한다고 합니다.

그림자 위원회를 운영할 때 가장 중요한 것은 바로 의사결정권을 부여한다는 것과 필요한 정보를 언제든지 얻을 수 있다는 것입니다. 그림자 위원회에서 결정한 내용을 경영자가 번복하는 순간, 그 역할은 끝이거든요.

 전략은 Top-down 방식의
커뮤니케이션으로 이뤄진다?

생각할 질문

CEO의 의사결정에 안전장치를 만들기 위해 어떤 시스템이 필요할까요?

CEO의
새로운 역할

저는 코치가 된 지 12년 차가 되었습니다. 제가 처음 코칭을 배우려고 했던 이유는 "내가 정말 좋은 리더인가? 나는 팀원들에게 좋은 영향을 주고 있나?"라는 질문에 나 스스로 답하지 못했기 때문이었습니다. 코치가 되면 나의 리더십이 드라마틱하게 바뀔 줄 알았는데 말과 행동에 영향을 주기까지 5년 정도의 시간이 더 필요했던 것 같습니다. 그런데 그게 전부가 아니더라고요. 흉내 내는 데 5년이 걸렸던 것이고, 경청은 더 오래걸렸으며, 내 생각을 내려놓고 그의 관점으로 들어가서 생각하는 것은 아직도 훈련 중입니다. 리더분들에게 원온원 대화를 강조하는 이유는 제가 코치이기 때문이기도 합니다. 코치가 되고 조금씩 리더십의 변화가 일어나는 것을 느끼게 되었고, '한

명 한 명이 다르다는 것을 인정하고 각자에게 맞추는 리더십'
의 중요성을 알게 되었거든요. 그 과정에서 원온원 대화가 얼
마나 중요한지, 팀원 한 명의 성장과 성공에 큰 기여를 하는지
를 깨달았기 때문이기도 하고요. 코칭 대화를 원온원으로 하면
서 한 명에게 온전히 내 시간을 쏟아낼 때 1~2번이 아닌 반복
해서 그 시간을 갖고, 팀원의 행동과 일하는 모습을 관찰하며
그의 특징에 집중할 때 그 변화는 더 빨라지기도 합니다.

회의와 미팅이 원온원 대화와 다른 이유가 여기에 있습니
다. 온전히 나(팀원)에게 집중해주는 리더와 빌노 있는 대화를 나
눌 수 있거든요. 그런데 밀도 있다는 말은 약점으로 작용하기
도 합니다. 팀원이 도움받지 못하거나 존중받지 못할 때도 그
밀도가 작용하기 때문이죠. 한번 상상해보세요. 나를 존중하지
않는 팀장과 매주 단둘이 대화하는 상황을요.

CEO도 팀장입니다

과거에 '리더십을 학습한다'라고 하면 주로 CEO 리더십을
이야기했지만, 지금은 팀장 리더십을 주로 이야기합니다. 그런
데 대기업 팀장들을 만나도, 스타트업의 팀장들을 만나도 '왜
모든 회사의 팀장들은 이렇게 힘들어할까?'라는 생각이 들더라

고요. 그리고 찾은 답은 너무 쉬웠습니다. 팀장을 코칭하고 멘토링하면서 팀장의 성장과 성공을 도와주는 리더가 없다는 것을 알게 되었거든요. 대기업의 임원은 팀장을 팀의 목표를 달성하는 관리자로 대하면서 팀장들에게는 팀원들에게 수평적 리더십을 발휘하라고 조언합니다. 정작 팀장들은 그들의 리더들에게 수평적 리더십을 받지 못하고 있는데 말이죠. 그러다 이런 생각을 하게 되었습니다. 실리콘밸리의 스타트업들은 왜 이렇게 수평적 문화가 강력할까? 우리나라 스타트업은 왜 실리콘밸리의 성공한 기업들을 벤치마킹할까? 그리고 찾은 이유 중 하나는 바로 'CEO의 팀장 리더십'이었습니다.

팀장 리더십은 다른 것이 아닙니다. 자신과 함께 일하는 직속 팔로워들이 맡고 있는 과업을 성공시키고, 그 과정을 통해서 성장할 수 있도록 돕는 역할을 하는 것이죠. 이를 동기부여라고 부르는데 팀장의 역할은 팀원을 동기부여 하며 그들이 일에 몰입하면서 성장하고 성공하도록 돕는 것이라고 할 수 있습니다. 그런데 실리콘밸리의 CEO는 제가 알던 CEO와 너무 다르다는 것을 알게 되었죠. 그것은 "CEO도 팀장처럼 리더십을 발휘하고 있다"라는 것입니다. 조금 다른 것은 CEO의 직속 팀원은 임원이라는 것이죠.

행복한 리더가 구성원들의 행복을 위해
시간을 사용합니다

우리 회사의 리더는 성장하고 있나요? 그리고 우리 회사는 리더를 성공시켜주는 사람과 시스템이 구축되어 있나요? 이 두가지 질문을 통해 우리 회사의 미래를 생각해볼 수 있습니다. 팀원들이 성장해서 곧 리더가 되고, 리더가 되었을 때 성장이 멈추지 않아야 조직이 성장하기 때문이죠. 어쩌면 구성원들의 성장과 성공을 돕는 것보다 더 중요한 것이 바로 '리더의 성장과 성공을 돕는 시스템을 구축하는 것'이지 않을까요?

여유 없는 리더는 '다음이 아닌, 지금에 집중'합니다

리더분들께 꼭 필요한 것은 여유입니다. 여유를 다른 말로 생각할 시간이라고 말씀드리고 싶습니다. 리더분들은 항상 바쁩니다. 그 누구보다 바쁘게 일하고, 바빠 보여야 할 것 같다고 생각하시거든요. 그리고 조직에 문제가 생기면 리더분들은 '내가 하지 뭐'라며 그 일을 맡아버리죠. 가장 잘하는 영역이기 때문입니다. 그런데 리더가 생각할 시간 없이 바쁘게 되면 이런 현상이 벌어집니다.

1) 주요한 의사결정을 할 때 다양한 관점에서 바라보지 못하고, 일부의 정보와 짧은 고민만으로 의사결정을 하게 됩니다.

2) 팀원들이 리더에게 자신의 일을 성공하기 위해 필요한 도움을 요청하지 못합니다. 즉 리더의 코칭이 짧게라도 있다면 더 쉽게 해결되고 더 좋은 결과가 나올 텐데 '우리 팀장님, CEO 너무 바빠서 이런 거 물어볼 수가 없어'라며 질문과 도움 요청을 아예 포기하게 되죠.

3) '성장하고 싶으면, 회사에서 인정받고 싶으면 우리 리더처럼 일해야 하나?'라는 고민으로 팀원들이 성장에 두려움을 갖게 됩니다.

4) 리더 스스로 새로운 도전을 하지 못하고, 학습도 하지 못하게 됩니다. 이유는 지금 당장 쳐내야 할 현업들이 쌓여 있기 때문이죠. 눈에 보이는 일들 때문에 새로운 일, 복잡한 일, 어려운 일 그리고 도전적인 일에 시간을 사용하지 못하게 되죠.

5) 리더 스스로 1, 2, 3, 4번을 하지 말아야지 하면서도 바쁘게 일을 쳐내느라 자책하며 동기를 잃게 됩니다. 그러다 관리하던 핵심인재 후배가 퇴사하거나 자신의 건강에 이상을 느끼게 되면 한순간에 무너지기도 하고요.

리더는 회사의 모든 일을 다 하는 사람이 아닙니다. 자신이 해야 할 가장 중요한 몇 가지의 일에 집중하는 사람이고, 조직과 개인을 성장시키고 그의 성공을 위해 시간을 사용하는 사람입니다. 사업과 상황에 따라 가끔 여유가 없을 수는 있겠지만 지속적으로 여유 없는 삶을 살고 있다면 내 시간을 되돌아봐야 합니다. 그리고 CEO와 회사가 그 여유를 찾을 수 있도록 도와야 하고요.

팀장을 도와주는 리더가 있어야 합니다

스타트업과 대기업 팀장들을 만날 때 다른 점이 있다면 '성장하고자 하는 팀원'의 비중입니다. 스타트업은 조금 더 자신이 하고 싶은 일에 집중하려는 성장형 팀원들이 많아 조직의 목표에 얼라인 하는 방법을 많이 물어보는 편이고, 대기업은 성장하고자 하지 않는 팀원들을 어떻게 해야 하는지에 대해 많이 논의합니다. 그런데 공통점이 하나 있습니다. 그것은 바로 '리더인 나의 성장을 도와주는 리더가 없다'는 것이죠.

대기업에서 팀장 리더십 과정을 마치면 마지막 질문으로 가장 많이 듣는 말이 '우리 회사 임원분들도 이 강의를 들으시나요?'이거든요. 임원들에게도 팀장 리더십을 알려달라는 것이고, 임원들의 팀장 리더십의 방향은 팀장인 자신의 성장과 성공을 도와주는 것이었으면 하는 것이죠.

만약 임원들이 팀장의 성장과 성공을 돕기 위해서 자신의 시간을 사용한다면 어떻게 될까요? 예상되는 결과는 다양하게 있지만, 임원이 생각했던 방법과는 다른 다양한 실행 아이디어들이 나오게 될 거라고 생각합니다. 임원이 자신의 생각을 실행하는 도구로 팀장을 활용하는 것이 아니라, 팀장이 팀원들과 새로운 전략과 방법을 찾아 실행할 수 있도록 돕는 리더가 되는 것이죠.

임원이 팀장의 성장을 막는 적이 되지 않도록 해야 합니다

그런데 팀장들이 팀원의 성장과 성공을 돕는 리더십을 행동하려고 할 때 가장 큰 장애물이 바로 '임원의 호기심'입니다. 임원이 지금 궁금한 것, 임원이 CEO에게 보고하기 위한 자료와 정보, 임원이 하고 싶은 과업을 수행하기 위해 팀장의 시간을 많이 사용하거든요. 이 과정에서 팀장들은 자신들이 팀원들에게 사용하고자 했던 시간과 계획들을 뒤로 미루게 되고, 성장에 투자할 여유를 잃어버리게 됩니다.

초개인화 시대*Hyper personalization*에 필요한 것은 '나의 성장과 성공을 도와주는 리더와 조직'입니다. 저는 코치입니다. 2022년 한 해 동안 100명, 2023년에는 상반기에만 70명이 넘는 팀장, CEO와 코칭 세션을 가지며 내가 하는 일은 '다음 세대의 성장을 돕는 코치'라고 정의했습니다. 코칭 세션을 할 때는 항상 공통적인 패턴이 있습니다. 그것은 코칭 대상자가 코치인 저와 이야기하고 싶은 주제를 가져온다는 것이죠.

그들이 가져온 주제를 놓고, 코치인 저와 코칭 대상자는 정해 놓은 정답이 없는 대화를 나눕니다. 서로에게 질문을 하기도 하고, 서로가 읽었던 책이나 글, 동영상을 공유하며 대화를 나누죠. 각자의 성공/실패 경험을 공유하며 끊임없이 생각과 관점을 확장하는 시간을 갖습니다. 이유는 단 하나, 코칭 대상자가 가지고 있는 문제를 해결할 대안을 찾기 위해서죠.

이 과정은 끊임없이 반복됩니다. 어떤 CEO는 대기업 팀장이었을 때부터 스타트업의 CEO가 된 지금까지 4년째 진행되고 있기도 하고, 2~3년째 코칭 세션을 가지고 있는 CEO, CEO와 임원 그리고 팀장들까지 40~50명이 넘는 리더들과 함께 원온원 코칭 세션을 갖는 기업도 있습니다. 목적은 단 하나, '그의 성장과 성공을 돕기 위해서'입니다. 과거 우리는 조직의 성장과 성공을 위해 내 시간과 노력, 지식을 활용했습니다. 저 또한 그렇게 배웠고, 그렇게 가르쳤죠. 하지만 지금은 앞뒤가 바뀌게 되었더라고요. 개인의 성장과 성공을 먼저 선행하며, 그 성장과 성공을 팀과 회사의 성공에 얼라인시키는 것으로 말이죠.

세상에 정답은 없습니다. 하지만 중요한 것은 조직은 성장해야 하고, 그 조직의 성장은 구성원들의 성장이 함께 연결되어 있어야 한다는 것입니다. 그런데 우리가 많이 놓치는 것은 '리더의 성장'을 돕는 누군가가 우리 조직 안에 없다는 것이죠. 행복한 사람이 행복을 전할 수 있고, 사랑을 받아본 사람이 사랑을 전할 수 있듯이, 성장하는 사람만이 다른 누군가의 성장을 이끌어줄 수 있습니다. 팀원들을 성장하고 성공시키는 조직이 되고 싶다면, 가장 먼저 해야 할 것은 우리 회사의 리더들을 성장, 성공시키는 사람과 시스템을 구축하는 것입니다.

리더십은 리더의 숙제가 아닙니다. 리더십은 리더의 사명이자, 리더의 처음이고 끝이 되는 단 하나의 역할입니다. 그리고 그 리더십은 함께하는 팀원들의 성장과 성공으로 연결될 때 가장 가치 있는 행동이 된다는 것을 꼭 기억해주세요.

국내 창업자들의 가장 큰 스트레스 요인은
'자금 압박'과 '투자 유치'

"젊은이가 존경하는 리더?…
'나'를 성장시켜줄 사람 찾아요"

12 Traits Bad Bosses Have In Common

핵심인재를 관리해야 합니다

시대에 따라 원하는 인재상이 달라집니다. 그리고 지금 우리가 원하는 핵심인재의 모습도 많이 변해가고 있죠. 일 잘하고 성과내는 인재에서 '다른 사람들의 성장과 성공을 돕는 인재'로 말입니다. 그런데 CEO의 역할 중에 가장 중요한 것이 '핵심인재를 양성, 관리한다'라는 것을 알고 계실까요?

S급 인재와 A급 인재의 변화

과거 대기업들은 풍부한 인적자원을 바탕으로 S급 인재를 영입하고 A급 인재를 양성하기 위해 노력했습니다. 한 명의 뛰어난 슈퍼맨이 탁월한 성과를 만들어 냈던 시기였기 때문이죠. 그리고 그들은 리더가 되었고, 임원이 되었습니다. 똑똑하고 성과를 냈던 인재가 S급과 A급이던 시대였습니다. 삼성전자의 10만 명을 먹여 살리는 단 한 명의 천재가 그 예입니다. 얼마 전까지만 해도 그런 인재가 조직을 성장시키고 성공시키던 인재였습니다.

하지만 뛰어난 한 명의 인재가 가진 지식과 정보가 이제는 큰 의미를 가지지 못하는 시대가 되었습니다. 그 탁월한 인재가 가진 지식과 정보와는 다른 지식과 정보들이 너무 빠르게 쌓이고, 공유되고 있기 때문이죠.

성장하는 회사는 탁월한 인재에 집중합니다. 100명이 있든 10만 명의 직원이 있든 모든 구성원이 탁월할 수는 없습니다. 하지만 그 속에 탁월한 인재가 몇 명이냐에 따라 조직은 변할 수 있습니다. 그리고 지속해서 성장할 수 있게 되죠.

탁월한 인재상의 변화 1. 정보와 지식을 공유하는 인재

우리들이 살아가는 지금 세상에는 많은 지식과 정보들이 넘쳐나고 있습니다. 저는 '몰라서 못 하는 것이 아니라, 못 찾아서 못 하는 것'이라는 말을 하기도 하죠. 그만큼 학습이 중요하다고 이야기합니다. 그런데 이때 다른 사람들에게 자신이 알고 있는 지식과 노하우, 정보와 자료를 공유하는 사람들이 있습니다. 그리고 그 문제를 해결할 수 있는 내가 가진 정보뿐만이 아니라, 나만의 노하우가 담긴 경험과 지식을 공유합니다. 이유는 단 하나, '다른 사람에게 내가 알고 있고, 가지고 있는 것을 주는 것이 좋고 재미있기 때문입니다.'

탁월한 인재상의 변화 2. 다른 이의 성장과 성공을 돕는 인재

일명 '커뮤니티 리더Community leader'라고 불리는 사람들은 다른 사람들의 문제에 집중합니다. 이들은 정보와 지식을 공유하는 것을 넘어서서 '타인의 문제에 호기심을 가지고 그 문제를 함께 고민'합니다.

이유는 단 하나 '그의 성장과 성공을 돕는 것이 재미있기 때문'이죠. 더 놀라운 사실은 타인의 성장과 성공을 돕는 사람들은 자신의 성장과 성공에도 시간을 많이 사용한다는 것입니다. 그리고 그 누구보다 더 빠르게 성장하기도 하죠. 다른 이의 성장과 성공을 도울 수 있는 사람이 옆에 있다면 그 사람과 함께 하는 시간만큼 나는 더 성장할 수 있다는 것을 알 수 있습니다. 그래서 내 주변 동료들이 이런 사람이었으면 좋겠다고 생각하게 만들죠.

탁월한 인재상의 변화 3. 집단의 힘을 사용할 수 있는 인재

집단의 힘을 사용하는 사람들은 '리더십'보다 '조직문화'에 더 관심을 가집니다. '각자가 가진 다양한 지식과 경험'을 중요하게 여기고, 서로의 '다른 성격과 일하는 방식'을 가치 있게 여깁니다. 한 사람의 말과 행동보다 여러 사람의 다양한 말과 행동이 더 나은 의사결정을 할 수 있다고 믿죠. 그래서 이들은 '대화', '다양성', '존중', '비전', '가치'를 중요하게 여깁니다. 공유하는 하나의 목적 'Common purpose(공유하는 목적)'를 이루기 위해 각자가 가진 지식과 경험을 꺼내 쓰는 조직이죠.

그 예가 바로 '픽사'입니다. 브레인트러스트*Braintrust*라는 독특한 일하는 방식을 가진 픽사는 애니메이션의 일반적인 성공 확률 10%를 넘어 100%의 성공을 거둔 불가사의한 성과를 만들어내고 있죠. 그 방법은 바로 '집단 지성의 힘을 발휘하는 브레인트러스트'입니다. 한 사람의 천재에게 기대는 것이 아니라, 참여하는 모든 사람들 그리고 내부뿐만 아닌 외부의 지식과 경험을 끌어 쓰는 일하는 방식이 바로 그것이죠.

그 안에서 CEO는 다른 지식과 경험을 공유하는 멤버일 뿐이고, 의사결정을 할 수 있는 단 한 사람은 바로 '그 일을 맡고 있는 담당자'입니다.

탁월한 인재상의 변화 4. 함께 일하고 싶은 마음이 들게 하는 인재

마지막 S급, A급 인재는 관계를 중요하게 여기는 사람입니다. 그와 함께 일하면 성장하고, 성공할 수 있다는 확신이 그와 함께 일하고 싶은 마음을 들게 하기도 합니다. 하지만 누군가는 '평안함'을 주기도 하고, 누군가는 '심리적 안전감'을 주기도 합니다. 또 누군가는 '존중받고 있다는 마음'을 갖게 하고, 누군가는 '케어'받고 있다고 느끼게도 하죠.

본인의 성과는 부족할 수 있지만, 함께 일하고 싶은 마음을 갖게 하는 인재는 주변에 사람들이 많이 모여들게 되고 그들이 더 큰 성과를 낼 수 있는 분위기와 환경을 만들어주기 때문입니다. 카운슬러의 역할을 하는 팀원 1명이 있으면 그 팀의 몰입도가 30%는 올라갈 수 있게 되거든요.

리더십은 내가 선택하는 것입니다. 한 대기업의 200명이 넘는 분들과 3주에 걸쳐 리더십에 대한 이야기를 할 수 있는 시간이 있었습니다. 그리고 동시에 두 대기업의 임원분들과도 잠시 리더십과 조직문화에 대한 이야기를 할 수 있는 시간이 있었죠. 같은 주제를 두고 이야기를 나누지만 모든 리더는 자신만의 지식이 있고, 자신만의 경험이 있습니다. 그래서 같은 관점을 가질 수는 없죠.

A 리더는 "저희는 정말 바빠서 서로를 만날 시간이 없어요. 그리고 구성원들은 모두 자신이 성공하는 것만 바라봅니다. 리더를 선택할 때도, 과업을 선택할 때도 성공할 수 있냐를 보고 결정해요. 그리고 돈을 더 받아서 이직하는 것이 목표라고 생

각하고 행동하거든요."

그와 같은 조에서 토론을 하던 B 리더는 "저는 조금 달라요. 관계도 중요하고, 그들이 성장할 수 있도록 돕는 것이 더 중요하다고 생각해요. 나와 함께하는 시간이 즐거웠다면? 그 시간에 성공하지는 못했어도 무엇인가를 배우는 시간이 되었다면 그 구성원들은 언제든지 내가 요청하면 나와 함께 일할 수 있는 사람이 될 수 있으니까요."

두 분의 리더에게 제가 해드릴 수 있는 말은 특별하지 않았습니다. "리더십은 선택이라고 생각합니다. 내가 어떤 리더가될 거야에서 시작하는 것이죠. 대신 A와 B 리더 모두 내가 선택한 리더십이 정답은 아닐 거라 생각합니다. 둘 다 장단점이있으니까요. A 리더는 내가 원하는 대로 하면 되고, 대신 구성원들도 자신이 원하는 대로 의사결정을 하게 될 거고, B 리더는 내가 구성원들에게 맞춰야겠지만, 구성원들도 언젠가는 B리더에게 맞추는 시간을 주게 될 거라고 생각하고요. 저는 B리더분의 리더십이 제게 맞는 리더십이라고 생각합니다."

리더십에 정답은 없습니다. 하지만 과거와는 달리 이제는 리더십과 팀의 조직문화가 내부 직원뿐만 아니라 외부의 많은 사람에게도 알려진다는 것을 기억해주시면 됩니다. 나와 함께 하는 모든 구성원이 나의 리더와 동료들에 대해 SNS 등의 많은 채널에서 솔직하게 이야기하는 시대이니까요. 어쩌면 리더십과 조직문화에 대한 지식과 정보가 쌓이는 속도는 매일 2배이지 않을까 생각하거든요.

정답은 없습니다. 단지 내가 되고 싶은 리더의 모습을 그리고, 그 모습이 될 수 있도록 매일 행동하고, 피드백하면서 나의 행동을 객관화하는 수밖에는요. 이게 제가 생각하는 리더의 성장하는 모습입니다.

 [CEO 심리학] 내가 해봐서 안다는 리더, 위기상황일수록 조심해야

 Knowledge Doubling Every 12 Months, Soon to be Every 12 Hours

생각할 질문

우리 회사의 핵심인재는 누구인가요?

성과평가 어떻게 하실래요?

성장하는 기업은 피드백을 합니다. 반대로 성장이 멈춘 기업은 '평가'를 하죠. 정말 빠르게 성장했던 기업이 있습니다. 그 기업의 성공 이유를 하나 찾으라고 하면 바로 '피드백'이었죠. AAR이라고 부르는 5가지 질문으로 끊임없이 도전하고, 피드백하는 회사였습니다.

> **[A사가 사용했던 피드백 질문]**
> 1) 얻고자 한 것은 무엇인가?
> 2) 얻은 것은 무엇인가(예기치 않은 성공과 실패는 무엇인가)?
> 3) 그 차이의 원인은 무엇인가(성공 원인과 실패 원인은 무엇인가)?
> 4) 계속해야 할 것은 무엇인가?
> 5) 그만해야 할 것은 무엇인가?

그런데 어느 날부터 이 기업에 빨간불이 켜지기 시작했습니다. 다양한 이유가 있었지만, 피드백이 사라지고 평가만이 남았던 것도 하나의 큰 이유가 되었습니다. 보고서 맨 위에는 언제나 '○○○에 실패해서 죄송합니다'라며 자책하는 글이 먼저 올라왔고, 솔직하게 피드백하며 자신의 생각을 노출하던 구성원들이 '상위 리더가 좋아할 만한 글짓기'를 하기 시작했기 때문입니다.

현장에서 고객의 이야기를 듣고, 고객을 관찰해도 결과는 '가상의 글짓기 피드백'을 올릴 수밖에 없었던 이유는 바로 '소수의 리더가 진행하는 평가'였습니다.

평가, 피드백 그리고 피드포워드는 다릅니다

먼저 구분지어야 하는 것은 '평가, 피드백, 피드포워드'가 다르다는 것입니다.

1) 평가: 목표를 얼마나 달성했는지 결과물을 판단하는 것
2) 피드백: 과거 설정한 목표로 부터 시작해서 결과물을 만들어가는 과정에서 어떤 변화가 있었는지를 판단하는 것(역량, 지식, 스킬, 태도, 일하는 방식의 변화)
3) 피드포워드: 미래 기대하는 목표와 모습을 어떻게 달성해갈지 지금부터의 과정을 설계하는 것(구체화된 역량과 일하는 방식, 태도 등)

만약 이 3가지를 2023년 연말 평가 피드백에 반영한다면 이렇게 됩니다.

1) 평가: 2023년 목표는 무엇이었고, 달성은 어떠한가?
팀의 목표에 팀원 A가 어떤 기여를 했는가?

2) 피드백: 2023년 1년 동안 팀원이 결과물을 만들어가는 과정에서

- 성장한 것은 무엇인가?
- 기대했던 모습보다 부족했던 것은 무엇인가?

3) 피드포워드: 2024년 팀원에게

- 기대하는 역할, 목표는 무엇인가?
- 이 역할과 목표를 이루기 위해 어떤 지식, 기술, 스킬, 경험이 필요, 학습할까?
- 이 역할과 목표가 팀원 A에게 어떤 의미가 있는가? (커리어, 개인 비전 등)

성장하는 힘은 피드백과 피드포워드로부터 옵니다. '잘했어 이건 아니야, 잘못했어, 부족해'라고 칭찬 또는 평가를 받은 사람은 어떻게 변할까요? 간단합니다. 자신이 잘할 수 있는 목표에 도전하게 됩니다. 반대로 '와, 이 어려운 것을 끝까지 한 거야? 대단한데? 어려운 문제를 풀기 위해서 주변 사람들에게 다 물어보고, 배웠다고 들었어. 그 방법이 가장 빠르게 지금 일을 배우는 성장하는 방법일 거야'라고 피드백을 받은 사람은 '조금은 더 어려운 일이나 새로운 일에 도전'하게 되죠.

그것은 바로 '내가 잘했을 때와 잘하지 못했을 때, 결과물에

대한 평가를 받는 사람'과 '내가 노력하고 학습하는 태도'를 피드백 받은 사람의 차이입니다. 모든 사람이 타인의 인정과 칭찬, 평가와 피드백에 동일하게 영향을 받는 것은 아니지만 말이죠.

평가가 중요하지 않다는 말은 아닙니다. 비즈니스에서 성과라고 불리는 결과물은 비즈니스를 영속하기 위해서 너무 중요한 요인입니다. 하지만 결과물이 좋을 때나 좋지 않을 때에도 '평가와 함께 피드백이 함께'한다면 우리는 조금은 더 나은 행동을 하기 위해서 노력하거든요.

그리고 피드백이 주어진 이후에 우리는 피드포워드라는 한 가지 동기부여를 더할 수 있게 됩니다. '이번에 A님에게 기대하는 역할과 성장은 ○○인데, 이 부분을 위해서 A~C의 활동들을 해줄 수 있을까요? 저도 필요한 부분을 지원하도록 할게요'라는 메시지에 힘이 생기게 되거든요.

당신은 누군가의 성공에 기여한 적이 있나요?

피드백과 피드포워드를 하기 위해서 필요한 것은 상대방의 과업/목표에 대한 이해, 상대방의 역량/장애물에 대한 관심입니다. 그리고 자주 대화하며 서로의 목표와 현재 모습, 그리고 장애물을 공유하는 것이 필요하죠. 중요한 것은 이런 역할이 리더에게만 한정되어서는 안 된다는 것입니다. 조직의 모든 구성원들이 동료의 성장과 성공을 위해 피드백과 피드포워드를 한다면 어떻게 될까요? 실제 한 기업에서는 개인이 실행한 과업을 주변 동료들에게 보여주며 '피드백과 피드포워드'를 요청합니다. 그렇게 요청받은 구성원들은 자신이 하고 있던 과업을 잠시 내려놓고 동료가 어떻게 과업을 수행했는지를 보며 '피드백과 피드포워드를 공유'하죠. 이 조직의 성장 속도는 정말 빠르더라고요. 목적은 단 하나, '나의 성장만큼 동료의 성장이 중요하다는 것'이고 '동료가 성장하면 나와 팀도 성장할 수 있다'는 믿음입니다.

Coffee chat(커피 챗)의 힘

이렇게 피드백과 피드포워드가 리더뿐만 아니라 일상 생활 속에서 모든 구성원이 자주 반복하는 행동이 되는 기업에는 독특한 문화가 있습니다. 그것은 바로 Coffee chat이죠.

우리는 Coffee chat을 수다, 잡담 또는 일 하지 않고 노는 시간이라고 생각합니다. 물론 업무 또는 지식과 정보 공유가 아닌 진짜 잡담을 할 수도 있습니다. 그런데 Coffee chat을 잘하는 사람들은 이 시간을 다양하게 사용합니다.

내가 하고 있는 일이 내가 모르는 문제로 막혀 있을 때, 새로운 방법을 고민해야 할 때, 다른 사람들이 가진 경험과 지식이 필요할 때 그리고 지금이 아닌, 미래 이런 상황에서 도움을 받을 수 있는 사람과의 관계 형성을 위해 사용하는 것이죠. 이 기업의 특징은 바로 '피드백과 피드포워드가 평가 시즌에만 하는 것이 아닌 일상적인 대화'로 인식되고 있다는 것입니다. 우리는 어떤가요?

피드백과 피드포워드는 회사에서 정한 시간에 하는 것이 아닙니다. 일상적인 대화처럼 평소에 주고받을 수 있어야 하죠. 그렇다면 우리는 피드백과 피드포워드를 서로의 성장을 위해 주고받을 수 있는 문화와 시스템을 갖추고 있나요? 아니, 내 주변 동료와 리더들에게 피드백과 피드포워드를 받으며 성상하고 성공한 경험이 있나요? 혼자서 성장할 수 있는 시대는 이제 지나갔다고 생각합니다. 내 주변에 어떤 동료들이 있는지를 한번 돌아봐야 할 시점이죠.

 [월드컵] 감독 준 벤투호에 금지된 한 가지... "죄송하단 말 그만"

 2022년을 피드백하고, 2023년을 준비하는 질문들

 평가, 피드백 그리고 피드포워드

 [세바시 1350회] (ko)당신은 다른 사람의 성공에 기여한 적 있는가? | 이소영 마이크로소프트 이사 | 성장 파트너십 성공

 coffee chat

실리콘 밸리의 원온원

저커버그가 했던 말을 가져와 봅니다. "원온원 미팅은 매우 중요합니다. 이 미팅을 통해 '우리는 같은 관점을 가지게 될 것 On the same page'이라는 확신이 있기 때문입니다. 만약 우리가 'On the same page'라고 느끼지 않는다면 느낄 수 있을 때까지 대화를 나눕니다. 원온원 미팅의 장점은 너무 많습니다. 팀원의 책임감을 높이고, 리더와 팀원 사이가 좀더 편안해지고, 더 자주 업무의 진행 상황을 최신화할 수 있습니다."

《아마존의 팀장 수업》의 저자인 김태강 님은 책에서 원온원 대화를 이렇게 표현합니다.

"아마존에서 근무하며 흥미로웠던 점은 상사와 매주 원온원 회의를 하는 것이었다. 이 시간은 담당하고 있는 업무의 진행 상황을 공유할 수도 있고, 일하면서 어려운 점이나 궁금한 점을 상사에게 물어보고 도움을 요청할 수도 있었다. 그렇기에 개인의 회사생활 측면에서 어쩌면 앞서 언급한 다른 회의들보다 더 중요할 수도 있다."

"원온원 면담의 주요 목적은 상호 학습 및 정보 교환이다. 특정 문제와 상황에 대해 이야기하면서 상사는 부하직원에게 자신의 기술과 노하우를 전수하고 문제해결의 접근 방법을 제안한다. 이와 동시에 부하직원은 상사에게 그가 수행하는 일과 그가 염려하는 바에 관한 세부 정보를 제공한다."

저는 2020년부터 원온원이라는 주제로 책을 써야겠다는 생각을 했습니다. 대기업에 있을 때도, 스타트업에 있을 때도 우리나라 교육 방식의 특징으로 인해 우리는 토론하고, 질문하고, 대화하는 것을 굉장히 어색해하고 있다는 것을 많이 느끼게 되었습니다. 저 또한 2011년 코칭 공부를 시작하고, 이후 코치가 되지 않았다면 원온원 대화를 쉽게 하지 못했을 것입니다. 한국 남자분들은 솔직히 더 어려워하기도 하고요. 하지만 지금의 조직에서는 원온원 대화가 필수적인 스킬이 되어가고 있다는 것을 깨닫는 데는 그리 오래 걸리지 않았습니다.

CEO가 해야 할 가장 중요한 일은
"좋은 의사결정을 많이 하고, 나쁜 의사결정을 빨리 찾아 내서 수정하는 의사결정을 내리는 것입니다"

리더, 만약 그 리더가 CEO라면 조직에서 좋은 소식을 가장 많이 접하게 될 수 있습니다. 반대로 나쁜 소식은 가장 적게 접하게 되겠죠. 리더가 가장 유의해야 할 것은 '내가 가진 정보가 전부가 아니라는 것'입니다. 의사결정은 정보에 따라 그 성공 확률이 달라집니다. 그런데 좋은 소식들만 가지고 의사결정을 하게 되면 어떤 일이 생길까요? 그 의사결정이 올바른 의사결정일까요? 그래서 리더는 자동으로 전달되는 좋은 정보뿐만 아니라, 자신이 접하기 어려운 나쁜 정보도 취할 수 있어야 합니다.

베조스는 "리더는 사무실이라는 상자를 벗어나는 방법을 알아야 한다"라는 말을 했습니다. 럼스펠드 전 미 국방장관은 "우리에게는 알려진 것과 알려지지 않은 것이 있습니다. 어려운 것은 알려지지 않은 미지의 것들입니다. 우리가 모르는 것이 있다는 것을 알고 있다는 것입니다"라는 말을 했죠.

의사결정은 리더의 권한이자 책임입니다. 탁월한 리더는 좋은 의사결정을 많이 하고, 어설픈 리더는 그냥 의사결정을 하죠. 그리고 나쁜 리더는 자신의 잘못된 의사결정이 맞고, 팔로워들이 잘못 실행했다고 하죠. 100% 정답을 찾아내는 리더는 없습니다. 우리에게는 단지, 더 좋은 의사결정을 많이 하려고 노력하는 리더가 필요한 것이죠. 그래서 '더 좋은 의사결정을 하는 리더는 어떻게 할까?'를 고민해봤습니다.

1) 자신이 모르는 정보를 찾습니다.

나쁜 정보를 찾아내는 좋은 질문을 하고, 사무실이 아닌 현장에 나가 고객과 협업하는 사람들을 만납니다. 경쟁사를 만나기도 하고, 전문가를 만나기도 하죠. 자신에게 전달되는 정보가 전부가 아니라는 것을 깨닫고, 그 외의 정보를 찾고자 노력합니다. 나쁜 질문을 찾을 수 있는 좋은 질문을 한번 정리해보세요. 나쁜 정보를 전달해주는 '레드팀'을 한번 구성해보세요. 그리고 나쁜 정보를 전달하는 구성원들에게 감사의 인사를 한번 전해보세요.

2) 나쁜 의사결정을 번복합니다.

모든 의사결정이 정답이 될 수는 없습니다. 그런데 나쁜 의사결정이라는 것을 인정하는 리더와 인정하지 않는 리더는 조금 다르게 행동합니다. 인정하는 리더는 '더 나은 결과를 위해 기존의 의사결정이 잘못되었다는 것을 인정하고, 피드백을 통해 새로운 의사결정'을 하죠. 하지만 인정하지 않는 리더는 '내 의사결정이 맞다는 것을 증명하기 위한 또 다른 의사결정'을 하게 됩니다. 그리고 조직의 자원을 더 낭비하게 되고요.

3) 공부합니다.

공부를 하는 이유는 내가 몰랐던 것을 찾기 위해서입니다. 내가 하지 않았던 방법을 찾기 위해서이기도 하죠. 과거가 아닌, 미래에 초점이 맞춰져 있기 때문에 우리는 공부를 합니다. 그리고 탁월한 리더는 전문가나 책, 교육뿐만 아니라 자신의 팔로워들을 통해서도 학습을 하고, 그들의 말에 귀를 기울입니다. 우리 모두는 완전하지 않고 각자가 가진 강점이 있다는 것을 알기 때문이죠.

우리가 경계해야 하는 것은 실패가 아닙니다. 경계 대상 1호는 실패가 드러나지 않는 성공이고, 언제나 성공만 경험한다고 하는 사람들의 생각과 행동입니다. 성공 과정에서 우연과 실패가 없다면 그것은 드러나지 않도록 감춘 것이고, 자신이 아닌 다른 사람들에게 실패의 책임을 넘긴 것이라고 생각하거든요.

나는 정답이 아닙니다. 리더도 정답이 아니고, CEO도 정답을 모릅니다. 우리는 그저 지금 상황에서 더 나은 결과를 얻을 수 있도록 더 좋은 의사결정을 하기 위해서 일을 하는 것이고, 대화를 나누는 것이죠. 조직에서 모든 의사결정은 이 관점에서 진행되어야 합니다. 그래서 제가 좋아하는 리더분들은 이런 이야기를 자주 합니다. "제가 다 알 거라고 생각하지 마세요. 저도 실패하고, 저도 모를 수 있어요. 그래서 여러분의 생각과 의견 그리고 피드백이 필요합니다. 자주 이야기 나눠요, 우리"라고요.

Bursting the CEO Bubble

생각할 질문

나는 내 결정을 번복하나요? 그리고 그 이유를 나에게서부터 찾고 있나요?

새로운 방식으로의 변화와 혁신은
영속하는 기업이 되는 단 하나의 조건입니다

코로나 19 이후, 우리에게는 많은 변화가 있었습니다. 특히, 일하는 방식의 변화는 리모트뿐만이 아니라 조직의 문화와 리더십, 그리고 비즈니스 모델까지도 변화시켜 버렸죠. 이 좌중에 갑자스럽게 성장한 기업도 있고, 한 번에 무너진 기업도 있고, 버

339

티고 있었던 기업도 있습니다. 이제 코로나가 조금씩 익숙해지는 이 시기, 이제는 새로운 질서가 자리 잡기 시작하게 되네요.

코로나가 가져온 가장 큰 영향 중에서 우리는 새로운 질서를 찾아가기 시작하고 있습니다. 그중에서 기업은 생존을 위해 과거와는 다른 비즈니스 모델을 찾기 시작했고, 도전을 시작했습니다. 이 과정에서 가장 중요한 것이 바로 CEO의 역할이죠. 그것은 바로 변화 관리입니다.

조직이 급격하게 변화하는 이유는 3가지입니다.

1) 비전과 미션이라는 내부 목표가 변화했을 때
2) 경영진의 교체로 인한 일하는 방식의 변화
3) 외부 환경의 변화로 인해 생존 위기 또는 퀀텀 점프의 기회가 왔을 때

이 3가지가 한 번에 올 수도 있지만 실행 과정에서 서로 만나기도 합니다. 변화관리는 중요합니다. 성장의 기회가 될 수도 있지만, 추락의 위기가 될 수도 있거든요. 그래서 몇 가지 단계별 제안을 드리고 싶습니다.

1) 목표 설정: 변화한 이후 이상적인 모습을 그려보세요. 이상적인 모습은 중장기적인 비전과 미션, 그리고 단기적

인 목표로 구분해서 설정해야 합니다.

2) 현실 점검: 현실에서 나타나는 문제를 찾고, 이상적인 모습과 비교하여 우리가 갖춘 강점과 개선해야 하는 약점을 찾아보세요.

3) 변화: 리더 교체 또는 기존 리더의 역할을 수정하면서 리더십에 변화를 줘 야합니다. 이 과정을 통해 조직문화와 일하는 방식의 변화가 연결되어야 하고, 결과적으로 리더와 구성원들의 시간 사용, 행동 그리고 의사결정의 기준이 바뀌게 됩니다.

4) 학습 & 실행: 리더도, 구성원도 새로운 변화를 준비하는 학습의 시간이 필요합니다. 우리가 학습해야 할 것에는 새로운 기술, 일하는 방식, 문화, 지식 등등 다양한 부분이 있다는 것을 꼭 기억해야 합니다. 이때 리더만 학습하는 것이 아니라 리더와 팔로워가 함께 학습하고 서로의 역할 변화를 인지하고 행동으로 옮길 수 있어야 합니다.

5) 피드백 & 피드포워드: 마지막은 피드백입니다. 1)~4)번 과정을 지속해서 피드백하고, 피드포워드하는 것이 필요합니다.

그리고 해야 할 것은 구성원과의 대화입니다. 1~5번 과정에서 가장 중요한 것은 구성원들과 반복해서 소통해야 한다는 것입니다. 가장 하지 말아야 하는 행동은 반대로 '구성원들의 의견을 묻지 않고 일부 리더가 결정하고 통보하는 것'이죠. 구성원의 의견을 듣고, 모두 반영하라는 것이 아니라, 그들의 의견 중에 리더가 생각하지 못했던 관점을 찾아서 더 나은 의사결정을 하라는 것이죠. 이를 위해서는 리더의 커뮤니케이션 빈도수를 확장하는 것이 필요합니다. 목적은 두 가지입니다. 하나는 CEO부터 신입사원까지 같은 관점을 갖는 것과 소문과 오해를 줄이는 것이죠.

1) **다이렉트:** 최고 리더와 전 직원과의 대화(타운홀), 임원 또는 팀장과 구성원들과의 대화 등 다양한 방식으로 다이렉트 미팅을 진행할 수 있어야 합니다. 특히 대면과 비대면, 그리고 메일과 리포트 등 다양한 방식을 사용하시면 좋습니다. 이때 핵심은 '리더가 자신의 언어로 직접 소통하는 것'입니다.

2) **원온원:** 리더가 팔로워와 일대일로 미팅하며 대화하는 것이 필요합니다. 타운홀 등의 다이렉트 미팅을 하면서 원온원을 하는 이유는 이때 구성원들의 개인적이고, 깊은 이야기를 나눌 수 있기 때문입니다.

3) **TF:** 마지막은 변화에 더 관심이 많은 구성원에게 변화의 방향성을 찾고, 제안할 수 있는 기회를 줘야 합니다.

리스트럭처링(Restructuring), 구조조정의 시대

리스트럭처링에 대한 정의는 꽤 많습니다. 그중에서 제 가치관과 맞는 정의는 '기업의 비전과 미션을 이루기 위해 사업 구조를 재설계, 강력하게 실행하는 것'입니다. 이 정의를 사용하는 이유는 제가 중요하게 여기는 여러 전제조건들이 '리스트럭처링의 정의에 포함되어 있기 때문'이죠.

1) 기업의 미래 방향성인 '비전과 미션'이 존재해야 합니다.

2) 현재 사업 구조의 강점과 약점

3) 새롭게 힘을 싣거나 뺄 사업 선정

4) 실행 및 피드백

흔히 리스트럭처링을 번역하면 '구조조정'이라고 부를 수 있는데, 개인적으로는 구조조정이라는 단어의 부정적 어감 때문에 영어로 표현하는 편입니다. 비즈니스는 언제나 성공할 수 없습니다. 환경적 요인도 있고, 내부 경영의 실패도 원인이 되기도 하죠. 그리고 요즘 시대는 수시로 리스트럭처링이 진행되는 시대이기도 합니다. 스타트업에서부터 큰 대기업까지 말이죠. 이유는 하나, 우리가 예측하지 못할 정도로 환경이 변화하고 있고, 경영진이 과거의 방식으로 더이상 반복되는 성공을 만들 수 없는 시대이기 때문입니다.

그럼, 리스트럭처링을 할 때 가장 중요한 부분은 무엇일까요? 저는 '미래 비전과 미션을 함께 만들어갈 핵심인재의 이탈을 막는 것'이라고 생각합니다. 그리고 그들의 동기부여를 지속해서 유지하는 것이기도 하죠. 생존을 위해서는 '돈 버는 비즈니스에 우선 집중'해야 합니다. 하지만 기업이 영속하기 위해서는 '돈 버는 비즈니스보다 업의 본질과 고객에게 더 집중'해야 하죠. 그런데 이 두 가지를 할 수 있는 것 또한 사람입니다.

특히 기업이 '생존의 위기'에 처해 있다면 강력한 재설계를 해야 할 수도 있습니다.

1) 회사의 수익에 가장 큰 영향을 주는 사업을 먼저 선정하고,

2) 수익성이 낮거나 현재 투자를 많이 해야 하는 미래 사업은 매각, 축소, 잠시 중단해야 할 수 있고,

3) 같은 역할을 수행하는 부서들은 통·폐합을 통해 기능조직으로 운영을 해야 할 수 있고,

4) 핵심 직무와 과업 외에 더 적은 비용으로 아웃소싱이 가능한 사업은 외부로 계약을 해야 할 수도 있죠.

이때 중요한 것은 바로 '메시지'입니다. 리스트럭처링을 했다는 의미는 회사가 큰 위기에 처해 있다는 의미입니다. 이 큰 위기는 구성원 개인의 역량이 아닌, 외부 환경의 대변화 또는 경영의 큰 실패에서 오는 것이죠. 그래서 몇 가지 꼭 챙겨야 하는 부분이 있습니다.

1) 리스트럭처링의 필요성과 현재 회사의 위기를 공유하며 전직원과 공감대를 형성한다.

2) 회사 위기의 원인을 솔직하게 공유하며 리스트럭처링

과 함께 경영진의 책임 영역도 공유한다.

3) 직원의 실패가 아닌, 경영의 실패임을 명확하게 공유한다.

4) 공감대가 형성되면 최대한 빠르게 실행한다.

5) 모든 리스크를 헤징하지 못한다는 것을 감수한다.

저 또한 리스트럭처링을 경험하면서 '다시는 경험하고 싶지 않다'라는 생각을 해보게 되었습니다. CEO도, HR도 그리고 구성원도 쉽지 않거든요. 하지만 만약 해야만 하는 상황이라면,

1) 남는 구성원들에게 죄책감을 갖지 않도록 해야 합니다.

2) 떠나는 직원들에게 실패자라는 오명을 씌우지 말아야 합니다.

3) CEO나 리더 또는 특정 부서에게 모든 책임을 떠넘기는 것이 아니라, 피드백을 통해 미래의 목표만을 바라볼 수 있어야 합니다.

4) 리스트럭처링 후 다시 웃으며 열정을 쏟아낼 수 있는 분위기를 조성해야 합니다.

5) 그리고 마지막으로 '모든 구성원이 서로를 존중하고 사랑'해야 합니다.

'내가 이겨낼 수 있는 큰 고난은 나를 더 빠르고 크게 성장시키는 거름'이 된다는 것을 꼭 기억했으면 좋겠습니다. 그리고 지금 이 시간에도 리스트럭처링으로 마음의 짐을 가지고 있는 모든 CEO를 응원하고요.

 [인터뷰] 'NGO도 혁신이 필요하다' 월드비전이 바꿀 후원 생태계

 [추적자추기자] 테슬라 넷플릭스도 예외없다…정리해고 폭풍 덮친 미국

 "목숨건다" "함정 빠진다"… '독한 발언' 퍼붓는 대기업 총수들 왜

 리더십 전문가의 팀장 리더십 수업, "지금 시대 팀장님들이 꼭 경험해봤으면 좋겠습니다"

생각할 질문

내가 할 수 있는 일은 무엇일까요? 내가 가장 중요하게 여겨야 할 태도는 무엇일까요?

CEO의
실수

'탁월한 리더는 태어날까요, 만들어질까요?' 이 질문에 대한 답은 없습니다. 하지만 저는 타고난 나의 리더십에 새로운 리더십을 학습하게 되면 더 뛰어난 리더가 될 수 있다고 믿습니다. 이번 뉴스레터를 읽어보시면서 다양한 리더십을 이해하는 시간 중 하나라고 생각해보면 어떨까요?

새로 팀장으로 승진했거나 혹은 새로운 조직으로 이직하면서 팀장직을 맡게 되는 경우에 해야 할 일은 무엇일까요? NEW 리더에 대한 CEO의 오해가 있습니다.

만약 새롭게 CEO가 되었다면 가장 먼저 해야 할 것은 구성원들에 대해 이해하고, 알아가는 시간을 가져야 한다는 것입니다. 먼저 CEO가 처음 되었을 때 조급한 마음이 생기게 됩니다. '이제 내가 CEO가 되었는데, 회사와 팀원들에게 내 실력을 증명해야 하잖아?'라고 생각하게 되거든요. 그래서 성급하게 성과를 낼 수 있는 활동에 집중하게 되죠. 그리고 기존의 방식이 아닌, 자신의 방식으로 일하는 방식을 바꾸려고 합니다.

이유는 기존에 하던 대로 동일하게 일을 하면 그것은 새롭게 발탁된 내 성과가 아니기 때문입니다. 그래서 새로운 CEO에게는 기존의 방식을 거부하고, 내 방식으로 빠르게 일하는 방법들을 바꾸려는 성급한 의사결정이 따라오게 됩니다. 그럼 이때 직원들은 어떻게 반응할까요? 바로 CEO를 나의 성상과 성공을 돕는 리더가 아닌, 자신이 잘났다는 것을 증명하려는 '점령군'으로 생각하는 상황에 처하게 됩니다. 우리가 하던 방식, 내가 일을 잘하던 방법들을 무시하고, 자신의 방식이 정답이라고 말하는 것처럼 보이기 때문이죠.

NEW CEO의 원온원

이것을 방어하기 위해 처음 리더가 되었을 때 해야 할 것은 바로 원온원입니다. 이때 팀장님이 팀원에 대해 이해하고 알아가기 위해 이런 질문을 해보시면 어떨까요?

1) 특히 핵심인재들과의 대화에서 CEO인 내가 알고 있으면 도움이 될 ○○님의 '주요 경력과 경험'을 알려줄래요?

2) 현재 맡고 있는 과업과 그 과업을 잘하기 위해 ○○님이 가지고 있는 강점과 새롭게 알아야 하는 역량과 지식은 무엇일까요?

3) 어떤 도움이나 학습이 추가되면 지금 하고 있는 과업을 더 잘할 수 있을까요?

4) 회사에서 꼭 바뀌었으면 하는 것과 바뀌지 않았으면 하는 것은 무엇인가요?

5) ○○님이 우리 회사나 팀에서 꼭 해보고 싶은 과업이나 직무는 무엇일까요?

6) 우리 회사의 강점과 약점에 대해 3가지씩 이야기해주실래요?

처음 CEO가 되었을 때 또는 경력으로 처음 배치받은 리더는 사용해야 하는 스킬은 바로 질문과 경청을 통해 팀원과 팀에 대해 파악하는 '코칭'입니다. 평가나 판단이 아닌 팀원들의 솔직한 이야기를 들으며 팀의 목표와 방향성, 일하는 방식을 고민하는 것이죠. 이 과정을 통해서 얻은 정보를 가지고, 구성원들이 일하는 방식에 변화를 준다면 '점령군'이 아닌, '우리를 존중해주는 CEO'가 될 거라고 생각합니다.

새롭게 발탁되거나, 채용된 리더가 '자신만의 방식으로 빠르게 성공을 만들려고 하는 이유'는 간단합니다. 내가 리더인 이유를 증명해야 하기 때문이죠. 이렇게 증명하려는 리더의 행동은 스스로의 잘못된 가치관이 만든 리더십일 수도 있지만 어쩌면 환경들이 조정한 분위기일지도 모릅니다.

- '얼마나 잘하는지 보자'라고 팔짱 끼고 쳐다보고 있는 팀원들
- '너가 리더니까 너가 이제 다 알아서 해'라고 방임하는 리더의 리더
- '연봉값 해야지?'라고 지켜보는 회사

그래서 새롭게 리더가 되었을 때 특히 CEO가 되었을 때 필요한 것은 '온보딩'입니다. 리더의 온보딩에는 크게 4가지의 시간과 한 가지의 결과물이 필요합니다.

1) 직원들과의 대화를 통해 팀원의 강점과 약점을 파악하는 시간
2) 각 부서의 리더들과 소통하며 일하는 방식과 관계를 구축하는 시간
3) 현장을 찾아가고, 고객을 관찰하고 만나며 우리의 제품과 서비스를 이해하는 시간

마지막으로 온보딩 과정의 결과물은 바로 '어떻게 조직을 운영할 것인지에 대한 전략'입니다. 이 전략을 공유하는 시간은 3개월 이상의 시간이 필요합니다. 위의 4가지 시간을 모두 사용한 후에도 결과물이 나오지 않으면 조직의 일하는 방식과 제품, 서비스의 과거 히스토리가 빠진 CEO 자신의 관점만이 포함될 수밖에 없기 때문이죠.

4가지의 시간을 확보한 이후 전략에는 크게 3가지가 담겨 있어야 합니다.

1) 6개월 이내의 목표: 작은 성공과 변화

2) 1년 후 목표: 새롭게 일하는 방식의 변화를 통한 성공

3) 2년 이후의 목표: 조직의 레벨업된 목표의 성공

3가지의 시간과 레벨에 따른 목표를 설정하는 이유는 간단합니다. NEW CEO가 자신만의 방식이 아닌, 구성원들과 함께 달려갈 수 있도록 여유를 주기 위함이 첫 번째이고, 서로를 이해하고 알아가는 시간을 주기 위함이 두 번째입니다. CEO는 함께하는 팔로워 없이 혼자서 성과를 낼 수 없습니다. 그렇다

면 CEO가 자신의 팔로워들과 함께 성장하고 성공할 수 있는 여유를 줘야 하지 않을까요?

 [금요 아침] 온보딩Onboarding에 실패하는 리더의 유형과 대응

 [연합뉴스 인터뷰] MZ세대가 원하는 조직과 리더

생각할 질문

나는 구성원들의 생각을 얼마나 진정성 있게 듣고 있나요? 직원들은 나에게 얼마나 진정성 있는 이야기를 전하나요?

우리 회사의 방향성은
어디를 향하고 있나요?

우리는 살아가면서 수많은 목표에 도전하고, 수많은 선택을 통해 행동을 반복합니다. 기준은 무엇일까요? 이것을 방향성이라고 표현합니다. 우리가 시간을 사용할 때 어디에 더 많은 시간을 투자할 것인지를 결정하는 도구이기도 하죠. 이번에는 그 방향성에 대해 고민해보는 시간이 되셨으면 좋겠습니다.

올해 우리 기업의 방향성은 어떻게 되나요?

연초가 되면 대부분의 기업 CEO분들은 한 해 회사가 바라봐야 할 방향성을 공유합니다. 회사의 자원 활용과 의사결정의 기준, 그리고 구성원들의 일하는 방식을 얼라인하는 것이죠. 기사에서는 2023년 주요 5대 기업의 방향성 3가지를 공유해 줍니다.

1) '찐팬' 만드는 고객 감동 경영
2) 필수 불가결한 혁신과 도전
3) 도전하는 능동적 기업문화

A 스타트업 CEO는 2023년은 '생존'이 목적이 되는 해라고 선언했습니다. 또 다른 B 스타트업 CEO는 '확장' 그리고 C 스타트업 CEO는 '구성원 상호 간의 성장'이라는 키워드를 제시하더라고요. 기업의 방향성에 정답은 없습니다. 단지 우리 회사가 처한 내부/외부 환경에 맞춰 회사의 모든 구성원이 바라봐야 할 방향을 제시해주는 것뿐이죠. 대신, 방향성이 중요한 이유는 하나입니다. 그것은 '우리 회사에서 가장 중요한 인재와 팀은 회사의 방향성에 맞는 행동과 결과는 내는 것'이라는 메시지이죠.

'성과주의'에 포함되어야 할 한 가지는 '성장 추구'입니다

다양한 방향성 중에 매년 초마다 성과주의를 기업의 문화로 표방하는 기업들이 많이 있습니다. 특히 지금과 같은 혹한기에는 더욱 그렇죠. 그런데 사람은 환경에 적응합니다. 성과를 많이 낸 개인과 부서만을 인정하는 문화와 제도가 생기게 되면 '성과를 내는 것에만 초점'을 두게 됩니다. 이때 나타나는 것이 바로 사일로와 개인주의이죠.

사일로는 팀이나 본부가 회사 관점이 아닌, 팀과 본부의 성과를 낼 수 있는 부분에만 초점을 맞추게 된다는 것입니다. 예를 들어, 매출을 일으키는 영업부서는 자신들의 성과에 영향을 주는 마케팅이나 이벤트, 세일을 더 자주하려고 하고, 이를 위해 재고 생산액을 많이 늘리려고 할 수 있습니다. 이때 문제는 바로 이익이 줄어들고, 비용이 늘어날 수 있다는 부분이고, 제품과 서비스의 가치인 브랜딩이 낮아질 수도 있다는 것이죠. 세일만 자주 하는 회사, 정가에 사면 손해보는 제품이 되는 것입니다.

개인주의는 '내 일과 네 일을 구분하는 사람들'이 생겨나게 되는 것입니다. 과거 조직에서는 개개인의 과업을 모두 매출과 비용으로 환산했던 적이 있었습니다. 한 부서가 내부 독점하고 있는 디자이너에게 다양한 요청을 했지만 거부당하게 되었습니다. 자신이 평가받는 KPI가 아니라는 이유 때문이었죠.

최후의 수단으로 "그럼 우리 외부 디자인 업체와 한번 시도해봐도 되겠냐?"라는 문의를 한 적이 있었죠. 이때 돌아온 답변은 간단했습니다. "네, 그렇게 해보세요. 대신 회장님 컨설팅도 직접 받으세요. 저는 관여하지도, 책임지지도 않겠습니다."

성과주의는 중요한 방향성입니다. 특히, 조직의 생존을 위해서 가장 중요한 부분이죠. 하지만 성과주의 한 가지로만 방향성이 정해지게 된다면 단기적으로는 성과에 집중하게 되지만, 중장기적으로는 협업과 도전, 학습 문화가 무너지게 됩니다. 그래서 성과주의에는 성장 추구라는 또 다른 문화가 연결되어야 합니다. 성과를 만들어낸 사람과 조직이 인정받지만, 그와는 조금 다르게 다른 사람과 조직의 성과에 기여한 사람, 그들에게 다양한 지식과 경험을 공유한 사람에게도 동등한 인정이 필요하다는 것입니다.

단기적인 성과주의의 장점을 취하고 부족해지는 협업과 도전, 학습이라는 부분을 중/장기적인 성장 추구가 보완하는 것이죠. 우리는 2023년 어떤 문화를 가져가고 있을까요? 우리의 방향성이 정답이 되지는 못할 수도 있습니다. 그렇다면 반대의 입장에 서서 우리가 추구하는 문화가 가지고 있는 약점을 보완하는 방법도 2023년 방향성에 포함하면 좋을 것 같습니다.

리더십과 조직문화의 방향성은 어떻게 되나요?

자, 그럼 이제 비즈니스 방향성 말고, 리더십과 조직문화의 방향성은 어떻게 정리되었고, 어떻게 구성원들과 소통하고 있는지, CEO와 리더 그리고 HR에서는 무엇을 준비하고 있는지를 봐야 합니다. 비즈니스의 방향성과 리더십 & 조직문화의 방향성은 같이 얼라인되어야 하기 때문입니다. 비즈니스가 고객을 위함이라면 리더십과 조직문화도 고객을 바라보는 방식이 되어야 하고, 성과 또는 성장주의라면 그에 맞는 리더십과 조직문화가 구현되어야 합니다. 그래야 구성원들은 자신의 행동과 시간 사용에 대한 의사결정을 회사의 방향성과 맞출 수 있기 때문이죠.

그리고 한 가지 더, 리더십과 조직문화가 비즈니스 이외에 하나의 방향성을 더 추가하는 것은 어떨까요? 제가 제안하고 싶은 부분은 바로 '태도'입니다. 태도를 다른 말로 표현한다면 '행동'입니다. 일을 대하는 태도(행동), 동료나 타인과의 관계에서 보이는 태도(행동), 내가 일상에서 보이는 태도(행동)가 바로 그것이죠. 태도가 중요한 이유는 바로 '영향력' 때문입니다.

반복되는 태도(행동)가 타인이 나를 떠올릴 때 생각하게 되는 한 단어가 되기 때문이죠. 도움이 필요해서 무엇인가를 물어보는 동료에게 자신의 시간과 자신이 가진 것을 모두 공유해주는 동료의 태도, 매번 약속한 과업을 성실히 수행하며 책임지는 동료의 태도, 힘들 때마다 나타나서 위로와 격려해주는 동료의 태도, 매일 나에게 도움이 될 것 같다며 좋은 자료와 책을 공유해주는 동료의 태도는 그를 떠올릴 때 한 문장이 되죠.

"2023년 우리 회사가 직원들에게 보여주려고 하는 태도는 무엇인가요?"

"2023년 리더이자 팔로워로서 동료들에게 보여주고 싶은 태도는 무엇인가요?"

'대이직의 시대'는 직원이 회사를 선택하는 시대입니다

올해는 그 어느 때보다 많은 이직 경험을 하는 시대가 되지 않을까 합니다. 특히, 젊은 세대에서 말이죠. 그런데 한번 생각해보세요. 우리회사에 오는 신입 또는 경력 직원 중에 주니어가 많을까요? 시니어가 많을까요?

"만약 이후로 우리 회사가 Z세대가 가고 싶지 않은 회사가 된다면 어떻게 될까요?"

"만약 지금 S급 또는 A급 리더가 Z세대가 함께 일하고 싶어 하지 않는 리더라면 어떻게 될까요?"

우리가 변화해야 하는 이유는 생존 때문입니다. 이후로는 더 빠르게 변화하고, 더 강력한 기술과 다양한 지식이 나오는 시대가 될 테니까요.

수많은 계획이 작심삼일이 되어버리곤 합니다. 그리고 조직에서의 변화의지 또한 어느 순간 사라지고 말죠. 많은 구성원이 새로운 도전과 변화를 추구하는 리더의 이야기를 듣고 나서 '언제까지 하나 보자'라고 생각하며 변화를 주저하고 거부하는 이유이기도 합니다. 그렇다면 개인의 변화를 뛰어 넘어 조직의 변화를 이끄는 방법은 무엇일까요? 이를 리더십이 아닌 조직문화 관점에서 바라본다면 '리더 혼자가 아닌, 함께하는 동역자 3~4명을 만들어라'고 제안하고 싶습니다. 혼자가 아닌, 3~4명의 동료들이 함께 행동할 때 우리 주변의 80% 사람들이 우리의 행동에 관심을 가지기 시작하기 때문이죠(사회적 동조 현상).

이때 GRIT의 책에서 제시한 3가지 행동을 실행해보셨으면 좋겠습니다. 저도 자주 하는 행동들이어서요.

1) 최상위 목표가 있는가?

"삶에서 일을 하는 이유에 해당하는 목적이 있는가?"에 대한 질문을 스스로 해보시면 좋습니다. '내가 일을 하는 이유는?' '그 일은 어떤 가치가 있는가?', '누구에게 어떤 영향을 주는 일인가?'에 대한 답을 찾아가는 과정이죠. 그리고 최상위 목표를 이루기 위한 중간 목표와 작은 실행 목표를 가지는 방법입니다. 제가 만다라트는 사용하는 이유가 여기에 있습니다. 최상위 목표를 위에 두고, 작은 64가지의 실행 목표를 매년 바꿔가고 있거든요. 이 방법을 팀 관점에서 한번 실행해봐도 좋더라고요. 팀이 추구하는 최상위 목표 1가지와 8가지의 중간 목표 그리고 작은 64가지의 실행 목표를 두고 하나씩 채워가는 방법입니다.

2) 의식적인 훈련을 하고 있는가?

시간을 때우는 업무 수행이나 훈련이 아니라, 내가 습득하고 싶은 구체적인 행동이나 생각을 하면서 하는 훈련은 의식적인 훈련이라고 합니다. 이때 가장 많이 하는 훈련은 '내게 익숙하지 않은 행동'이죠. 만약 인정과 칭찬에 대해 배웠다면 배운 대로 실행을 하는 것입니다. '구체적인 행동'을 이야기하고, '그 행동이 나에게 끼친 긍정적 영향'을 공유하고, '더 잘할 수 있는 방법을 제안'해보는 대화를 하는 것으로요.

3) 나를 지켜봐주는 '코치'가 있는가?

나의 행동변화를 지켜봐주며 노력과 결과에 대해 '인정과 칭찬', 그리고 '솔직한 피드백'을 주는 코치와 동료가 있다면 우리의 행동 변화는 조금 더 지속하려고 하지 않을까요?

우리만의 조직문화를 CEO부터
모든 구성원이 꾸준히 실행하는 것,
그것이 조직문화의 핵심입니다

시스템반도체 후공정後工程 전문기업인 네패스는 2022년 6월 미국 백악관이 발표한 250쪽 분량의 '반도체 산업 종합 보고서'에 이름을 올렸고, 독보적인 첨단 패키징 기술로 삼성전자, TSMC, 인텔 등과 함께 '핵심 제조기술을 가진 반도체 기업 10곳'에 선정되었다고 합니다.

기사를 읽으며 CEO가 바라보는 조직 문화를 이렇게 해석하게 되었습니다.

1) 가치관의 변화: 모든 구성원이 나를 사랑하고, 동료를 존중하며 내 일을 대하는 관점을 바꾸는 것이 먼저입니다. 그리고 이런 가치관의 변화는 구성원들의 삶에서 마인드와 태도를 바꿔줍니다.

2) 꾸준한 실행: 조직문화는 글과 말로 전하는 것이 아니라, 회사의 출근에서부터 퇴근까지 모든 과정에서 행동으로 연결될 수 있어야 합니다. 회사에서 일을 하는 모든 시간 중에 가장 중요한 시간이 조직문화를 행동으로 옮기는 시간이어야 하고, spot이 아닌 지속해서 진행되어야 합니다.

3) 리더가 먼저: CEO를 비롯한 리더 또한 조직문화에서 예외일 수 없습니다. 아무리 탁월한 성과를 내더라도, 조직문화를 행동과 의사결정에 적용하지 않는 리더는 리더가 될 수 없다는 것을 HR Message로 전달해야 합니다.

4) 성과: 마지막으로 아무리 좋은 조직문화라고 하더라도, 성과로 연결되어야 합니다. 성장은 중요한 단어입니다. 하지만 배우는 것만으로 성과가 만들어지지는 않습니다. 학습을 통해 일하는 방식이 바뀌고, 그에 따른 결과가 바뀌었을 때 우리는 성장이라고 이야기합니다. 조직문화가 성장

했다는 의미는 변화된 조직문화와 구성원들의 가치관과 행동을 통해 조직의 성과가 달라졌다는 것을 의미합니다.

5) CEO의 의지: 마지막으로 조직문화를 만들고 유지하는 힘은 CEO로 부터 나옵니다. 그래서 CEO가 동의하고, 중요하게 여기는 가치관이 조직문화에 포함되죠.

그리고 네패스의 독특한 조직문화를 정리해봤습니다.

1) 감사 경영: 매일 아침 스마트폰에서 '마법 노트'라는 앱(app)을 열어 7통의 감사 편지 작성, 회의를 마칠 때는 '예상치 않은 일이 생겨 감사하자'와 같은 '네페스 감사진법感謝進法'을 복창復唱

2) 음악 경영: 회의 시작 전에 수시로 노래를 부르기

3) 독서 경영: 하루 30분 이상 책 읽기

4) 상호 존중: 서로를 슈퍼스타라 호칭, "상대방을 높여주고 자신은 낮추자는 취지에서다. 인간 관계의 파탄은 불필요한 자존심과 상대방에 대한 배려 부족 때문이다. 다른 사람을 높여주면 자기 자신도 높아진다"는 취지

사내에서 가장 많이 쓰는 10가지 말을 골라 긍정의 말로 교

체, '보고해'는 '공유해주세요', '뭐가 문제인데?'는 '개선할 점은 무엇인가요?'

이병구 네패스 회장의 가치관

1) 4차원 경영: "삶의 태도를 변화시켜 성장함으로써 경영 성과와 자기실현을 모두 이루자는 것이다. 3차원 경영이 '돈'을 중심에 두고 '사람'은 도구로 여긴다면, 4차원 경영은 사람을 가장 중시하는 '사람 먼저People-first'라는 게 다르다."

2) "직급이 아무리 높아도 거친 말을 하거나 갑질을 하면 즉각 퇴출시킨다."

3) "경영자와 사원들이 서로 겸손한 마음과 자세로 자존감을 살려주는 게 좋아서다. 회사가 직원을 존중하지 않으면 그들은 열정과 성실을 다할 수 없다. 직원들 역시 회사를 존중하지 않게 된다. 회장인 나부터 회사 승용차를 타고 내릴 때, 임직원 어느 누구도 열어주지 못하게 하고 내가 스스로 한다."

4) "4차원 경영은 '사람의 마음 변화'에 초점을 맞춘다. 구체적으로 '생각thinking'과 '말word', '일work'에 대한 태도 변화다. 사람은 하루 5만가지 생각을 하는데, 75%가 부정적인 생각이라고 한다. 마음판에 어떤 생각을 담고 새기느냐가 중요하다. 네패스에 5년 정도 다니면 품격이 다른 사람이 된다는 얘기를 자주 듣는다."

5) "마음 근육 단련을 위해 회사 전체가 하루 3가지 이상씩 좋

은 일을 동료들과 나누고, 하루 3곡 이상 노래를 부르며, 하루 30분 이상 책을 읽고, 하루 7가지 이상 감사편지를 쓰는 '3·3·7 라이프'를 실천 중"

6) "서로 능력 차이를 인정하며, 도와주고 채워주는 '네이버스 러브*neighbor's love*'가 충만한 회사, 높은 학벌보다 겸손한 인재들이 협력하는 회사를 지향한다."

7) "사업에서 기술이 차지하는 비중은 20~30%이며, 사람의 '마음'을 움직이는 게 더 중요하다. 사원들이 자기가 하는 일을 통해 '일의 맛'을 느끼면, 그 회사는 반드시 성공한다."

네패스 n가족 행동 규범 10계명

10계명을 마음판에 새겨 지혜와 통찰력과 사람을 얻어, 풍성한 결실을 맺는 공동체의 핵심인물이 되자.

1) 정직하게 공유하자.

2) 겸손하고, 겸손하고, 또 겸손한 자세로 일하자.

3) 타 부서 요청 사항을 내 일보다 우선 처리하자.

4) 선택의 순간에 나에게 손해 되는 쪽으로 택하자.

5) 혼자 일하지 말고, 함께 일하자.

6) 일과 쉼의 균형을 유지하자.

7) 고객과 동료에게 좋은 것을 input 시키자.

8) 감사를 입에 물고 회의하자.

9) 노래하며 항상 기쁘게 일하자.

10) 독서로 위인을 만나자.

CEO의 가치관도, 회사의 문화에도 정답은 없습니다. 단지, 내가 중요하게 여기는 가치관을 행동으로 옮기며 검증해나가는 수밖에는 없겠죠.

백악관도 극찬한 韓 반도체 기업…
서로 존중하는 '슈퍼스타 경영'의 힘

생각할 질문

내가 절대 포기하지 못하는 가치관은 무엇인가요?

미국 매체 블룸버그는 애플의 실리콘 디자인, 하드웨어, 소프트웨어, 운영 분야 엔지니어들이 최대 18만 달러(약 2억 1,400만 원)에 달하는 주식 보너스 지급 통보를 받았다고 보도했다고 합니다. 이는 기본급, 자사주, 현금 보너스를 포함한 애플의 기본적인 보상체계와는 별도로 추가 제공하는 것이며, 해당 부서 엔지니어 중 10~20%가 이를 받을 예정입니다. 실제 메타는 애플의 엔지니어를 최근 수개월 동안 100명 가까이 영입했다고 합니다. 애플워치에 맞설 스마트워치 출시를 준비하기 위함이기도 하다는 이유입니다. 핵심인재는 그 한 명 한 명이 기업의 핵심 전략이자, 상품이고, 서비스이기 때문에 가능한 대응이라고 생각합니다. 보너스는 4년에 걸쳐 지급하며, 이번에 일시 지급한 주식 액수는 8만 달러(약 9,500만 원)에서 12만 달러(약 1억 4,300만 원) 상당입니다.

파타고니아는 핵심인재를 이렇게 정의하고 있다고 합니다.

"'환경보호'라는 사명에 동참하면서 매사 의욕이 넘치고 틀에 얽매이지 않는 방법으로 일을 해나가는 사람", "도전을 사랑하고, 우리의 터전이자 놀이터인 야생 환경을 보호하는 일에는 주저 없이 나서는 사람"

그리고 일반 구직자가 아닌, 핵심인재를 타깃팅한 한 다양한
전략을 세우고, 실행하고, 홍보합니다.

1) Founder가 직접 쓴 책(《파도가 칠 때 서핑을》)이 채용
핸드북이 되는 회사

2) '업무를 놀이로 여기라'를 실천하는 직원들(업무 시간에 서핑,
스키, 클라이밍)

3) 환경 운동에 관심이 있고, 참여한 경험에 가산점(파타고니
아 액션 워크라는 환경 운동 플랫폼 참여자)

4) 사내 아이 돌봄 시설을 통한 여성 직원 복지 강화(전 직원
중 70% 여성, 출산 및 육아 휴직 후 업무 복귀율 100% 육박)

5) 아웃도어 액티비티 취미가 있는지 확인(환경보호라는 사명에 동
참하는 직원을 뽑기 위해 야외 활동을 좋아하는 사람 채용)

6) 환경 보호 자원봉사 이력 확인(성인이 되어 자발적으로 참여한 이력)

7) 1년 중 2개월을 유급으로 환경 활동을 할 수 있도록 지
원(돈도 벌고, 환경단체 활동도 하며 만족감 끌어 올리기)

8) 행동주의자들을 위한 보석금 지불(환경 운동을 하고 나서 유치장
에 들어간 직원을 위해 회사가 보석금을 지불)

우리는 어떤 전략으로 외부의 핵심인재들을 끌어들이고 있
나요? 그리고 무엇으로 우리의 핵심인재를 보호하고 있나요?

보상은 중요한 전략 중 하나입니다. 하지만 보상만으로 사람을 끌어들이거나 잡을 수 없습니다. 더 높은 보상을 주는 기업이 있다면 언제든지 의사결정을 할 수 있기 때문이죠.

조직문화는 핵심인재를 찾고, 유지하는 가장 중요한 전략이 되어야 합니다. 사람들마다 다양한 가치관을 가지고 있습니다. 모든 사람을 만족시키기 보다, 우리의 조직문화를 좋아하고, 우리 조직문화 속에서 일할 때 자신이 가진 능력을 모두 발휘할 수 있고 출근길을 즐기는 핵심인재를 찾고 관리해야 합니다.

우리 회사는 어떤 조직문화를 가지고 핵심인재를 유혹하고 있나요? 지적 호기심을 자극시키는 뛰어난 동료들이 있나요? 이곳에 있으면 동료와 함께 내가 성장하는 시간을 가질 수 있나요? 가족처럼 편안하고 웃음을 주는 동료들이 있나요? 내가 하고 싶은 일을 할 수 있는 기회를 주는 곳인가요? 내가 일하고 싶은 만큼 일 하면서 성과를 내도 되는 기업인가요? 서로가 존중하는 마음으로 감사 표현을 하는 곳인가요?

우리의 조직문화를 중요하게 여기는 핵심인재라면 다른 회사로 이직해서도 우리 회사와 동료를 그리워하게 됩니다. 그리고 연어처럼 다시 돌아오게 되죠. 그 무엇보다 조직문화와 같은 가치관을 가진 동료가 최고의 복지라는 것을 깨닫게 되거든요.

 [주간HR이슈] 메타로부터 애플을 지켜라   파타고니아의 채용브랜드

정답은 없습니다. 그저 반복해서 우리가
가지고 있는 목적을 달성하기 위해 피드백하고
피봇(Pivot)하는 것이 성공을 경험하는 방법입니다

에어비앤비 체스키 CEO의 기사와 마이리얼트립 이동건 대표의 기사가 같이 겹쳐 보였습니다. '조직을 이끌어가는 리더의 모습은 어떠해야 할까?'에 대해서 말이죠. 위기 일 수도 있고, 성장하거나 성숙하고 있는 비즈니스일 수도 있지만 중요한 것은 '위기의 순간 리더의 역할'이라고 생각합니다. 그리고 그것은 '조직이 성공할 수 있도록 비즈니스 모델을 만들어가는 것'이라고요.

체스키 CEO는 "지난해 우리는 8주 만에 사업의 80%를 잃었다"며 "구조조정과 함께 회사를 바닥에서부터 새로 재건해야 했다"고 말했습니다. 먼저 종합 여행 플랫폼으로 발돋움하고자 팬데믹 이전에 추진하던 호텔, 럭셔리 숙박, 교통, 미디어 같은 사업을 중단하고, 주력 사업인 소형 주택 위주의 숙박 공유 사업에 집중하기로 했고, 비용 절감을 위해 회사 전체 인력의 4분의 1에 해당하는 1,900명을 해고했고, 체스키 CEO를 포함한 임원들은 임금을 50~100% 삭감했습니다. 예정돼 있던 10억 달러 규모의 마케팅도 전부 취소했고, 운영 자금이 부족해 11%라는 높은 이율로 돈을 빌려 쓰기도 했습니다.

"위기 상황에서 가장 관리하기 어려웠던 건 제 심리 상태였어요. 상황이 보기보다 좋지 않았지만, 그렇다고 나쁘기만 한 것도 아니었어요. 리더로서 길을 제시하고, 희망을 잃지 않으려 노력했습니다."

또 마이리얼트립 이동건 CEO는 "마이리얼트립의 국내 여행 비중은 매출의 1%도 채 안 되는 수준이었다. 주력이 아닌 사업을 주력으로 끌어올려야 하니 당연히 문제가 있었다. '야놀자' '여기어때' 같은 강자들이 버티는 영역이다. 마이리얼트립은 해외여행으론 괜찮았지만, 국내 여행자들이 쓰는 애플리케이션(앱)은 아니었다. 그래서 국내 여행지 중 해외여행다운 곳으로 집중한 것이 제주로 눈을 돌린 것이었다. 제주는 비행기 타고

가다 보니 하루만 묵고 돌아오는 곳이 아니다. 마이리얼트립의 해외여행 전략은 항공권을 최저가로 팔아 모객한 뒤, 이 데이터를 바탕으로 숙소나 액티비티(활동), 투어 등을 추천하는 것이다. 이걸 제주에선 쓸 수 있다고 판단했다. 2020년 5월에 제주에 처음으로 지사를 세우고, 현지 직원을 뽑고 상품을 개발했다. 지금은 전체 매출의 80%가 제주 여행에서 나오고 있다"라고 이야기하죠.

위기뿐만이 아닙니다. 얼마 전 현대자동차 그룹의 정의선 부회장은 회사의 내연 엔진 개발 조직을 38년 만에 폐지하고, 전기차에 올인한다고 발표를 했습니다. 글로벌 차량 제조기업 5위에 해당하는 자동차 회사를 만들어온 성장의 축이고, 현재 현대자동차에서 가장 큰 비중을 차지하는 수익모델에서 더 이상 신차를 만들지 않겠다는 의지이기도 하죠. 현재 조직에서 가장 큰 수익원을 포기하고, 새로운 비즈니스 모델에 집중하겠다는 비즈니스 모델의 피보팅(pivoting)을 선언한 것입니다.

위기일 때도, 회사가 성장 중일 때도 리더의 시선은 항상 같은 곳을 향하고 있습니다. 과거나 현재가 아닌, 미래이죠. 위기 상황에서는 현재가 중요할 수 있습니다. 그것은 생존과 관련이 있으니까요. 하지만 생존의 시기가 끝났을 때 리더의 시선은 미래를 향하고 있어야 합니다. 그리고 그 시점에 우리 회사의 모습이 아니라 고객의 모습을 바라보고 있어야 합니다. 내가 할 수 있는 것, 내가 이루고 싶은 것이 아니라 그 당시 고객이 원하는 것, 고객이 불편해할 수 있는 것을 우리가 해결해주는 제품과 서비스를 들고서요.

 [코로나 이겨낸 스타트업] ③ 마이리얼트립 이동건 대표 "제주여행 · 랜선투어로 버텼다… 기술투자로 도약 준비"

 우리가 망할 줄 알았죠? 에어비앤비 퍼펙트 부활시킨 역발상

생각할 질문

위기의 순간, CEO의 역할은 무엇이라고 생각하시나요?

조직을 만들어가는 과정은 Founder가
자신을 Awareness 하고, 같은 가치관을 가진
사람들을 모으는 과정입니다

저는 2004년 7월 처음 직장생활을 시작했고, 2019년 5월 첫 번째 회사를 퇴사하고 6월에 두 번째 회사에 입사했습니다. 하나는 강력한 조직문화를 무기로 중견 기업에서 대기업으로 성장했던 회사였고, 다른 하나는 아이디어와 실행력 만으로 3년 만에 1,500억 이상의 매출을 기록했던 스타트업에서 성공한 조직이었죠. 둘의 공통점은 회사가 Founder의 특징을 그대로 담은 조직문화를 강력하게 가지고 있었다는 것입니다.

두 기업의 공통점은 또 있습니다. 바로 자신과 비슷한 사람들을 초기에 끌어 모았다는 것이죠. 차이라고 한다면 전자의 기업은 신앙적인 가치관과 미래 꿈에 대한 같은 비전이었고, 후자는 성향적인 특징이었습니다. 둘 모두 Founder를 닮았다는 것은 비슷하지만요.

그런데 운영에서는 조금 다른 모습을 보였습니다. 전자의 기업은 점점 더 Founder의 색깔을 띄는 기업이 되었고, 조직이 커지고 사업과 사람들의 다양성이 복잡해지면서 매뉴얼화되어

버렸다는 것이고, 후자의 기업은 Founder가 자신의 강점을 살리고 약점을 보완하는 형태로 리더들을 채용했다는 것이죠.

'어떤 기업이 더 좋은 기업일까?' 아니, '더 성장하고 오래 지속하는 기업이 될까?'라는 질문에는 '시간이 흘러봐야 알 수 있을 것 같습니다'라는 답밖에는 못하겠습니다.

누틸드의 글들은 참 읽으면 읽을수록 생각하게 하는 힘이 있는 것 같습니다. 이 글을 읽으면서 나라면 '어떻게 조직을 구성하고 만들어갈까?'에 대해 생각해보고 적용할 수 있는 점들을 찾게 되었거든요. 아직은 가설이지만 저는 이렇게 조직을 만들어갈 것 같습니다.

1) 내가 추구하는 가치를 더 명확하게 하고, 그 가치대로 생각하고, 글을 쓰고, 행동하면서 나를 점점 더 브랜딩하려고 합니다. 그래서 매일 글쓰기와 1년에 2권을 책을 쓰는 것을 놓을 수 없을 것 같습니다(필자는 2018년 7월부터 매일 글쓰기를 하고 있고, 2021년 《요즘 팀장은 이렇게 일합니다》, 2022년 《원온원》, 《일하는 사람을 위한 MBTI》 책을 출간, 2023년 HR Insight와 신입사원을 위한 성장 가이드북을 준비 중입니다).

2) 나와 비슷한 가치관을 가지고 있지만, 나와는 다른 분야의 사람들과 함께 반복되는 수다를 하려고 합니다. 이때 필요

한 부분은 나와 엇비슷한 레벨 또는 다른 경험을 가진 사람들을 만나는 것이죠. 그래야 저도 주고, 그분들께 받을 수도 있거든요.

3) 다른 하나는 나와 비슷한 가치관을 가지고, 나의 지식과 경험을 바탕으로 자신만의 지식과 경험을 만들어가려는 사람들에게 내 지식과 경험을 전해주고 싶습니다. 이때 필요한 사람들은 제 지식과 경험을 학습하고, 자신의 조직에서 활용하면서 자신만의 경험을 쌓을 수 있는 주니어분들이 될 거라고 생각하고요.

4) 그리고 이 과정들을 반복하면서 함께할 수 있는 사람들을 모으게 될 것 같습니다. 제 성향상 조직을 운영하는 것은 쉽지 않지만, 협업을 하는 것은 좋아하거든요. 그렇게 한 명 한 명이 모이게 되면 우리들의 그룹을 만들고, 우리들의 가치관과 비전을 만들게 될 겁니다.

5) 하나의 가치관을 공유하는 조직이 되지만, 모두가 다 그래야 하는 것은 아닙니다. 저는 방향이 같은 사람을 원하지 목적이 같은 사람을 원하지는 않습니다. 그저 같은 방향으로 걷고 뛰고 공부하는 사람들과 함께 하고 싶을 뿐이거든요. 그 과정에서 자신만의 목적을 찾아서 그 실행을 서로 응원하고 도와

주고 공유하면 되는 거죠.

　제가 가진 가치관은 '성장'입니다. 그리고 그 성장을 위해 '내가 가진 지식과 경험을 공유할 수 있는 사람'이어야 하고요. 내가 가진 것을 주는 만큼 그의 것도 공유된다면 그만큼 빠르고 깊이 있게 성장할 수 있다고 생각하거든요. 조직의 문화는 Founder의 가치관에서부터 시작합니다. 그리고 운영하면서 더 견고해질 수도 있고, 반대편으로 피봇할 수도 있죠. 하지만 중요한 것은 바로 Founder의 가치관이 조직문화의 뿌리가 되어야 한다는 것입니다. 그 조직이 처음 만들어진 이유와 목적은 바로 Founder로부터 시작이니까요.

[누틸드 다큐.1] 존재의 이유 & 함께할 동료 찾기 (조직을 만든다면 어떤 게 가장 먼저 필요할까?)

생각할 질문

우리 회사의 Founder가 중요하게 여기는 가치는 무엇인가요?

언젠가 성장과 관련된 특강을 한 적이 있었습니다. 강의가 끝나고 시간이 부족했는지 몇몇 직원분들이 글로 질문을 해주셨었는데, 하나의 질문이 기억에 남았습니다.

Q. 학습이 스트레스가 되고 있어요. 학습을 통해 성장한다는 것을 알고 있지만 학습하는 시간도 많이 걸리고, 그 과정이 고통으로 느껴지고 즐겁지가 않아요. 스트레스를 조금이라도 덜 받으려면 어떻게 해야 할까요?

책을 읽는 것도 하나의 학습이고, 누군가를 만나고 강의를 듣는 것도 하나의 학습이죠. 그리고 그런 학습들이 이제는 우리를 '성장해야만 한다'라는 압박을 주는 시대를 살고 있지는 않은지를 고민하게 했던 질문이었습니다.

그런데 반대로 이런 질문을 해주신 분이 3년 5년 후에 얼마나 더 성장해 있을지에 대해서 궁금해지기도 하더라고요. 자신의 모습을 객관적으로 관찰하고, 그 관찰을 통해서 새로운 모습으로 변화하려고 노력하는 마음이 보이니까요. 지속하는 힘이 끝나지 않는다면 그 시간과 노력보다 더 큰 성장이 기다리고 있을 거라고 생각합니다.

당시 저는 이렇게 답변 드렸습니다. '완벽한 것은 없고, 다 알아야 하는 것도 없다'고 말이죠.

"저와 비슷한 고민을 하셨네요. 저도 처음 학습을 하려고 할 때 '잘해야지' '내가 다 완벽하게 알아야지'라는 관점을 가지고 있었습니다. 이유는 우리가 그렇게 성장해왔거든요. 어릴 적 학교를 다니며 공부하고, 시험 보고, 등수 매겨지는 삶을 살아오다 보니 다 알아야 하고, 공부하면 100점을 맞아야 한다고 생각하더라고요. 그런데 세상에 완벽함은 없다고 생각합니다. '조금은 편하게 생각하면서 기존과 다른 것을 알게 된 것은 무엇일까? 내가 이번에 한 가지만 새롭게 적용해 보려고 하는 게 그게 뭘까?'라는 관점에서 '작은 변화'에 초점을 맞춰주시면 좋을 것 같아요.

완벽한 것은 없습니다. 지금 제가 이야기하는 답도 조금 더 완벽하게 전하려면 5번, 6번 다시 읽고 고쳐쓰기를 해야겠죠. 그런데 저도 그렇게 조금 더 레벨을 올리는 것보다는 더 빠르게 공유하는 것이 도움이 된다고 생각하기에 한 번에 글을 쓰고 공유하게 될 것 같아요. 완벽하다는 것은 신의 영역이지 우리들의 영역은 아니니까요. 그저 지금 이 순간에 최선을 다하고, 학습에 임할 때 '이전과 다른 한 가지'를 알게 된 것, 한가지를 실행하게 된 것에 초점을 맞춰주시면 '학습의 반복'이 정말 큰 변화를 보여줄 거라고 생각합니다. 응원할게요."

지금 제 책을 읽고 계신 분들도 비슷한 생각을 하실 수도 있을 것 같습니다. '책의 내용을 다 알아야 하나? 다 실행해야 하나?' 라고 말이죠. 솔직히 저도 다 기억하지 못하고, 실행하지도 못합니다. 그저 뉴스레터를 쓰고, 책을 쓰면서 기록해 놓은 글 일뿐이죠. 대신 한 번은 더 생각할 수 있는 이야기들이고, 한번은 실행해볼 수 있는 새로운 방법이 될 수도 있을 거라고 생각합니다. 어렵게 생각하기보다 '이 책의 내용들 중에서 한 가지의 실행 방법을 찾아보자'라는 관점에서 읽고, 적용점 한 가지를 찾아보는 시간이 되셨으면 좋겠습니다. 그 한 가지의 실행이 새로운 변화와 성장으로 연결시켜줄 테니까요. 모든 것을 다 알고, 모든 것을 다 잘할 수 있는 사람은 없습니다. 그저

전과 다르게 실행하며 전보다 조금 더 성장하는 것이 중요한 시대이죠. 저는 성장하지 않는다는 말은 '이전과 동일하게 행동하는 것'이라는 말을 자주 합니다. 아무리 잘하고 있는 행동이고, 성과를 내는 방식이라 하더라도 그 행동에 변화가 없다면 우리의 성장은 멈출 수밖에 없기 때문이죠. 이 책에서 얻어야 하는 것은 단 하나 '이전과 다른 행동 한 가지'입니다. 나의 성장을 위해 단 한 가지만 찾아서 실행해주세요.

요즘 리더를 위한 인사이트

초판 1쇄 인쇄 2023년 8월 7일
초판 2쇄 발행 2023년 10월 18일

지은이 백종화

기획 이유림
편집 정은아
마케팅 총괄 임동건
마케팅 안보라
경영 지원 임정혁, 이순미

펴낸이 최익성
펴낸 곳 플랜비디자인

표지 디자인 스튜디오 사지
내지 디자인 박규리

출판등록 제2016-000001호
주소 경기도 화성시 동탄첨단산업1로 27 동탄IX타워 A동 3210호

전화 031-8050-0508
팩스 02-2179-8994
이메일 planbdesigncompany@gmail.com

ISBN 979-11-6832-068-0(03320)